現代名著譯叢

個體論

一本描述性形上學的論文

Individuals

An Essay in Descriptive Metaphysics

彼得・弗列得瑞克・史陶生 Peter Fredrick Strawson 著

王文方 譯注

科技部經典譯注計畫

目次

第一部分：殊相

第二部分：邏輯主詞

導讀

王文方

一、本書的歷史地位：

史陶生（P.F. Strawson）的《個體論：一本描述性形上學的論文》（以後簡稱《個體論》）（*Individuals: An Essay in Descriptive Metaphysics*）一書，在西方形上學歷史的發展上，特別是在當代的發展上，有著一個非常特殊而又重要的地位，值得在此略作說明。

20世紀分析哲學的幾個創始者，像羅素（B.A.W. Russell）和莫爾（G.E. Moore），都以反對19世紀末觀念論者（idealist）的形上學為己任，但這並不意味著說，分析哲學本身是反形上學的。事實上，羅素和維根斯坦的邏輯原子論（logical atomism），就是一個標準的、系統性的形上學理論。而20世紀早期的一些分析哲學家，像色勒斯（R.W. Sellars）、布萊斯（H.H. Price）、威廉（D.C. Williams）和布勞德（C.D. Broad）等，也都各有其形上學的看法。但在邏輯實證論（logical positivism）流行的1930和1940年代，以及日常語言學派風靡的第二次世界大戰戰後，英美分析哲學界對於形上學可說是極為不友善；許多分析哲學家或者認為形上學的主張是完全沒有意義的，或者認為形上學的看法只是一些混淆的說法而已。在這一個時期中，討論形上學的問題可能會令一些哲學家感覺難堪，而整個時期成了形上學研究的一個黯淡時期。

這個情況直到1960年代前後，才開始有了一些改善。1960年代前後，學者們開始致力於擺脫邏輯實證論與日常語言學派的影響，放膽討論形上學的問題。此期間，兩位學者的影響力最大：英國的史陶生和美國的蒯因（W.v.O. Quine）。他們兩位主張，哲學家在一定的程度內，還是可以從事正當的形上學研究。對史陶生來說，正當的形上學研究也就是描述性的形上學（descriptive metaphysics），其工作是在描述我們日常思考世界的概念架構中，或談論世界的語言架構中最為普遍的範疇和它們的結構特徵，而不是去修改它們（史陶生稱後者為「修正性的形上學」[revisionary metaphysics]）。蒯因則特別強調任何理論所帶來的本體論承認（ontological commitment），並強調當代物理學將可以為我們提供一個最好的、有關這個世界的本體論看法。

雖然在這個時期，系統性的形上學仍然不是主流，但在史陶生和蒯因的影響下，到了1980年代中期，新一代的哲學家們已經完全擺脫了邏輯實證論和日常語言學派的影響，並敢於提出系統性的形上學主張。這個時期的形上學家大膽地將他們的理論建築在先驅者們的看法上。路易士（D. Lewis）、阿姆斯壯（D. Armstrong）和曲森（R. Chisholm）都受到了史陶生和蒯因的影響，接受後者有關於本體論承認的看法。但當蒯因認為當代物理學將可以提供我們最佳的本體論理論時，路易士等人則像史陶生一樣訴諸於我們的常識。他們的目標一方面在於接受本體論承認標準所設定的方法論規求，另一方面則在致力提出一個能夠說明我們常識的本體論。但與史陶生不同的是，這些哲學家們並不認為形上學的研究只能是描述性的；提出一個修正性的形上學對他們來說不但不是罪惡，反而往往是一件必要的事情。

二、描述性的形上學：

有關於描述性形上學與修正性形上學之間的區分，史陶生說道：「描述性的形上學以描述我們對於這個世界的思想的實際結構為滿足，修正性的形上學則關心於製造出更好的結構來。」（頁9，以下寫成【9】）[1]所謂「思想的結構」，史陶生指的是：基本的概念，以及這些概念之間的關係。史陶生相信，在人類對這個世界所產生的思想當中，有一些核心的概念是從來都不改變的。這些概念不僅是我們日常所使用的概念，也是最精密、最專業的人類概念配備中不可或缺的核心部分。而「一個描述性形上學所主要關切的，也就是這些概念、它們之間的關聯，以及它們所共同形成的結構。」（【10】）史陶生並沒有明白地說這些概念是哪一些概念，但從《個體論》的內容來看，顯然「個體」、「殊相」（particulars）、「物質性物體」（material bodies）、「個人」（persons）、「指稱」（reference）、「邏輯主詞」（logical subjects）等都屬於這類的概念。其他的核心概念還包括「時間」、「空間」、「因果」、「意義」、「指稱」與「真理」[2]。

史陶生認為，一般說來，描述性形上學的研究與一般概念性的哲學研究並無不同，只是前者較為根本而又更具一般性而已；在一定的程度上，兩者都依賴於對字詞作出細密的分析。但由於後者往往預設了前者所要揭露的對象，而形上學家所要追尋的結

---

1 在這篇導論以及本譯本中，我以夾帶數字的方括號（如【3】）去指稱原著中的頁碼。請讀者們必須注意的是：本譯本對於原著頁碼的標示處，大抵對應於英文原著該頁最後一行文字結束處，而非原著該頁的開始處。

2 見史諾頓（Paul Snowdon）所撰“Peter Frederick Strawson”，史丹佛百科全書，http://plato.stanford.edu/entries/strawson/#Ind。

論也不輕易地展現在語言的表層，因而，史陶生說：「當語言的引導並不能帶領描述性形上學家走到他所想要到達的地方時，他必須放棄他唯一可靠的嚮導。」（【10】）問題是，當一個描述性的形上學家放棄了語言分析作為他唯一可靠的嚮導時，他所能憑恃的研究工具或指引又會是什麼呢？在這本書中，史陶生並沒有直接回答這個問題；不過，從他在書中所展現的論證技巧來看，他似乎認為，至少「超驗論證」（transcendental arguments）是一個描述性的形上學家可以依憑的工具之一。

在哲學史上，康德（I. Kant）是最早使用超驗論證技術的哲學家，但什麼是超驗論證？一般而言，一個超驗論證旨在回答某種類型的懷疑論。一個超驗論證力圖顯示說：某個懷疑論者所懷疑或否認的事情，事實上乃是該懷疑論能夠被有意義地提出的一個先決條件（precondition）或必要條件。因而，該懷疑論的提出或者是無意義的（因為該必要條件並未被滿足），或者必然為假（因為，雖然該必要條件被滿足了，但懷疑論的觀點牴觸了該條件）。史陶生數度在這本書裡使用了這種類型的論證，其中的一處，是他用來反駁有關於「其他心靈」的懷疑論（詳見第三章第[4]小節）。這種類型的懷疑論否認：除了思考者之外，還有其他任何的人會擁有思想或情感。但史陶生堅持說，將意識狀態歸屬給自己的一個先決條件，乃是我們也將它們歸屬給其他的個人。因而，如果這種懷疑論有意義的話，它便必然是錯誤的。

讀者可能會好奇：如果修正性形上學所關心的，是去製造出「更好的」概念架構，為什麼史陶生還要堅持描述性的形上學才是正當的形上學呢？這個問題並不是史陶生在這本書裡關心的問題，他也沒有直接去回答這個問題。但從這本書的許多地方來看，我們可以合理地推測說：在史陶生看來，修正性形上學之所以被提出，那是因為許多的哲學家認為，我們思想的實際結構有著許多令人困惑的地方，有時候甚至會產生悖論，並給予懷疑論有機可乘的空間。但如同我們在前一段落中已經看到的，對於史陶生來說，這些困惑、悖論，或懷疑論其實都不是問題。這些問題之所以產生，並且看似無法解決，那是因為對「它們的陳述涉及了對某一概念架構的假意接受，但同時卻悄悄地拒絕了其存在的某個條件。這就是為什麼對它們所賴以陳述的架構來說，它們是無法被解決的。」（【106】）在本導論的結尾，我將談論更多有關於這方面的問題。

三、本書的主要結構與主張：

史陶生的《個體論》一書分成兩個部分。第一部分「殊相」（particulars）旨在建立起物質性物體和個人在一般殊相中所占據的中心地位。該部分顯示說，在我們實際的概念架構裡，這兩種範疇的殊相是最基本的，或最根本的殊相；而相對於這些概念來說，其他類型的殊相概念，則一定得被看作是次要於這些概念。而其更一般性的結論則是：「一個不允許空間或時間元目的本體論，將全然不能夠允許任何的殊相。」（【126】）這一部分一共分成四章。第一章從殊相的識別（identification）和再識別（reidentification）說起，並藉此給出一些概括性的論證，以論證具有空間與時間性的物質性物體是基本的殊相。第二章藉著探索一個純粹聽覺世界的可能性，而企圖去回答下面這一個問題：是否任何一個包含了客觀殊相在其中的概念架構，都必須以物質性的物體作為基本的殊相呢？該章的結論雖然是相當不確定的，但它卻引導到了下一章中的主題。第三章論證說，在我們實際的概念架構中，個人的概念是一個初基性的概念；而將意識狀態歸給自己的一個必要條件則是：我們必須同時也預備將它們歸屬給其他的人。這一個看法的一個結果是：有關於其他心靈的懷疑論根本無由產生。至此，史陶生建立起了他在第一部分中想要建立的主要主張。第一部分的最後一章則旨在對照史陶生自己的理論與萊布尼茲（G. Leibniz）的學說，並藉著探索這個對照而對後者作出進一步的闡釋與批評。

本書的第二部分，則旨在於建立、並解釋一般性的殊相的觀念與指稱對象或邏輯主詞的觀念之間的關聯。傳統上，殊相與非殊相之間的區分被認為是以下述不對稱的方式關聯於主詞（subject）與述詞（predicate）之間的區分：殊相只能作為命題的主詞，而不能作為命題的述詞；而非殊相則既能作為命題的主詞，也能作為命題的述詞。史陶生在這一部分想要建立起來的看法主要有二。首先是有關於於主詞與述詞之間實際區分的理據，而這個理據要能夠說明上述這個傳統的看法：「殊相只能作為命題的主詞，而不能作為命題的述詞；而非殊相則既能作為命題的主詞，也能作為命題的述詞。」史陶生認為，該區分可以在某種「完整性」與不完整性觀念的對照裡找到。其次，根據這個被提議的主述區分，殊相是邏輯主詞的典範，但根據類比而來的、對此區分的延伸，殊相和非殊相都同樣可以被說成是一個命題的主詞，因而都是個體。這一部分同樣分成四章。第五章說明了兩種主述詞區分的標準，以及這兩種標準之間的關聯。在第六章中，史陶生提出了他認為是這兩種主述區分標準背後的根本理由，而這一章可以說是本書第二部分中最重要的一章。第七章檢視了一個沒有殊相的語言的可能性，以及這種語言所涉及的問題。在最後一章中，史陶生探討了邏輯主詞與存在概念之間的關係，反對對非殊相的化約式企圖，並倡議所有的事物都可以在類比的延伸下被當作是邏輯主詞，或個體。

正如史陶生所說：「這本書的這兩個部分並非彼此獨立的。第一部分中的主張，在第二部分的許多地方被其中的論證所預設，而且在有些地方被其中的論證所延伸，並進一步加以解釋。」(【12】) 讀者們在閱讀時最好前後參照、細心比較。以下我先說明《個體論》中的兩個重要概念：個體與殊相，再針對書中的幾個要點提綱挈領地加以說明。

四、個體與共相：

史陶生的《個體論》一書雖然以「個體」為名，但書中有關於「個體」一詞的討論與說明並不多見，全書反倒充滿了對於「殊相」(與共相) 的討論。讀者們如不對這兩個語詞的通常含意與史陶生對它們的用法有精確的理解，便不容易掌握《個體論》一書的要旨。我先從「殊相」這個概念開始說起。

在西方哲學中，「殊相」與「共相」是相對的一組概念。當一個事物可能同時存在著兩個 (或更多) 例子，或者說，當同一個事物可能同時完整地出現在兩個 (或更多) 事物上，或者說，當同一個事物可能同時被兩個 (或更多) 事物所共同展現時，我們就說它是一個共相；而當一個事物不可能同時有兩個不同的例子，或者說，當同一個事物不可能同時出現在兩個不同的事物上，或者說，當同一個事物不可能同時被兩個不同的事物所共同展現時，我們就說它是一個殊相。注意，要成為一個共相，一個事物並不需要「實際上」同時存在著兩個不同的例子，它只需要「有可能」同時擁有這些例子就行了。就這個區分來說，每一個個別的物理事物、個人、數字、集合、過程、狀態和事件都是一個殊相，而每一個諸如**白色**或**圓形**的性質和每一個諸如**等於**或**高於**

的關係則都是一個共相。儘管未多作說明，但史陶生在《個體論》一書中對於「殊相」與「共相」這兩個詞的用法似乎與哲學上的一般用法並無不同[3]。比較特別的是：史陶生還進一步將共相區分為分類性共相（sortal universals）、刻畫性共相（characterizing universals）和特色性共相（feature-universals）三類。其中，分類性共相指的是像**人類**、**動物**這種與分類有關的共相，刻畫性共相指的是像**白色**、**圓形**這種與事物特徵有關的共相，而特色性共相則是指像**下雪**這種既非用於分類亦非用於刻畫事物特徵的共相。

至於「個體」一詞，史陶生在《個體論》中的用法**似乎**與一般哲學家略有不同。在一般的哲學討論中，「個體」一詞指的是那些可以藉由某個「個體化事實」（individuating fact）——也就是某個獨一無二地適用於該事物的事實——而與其他事物區分開來、並因而可以被計算數目（countable）的事物。比方來說，個別的物理事物（如個別的原子、樹木或個人）可以藉由其所占據的時空而與其他事物區分開來，並因而是可以被計數的事物（一棵樹、兩個原子等等），所以它們都是個體。但有些事物是無法被計數的事物，如水和黃金等等，因而它們通常不會被哲學家當作是個體。至於一個哲學家是否會將共相這種事物當作是個體，則視該哲學家是否認為這些共相可以被計數而定。史陶生實際上將每一個殊相和每一個共相都當作是一個個體，而他的理由是：無論是殊相還是共相，它們都可以是一個命題的邏輯主詞（詳見

3 史陶生在本書原著頁【15】中說，他對於「殊相」一詞的用法「和大家熟悉的大部分哲學用法並無不同」。但奇怪的是，他在該處將數目當作是一種共相，而這是和許多哲學家都不同的地方。史陶生並沒有說明它為何將數目當作共相，而這個問題對於這本書的論旨來說也不重要。

本導論第十一節的說明）。在此，史陶生似乎認為：任何一個可以被當作是某命題的邏輯主詞的事物都是一個個體；而**如果**他實際上還認為所有的事物都可以被當作某個命題的邏輯主題，（史陶生似乎的確如此認為，詳見以下第十三節中的說明）或者，**如果**他實際上還認為共相和殊相這兩個範疇窮盡了一切的事物，那麼，他其實是把「個體」一詞當作是「存在物」的同義詞，換句話說，他實際上是使用「個體」一詞去泛稱所有存在的事物；而這樣的用法**似乎**與其他哲學家對該詞的用法略有不同。

說明完個體與殊相這兩個概念之後，以下我針對《個體論》一書中的幾個要點簡要地加以說明。

五、殊相的識別：

在一個對話的脈絡中，當說話者使用了一個指稱性的表達式（如一個專有名稱、一個代名詞、一個以定冠詞開始的描述片語，或一個上述這些詞的複合詞）去指稱某個殊相時，史陶生便說他對某殊相作了一個辨識性的指稱。在這樣的脈絡中，聽話者經常——雖然並非總是——能夠透過說話者所使用的指稱性表達式而辨識出被說話者所指稱的殊相來。如果聽話者的確因著這個辨識性指稱的力量而**辨識**（indentify）出那一個被指稱的殊相，那麼史陶生便說，說話者這時不只作了一個辨識性的指稱，他還**辨識**了那個殊相。「所以，我們有聽話者意義下的『辨識』，也有說話者意義下的『辨識』。」（【16】）而這兩者當中又以前者最為重要。

聽話者的識別（或辨識）分為指示性識別（demonstrative identification）和非指示性識別（non-demonstrative identification）兩種情形。前者是指聽話者在說話當時或稍早時，能夠以感官分辨出，或直接定位出被指稱的殊相的情形，而後者則否。前者是使用指示詞（demonstratives）[4]的最佳時機，而後者則不然。但不論是哪一種的識別，聽話者識別的一般性條件是：聽話者知道那一個被指稱的殊相等同於某一個殊相，而且對於後者，他還知道一件或一些有關於它的個體化事實，也就是知道一件，或一些獨一無二地適用於該殊相的事實。對於指示性識別來說，這個條件的滿足似乎不成問題。但非指示性識別的情形，則引起一些哲學家的焦慮：在非指示性的情況中，我們似乎只能使用「純粹」描述性的語詞去指稱事物；但不論我們的描述有多複雜，理論上仍然可能有多於一個的事物滿足這樣的描述。不過，史陶生認為，這樣的焦慮其實是不必要的。因為，「即使問題中的殊相本身不能夠被指示性地辨識出來，它仍然可能藉著這樣的一個描述詞來加以辨識：該描述詞將該殊相獨一無二地與另一個能夠被指示性辨識的殊項關聯在一塊。」（【21】）因而，非指示性識別可以穩當地奠基在指示性的識別之上。不僅如此，在一個空間—時間的、統一的概念架構中——比方說，我們實際的概念架構就是這樣的一個架構——我們可以藉著指示性的識別去決定出一個說話情境中共同的參考點，和共同的空間方向軸線，並進一步將所有我們能夠指稱的事物，都以某種時空的、獨一無二的方式與我們的參考點關聯在一塊。因此，非指示性的識別不僅可能，在一個空間—時間的概念架構中更可以被系統性地組織起來。

---

4 指示詞指得是像「這個」（this）、「那個」（that）、「這些」（these）、「那些」（those）這樣的片語。哲學家有時也將索引詞（indexicals），如「你（們）」、「我（們）」、「他（們）」、「現在」、「此時」等，也算作是指示詞。上述這些詞的共同特性是：它們的指稱對象為何這件事往往依賴於說話的脈絡而定。

上述這些有關於識別的事實另外指出了兩個重要的事實和兩個問題。首先，在對話中我們經常能夠辨識出言談所涉及的殊相，這個事實並不僅是一個值得慶幸的巧合而已，它似乎也是該類殊相被包含在我們本體論的一個必要條件；換句話說，一個無法被指示性地或非指示性地加以辨識的事物，並不會被我們宣稱為存在的事物。其次，對某類殊相的識別，也許會以一種一般性的方式依賴於對其他類殊相的識別之上，但反之則不然；而如果事實的確是如此，那麼，我們就可以說：後一類的殊相比前一類的殊相在本體論上更為優先，或更根本，或更基本。而我們的問題是：首先，在我們思考世界的實際概念架構中，有沒有哪一類的殊相是在這個意義下最為基本的殊相呢？對於這個問題，我將在本導論的第七節裡說明史陶生如何論證它的答案。其次，在我們實際的思考架構中，由於空間─時間關係系統具有其獨特的廣含性與瀰漫性，因而該關係格外適合用來組織我們對於殊相的個體化思考；但問題是：以空間─時間的關係去辨識事物這件事，是否是無可避免的，或是必然的呢？可不可能有別的關係系統也可以用來組織對殊相的個體化思考呢？對於這個問題，我將留到導論的第八節再來說明。

六、殊相的再識別：

所謂對殊相的再識別（reidentification），史陶生指的是「將某一場合所碰到的某個殊相，或相對於某場合所描述的殊相，與另一場合所碰到殊相，或相對於另一場合所描述的殊相，辨識為同一個個體。」（【31】）顯然，對於殊相的再識別並不限於言談的場合，也不限於說話者與聽話者對話的場合。同樣顯然的是，對於殊相的識別，特別是指示性的識別，也不必然是對殊相的再識別；因而，儘管兩者都涉及了同一性的觀念，但它們卻不能混為一談。

史陶生堅信，「殊相再識別」這個觀念的重要性在於：我們再識別殊相的能力是我們運作我們實際上所擁有的、統一的、空間—時間概念架構的一個條件[5]；或者說，我們擁有這個概念架構的一個條件是：我們至少會在某些非連續性觀察的情況下毫不質疑地接受殊相的同一性；而他的理由是：在一個統一的架構中，我們必須將殊相辨識成某個單一的、持續可使用的成員系統中的成員。「因此，除非從這個場合到那個場合之間，我們能夠再辨識出在不同場合裡共同的部分，否則的話，我們就無法將某個場合與另一個場合聯繫在一塊。」（【32】）而這樣一個看法的結果是：對於非連續觀察的、跨時間的同一性的懷疑論根本就不應該被提出。對於這樣的懷疑論者，史陶生說：「他的懷疑並不是真實的，這並非只是因為它們是邏輯上無法解決的懷疑，還因為這些懷疑等於是拒絕了唯一讓這些疑慮有意義的整個概念架構。」（【35】）在此，我們第一次看到史陶生在本書中使用康德式的超驗論證。根據這個論證，對物體跨時間同一性（cross-time identity）的懷疑論否認了該懷疑論被提出的一個必要條件；因而，或者該懷疑論是沒有意義的，或者它為假。

---

5 另一個條件是我們要能夠再辨識位置，但這兩個條件是彼此相關的。史陶生對於這兩者之間的關聯說得並不多；他說的主要是：位置可以僅藉著事物之間的關係而加以定義，而一個物質性物體的同一性也要求說，它的存在，以及它在時間中的持續都應該在空間的位置上是連續的。有關於這一部分，詳見本書第一章第2節第[5]小節。

七、物質性物體是我們實際概念架構中的基本殊相：

我們現在便可以來看看，史陶生是如何論證他在這本書中所要提出的第一個重要主張：物質性的物體是我們實際概念架構中的基本殊相（basic particulars）。

前述討論的一個重點是：我們對於殊相的識別能力，最終奠基在將它們定位於一個統一的、空間—時間的、四向度的系統之中。但是，這個系統本身並不是其中所包含的殊相之外的另外一個事物；這個系統就是由其中的殊相所構成的整體。構成該系統的殊相必須要有一些特性，以便於能夠形成該系統的基本特性；這些殊相必須夠豐富、夠穩定、具有空間上的三個向度、並在時間上持久。而在我們所知道的殊相範疇中，只有物質性的物體能夠滿足這個條件。因此，史陶生說：「給定我們所擁有的殊相識別概念架構的一般性特徵，我們可以推論出，[具有空間與時間性的]物質性物體一定是基本的殊相。」（【40】）

除了上述這一個概括性的論證之外，史陶生另外提出了一個既複雜、又冗長的論證去論證相同的結論。該論證主要在於直接考察各種殊相範疇的本質，並檢視我們對於某些類殊相的識別是否，以及如何以一般性的方式依賴於對另一類殊相的識別之上。一般而言，對不能夠直接被觀察到的殊相（如私有殊相、科學理論上的建構物）的識別，依賴於對直接可被定位的殊相（如個人，或公共的可被知覺的殊相）的識別。但公共的、可被知覺的殊相大致分成兩類：一類是物質性的物體，或擁有物質性物體的事物，另一類則包括事件（events）、過程（processes）、狀態（states）和情況（conditions）等等；然而，並非所有公共的、可被知覺的殊相都會是基本的殊相。史陶生認為，儘管公共的事件或過程（如閃光和響聲）、狀態或情況都有可能被直接地加以定位，而無需指稱到物質性的物體，但它們「作為獨立可被辨識的殊相的基本限制是：它們全然不能夠提供一個對我們指稱的需要來說是根本適切的概念架構。它們更不能提供一個**單一的**、廣含的、連續可使用的這種架構。」（【53】）相對地來說，物質性的物體形成了一個廣含的、夠複雜的同質類型，它們滿足了「可以被辨識而無需依賴異類」的最根本條件。因此，具有空間與時間性的物質性物體對我們殊相的識別來說是基本的。

不僅從殊相識別的角度來看，物質性的物體是基本的殊相，從再識別的角度來看，事情也是如此。對殊相的再識別能力蘊涵了：存在著一些一般性的、對不同類殊相再識別的標準或方法。如果我們考慮非物質性的殊相，我們將會發現，對它們的再識別不可能不涉及對物質性殊相的指稱。自另一方面來說，對物質性物體的再識別而言，我們則只需要訴諸於本身是物質性物體的同一性，以及位置的同一性，而對後者的識別則依賴於對物質性物體的識別（請參考第六節中的注釋）。

八、物質性物體是否必然是每一種概念架構中的基本殊相？

在建立起他的第一個重要主張之後，史陶生回到了第五節裡我們暫時擱置的問題：具有空間與時間性的物質性物體作為基本殊相這件事，是不是任何提供客觀的（objective）殊相知識架構的一個必要條件呢？此處「客觀的」一詞，並非意指「公共的」（public），而是指「既非思考者自己、亦非其狀態、但卻可以是其經驗對象的」。對於這個問題的考察不僅本身有趣，同時也能夠提供一個對於客觀殊相知識架構最為一般性的條件的說明。在這個問題上，史陶生建議我們探討一個純粹聽覺性的無空間世界[6]、並因而是無物體世界的可能性。當然，無空間的世界還有其他種的可能性，但純粹聽覺世界的模型乃是一個最簡單的模型。

這樣的一個世界是否可能？要回答這個問題，我們得回答兩個相關的問題。(1)在一個純粹聽覺的世界中，對殊相作出識別似乎不成問題，但殊相再識別的條件是否能夠被滿足呢？或者說，我們能不能賦予下面這一個觀念一定的意義呢：在一個純粹聽覺的世界中，未被觀察到的殊相仍然會持續地存在著？(2)在這樣的一個世界中，存在一個非獨我意識（non-solipsistic consciousness）的條件是否能夠被滿足呢？此處，所謂「非獨我的意識」指的是一個能夠使用下述區別的意識：一邊是他自己和他自己的狀態，另一邊則是既非他自己、亦非他的狀態，但卻是他對之擁有經驗的對象。

史陶生認為，上述這兩個問題並非彼此獨立的：對第二個問題的肯定答覆蘊涵了對第一個問題的肯定答覆（但反之不然）。因為，去擁有一個非獨我的意識，也就是去認為有些聽覺的對象在邏輯上乃是獨立於思考者之外的；因而，不論它們是否會被觀察到，它們的持續存在仍然是邏輯上可能的。但正是因為如此，在一個純粹聽覺的世界中，如果我們不能夠以純粹聽覺性的語詞去描述殊相的再識別標準，那麼，存在一個非獨我意識的條件也就不能在這樣的世界中被滿足。因此，緊要的問題是：我們能不能夠以純粹聽覺性的語詞去描述殊相的再識別標準呢？或者說，我們能不能夠以純粹聽覺性的語詞去對「未被觀察到、但仍持續存在著的殊相」這一個觀念賦予意義呢？在我們的世界中，「再識別」或「未被觀察到、但仍持續存在著的殊相」的觀念，乃是

6 但這樣的一個世界中的殊相仍然是有時間性的。

與空間以及位置的觀念息息相關的觀念。因而，我們現在的問題變成：我們是否能夠以純粹聽覺性的語詞去定義空間的類比項——亦即，某種相當近似於空間的關係——特別是位置與距離的類比項呢？

在最後這個問題上，史陶生進行了一項思想實驗：設想一個主音音調上的變化，以及與這些變化相關聯的一些聲音的出現；其中，主音的變化與其他聲音之間的關聯，被類比於一個收音機調頻鈕的扭動與電台播放的聲音之間的關聯。史陶生認為，這個思想實驗對於給出問題（1）一個肯定的答案來說具有「相當的說服力、相當的吸引力，但它卻不具有強制力」（【77】）。不過，令人驚奇的是，他並沒有詳細說明該思想實驗何以不具有強制力，反而去駁斥了拒絕該類比的一些理由，認為它們並不是決定性的理由。因而，史陶生雖然對（1）這個問題傾向於給出一個正面的答案，但他的終極立場還是有相當的曖昧性存在。

在考慮過（1）這個問題之後，史陶生轉向（2）非獨我意識的問題。史陶生認為，即使前述的思想實驗對於（1）的答覆是肯定的，這也並不蘊涵說，在該思想實驗下，一個非獨我的意識是可能的；即使在該思想實驗中加入了主動與被動之間的區別，仍然不足以產生非獨我的意識。但還有什麼樣的條件應該被加入到該思想的實驗中，以便於產生出一個非獨我的意識呢？或者說，我們可不可能「複製」我們實際概念架構中的特色到一個純粹聽覺的世界中，以便於讓它產生非獨我的意識呢？對於這一個問題，史陶生說：「看起來似乎機會不大，但它或許不是不可能。」（【84】）不過，史陶生認為，對於這樣的一個想像，不僅在描述上冗長而又令人生厭，對於哪一些特性應該被複製這件事，也不是一件太清楚的事情。因此，史陶生建議，我們不如「放棄該聲音世界，並且面對獨我論所提出的、與日常世界密切有關的問題」(【85】)；畢竟，該聽覺世界模型的目的只是在「測試和強化我們對於自己的概念結構的反省性理解」(【86】)。所以，在下一節中，我們便隨著史陶生轉而討論日常概念中非獨我意識如何可能的問題。

九、個人的概念在我們的概念架構中是初基的（primitive）：

前一節中純粹聽覺世界的可能性的問題，直接引導到了非獨我意識存在的條件的問題，或自我（self）觀念存在的條件的問題。史陶生認為，這個非獨我意識的問題又可以分成兩個次要的問題：為何意識狀態會被歸屬給任何的事物呢？為什麼它們又會和某些肉體的特性，或某些物理特性等一起被歸屬給同一個事物呢？這兩個問題同樣不是彼此獨立的問題。或者，將這兩個問題合起來而更簡單地說：歸屬描述意識狀態的述詞給一個事物，這件事如何可能呢？

對這個問題最直接的答覆是：我們每一個人都擁有一個具有空間性和時間性的身體，而每一個人的身體對他的經驗——特別是知覺經驗——來說都是獨一無二的。但這個答覆並不能讓史陶生滿意。首先，他論證說，對於每一個人的知覺經驗來說，有一個「單一的」身體占據一個特殊的位置這件事，只是一個偶然的事實；其次，他強調，這個偶然的事實並沒能解釋為什麼我們會將意識狀態歸屬給任何的事物，更沒有解釋為什麼我們會將意識狀態和肉體特性歸屬給同一個事物。

身體的特殊地位並不足以解釋自我觀念是如何產生的。史陶生接著考慮了笛卡兒式（Cartesian）和「無擁有者」(No-ownership)理論的觀點。根據前一個觀點，一個個人其實是由兩個實體所構成：靈魂和肉體；意識狀態屬於前者，而肉體特性屬於後者。根據這個觀點，上述那兩個問題中的第二個——為什麼我們會將意識狀態和肉體特性歸給同一個事物——是一個不應該被提出的問題。史陶生對這個觀點的抱怨之一是：「雖然它避開了我們問題當中的一個，但它並沒有避開另外一個，實際上它邀請了這樣的問題。」（【95】）而它的另一個抱怨則是：邏輯上而言，可能有多於一個的靈魂，其中的每一個都和同一個經驗的集合和同一個特殊的身體有著獨特的因果關係。因而，「身體的唯一性並不保證笛卡兒式靈魂的唯一性。」（【101】）而根據第二個觀點，雖然經驗與身體之間有著獨特的因果關係存在，但嚴格說起來，經驗並不被任何的事物所「擁有」；作為經驗擁有者的自我觀念，乃是一個語言所導致的幻象。在「我看到X」當中，「我」這個字並不指稱一個擁有者；而與其說「我看到X」，我們更應該說：「有一個看到X的視覺經驗存在。」這個觀點的一個結果是：上述那兩個問題都是不應該被提出的問題。史陶生認為無擁有者理論的觀點是不融貫的。因為，並非任何的經驗都和某一個特殊的身體（比方說，我的身體B）有著因果關聯；只有某一些特殊的經驗的集合才和B有著因果上的關聯。但這是哪一些經驗的集合呢？顯然，這一個經驗集合的界定特徵是：它們都是「我的」經驗，但「其中被『我的』或『的』這些詞所表達的擁有觀念，乃是［無擁有者理論家］對之表示懷疑的觀念。」（【97】）

個人或自我的觀念不能夠被理解為從身體的概念而來，也不能被理解為一個占據了軀體的靈魂的概念。那麼，我們應該如何理解這個概念呢？要回答我們在本節一開始所提出的問題時，史陶生認為我們必須首先承認個人觀念的初基性。而這個承認包括了對下列這兩件事的承認：（a）將意識狀態歸屬給自己的一個必要條件是：我們必須同時也預備將它們歸屬給其他的人；而且（b）將意識狀態歸屬給任何東西的一個必要條件是：它們應該和某些肉體的特性歸屬給相同的事物。其次，我們應該了解，對個人觀念初基性的承認，有著以下的邏輯蘊涵：對於任何一個描述意識狀態的述詞P來說，原則上必須有某種方式去分辨一個個體是否擁有P。而且，分辨他是否擁有P的方式，必須在某個意義上構成了歸屬述詞P的邏輯上恰當的標準。而史陶生認為，這個標準在其他人的歸屬上，通常是根據對該個體行為上的觀察，但在對自己的歸屬上則否：「一個人必須承認說，［這］一類的述詞是不歧義地、而且**既**可以適當地在對該述詞的主詞的觀察基礎上加以歸屬，**又**可以不在這樣的基礎上加以歸屬，亦即，獨立於對該主詞的觀察：這第二類的情形是歸屬者同時是該主詞的情形。」（【108】）

史陶生認為，了解這個蘊涵可以幫助我們了解、甚至解決在心靈議題中所碰到的一些哲學問題和想法，特別是有關於其他心靈的哲學懷疑論（philosophical scepticism）與哲學的行為主義（philosophical behaviourrism）。在史陶生看來，這兩種主張之所以會被提出，乃是因為哲學家不承認，或未能完全理解歸屬意識狀態述詞的特性的緣故（【109】）：

> 他們沒看出，不論是自我歸屬或非自我歸屬的方面，如果沒有另一個方面的話，這些［描述意識狀態的］述詞就不能有它們用法中的任何一個方面。相反地，它們用法中的某一方面被認為是自足的——而這是不可能的——而另一方面則被認為是似乎有問題的。因此，我們便在哲學的懷疑論和哲學的行為主義間徘徊著。

換句話說，有關於其他心靈的哲學懷疑論否認了歸屬意識狀態述詞的其他人用法，而行為主義者則否認了它們的第一人稱用法。但了解這個蘊涵還可以幫助我們去回答本節一開始所提出的問題：「歸屬描述意識狀態的述詞給一個事物如何可能？」特別是當我們將注意力集中在歸屬描述行動的述詞時。這樣的述詞，諸如「去散步」、「寫信」等等，一般來說蘊涵了意識狀態，但卻不指示出特殊的經驗類型。將這些行動歸屬給自己時，我們並不依賴觀察；而在將它們歸屬給其他人時，雖然我們仍然是根據對他們運動的觀察而這樣作，但我們卻以意圖去詮釋它們；將它們不再看作是身體的運動（movements）而已，而是行動（actioins）（【112】）：

> 我們以意圖（intention）來詮釋它們，我們將它們看作是和下面這些個體運動屬於同一類型：那些我們不靠觀察而能知道其當前和未來運動的個體運動；而這也就是說，我們將其他的人也看作是自我歸屬者，他們能夠不基於觀察而將我們基於觀察而歸屬給他們的事物歸屬給自己。

重點是，我們行動、我們對彼此行動、並且根據一個共同的人性去行動，因而我們不僅將意識狀態歸屬給自己，也將它們不歧義地歸屬給其他人。

至此，史陶生算是完成了他在《個體論》第一部分中的主要工作：論證物質性的物體和個人是我們實際概念架構中的基本殊相，而個人的概念在其中則是初基的。而他的一個更一般性結論則是：一個既不允許空間亦不允許時間元目的本體論將全然不能夠允許任何的殊相[7]。以下我們轉向《個體論》第二部分所提出的一些要點。

十、主詞與述詞區分的兩個標準：

所有的事物都能夠被指稱，但在能夠被指稱的事物當中，殊相在傳統上被認為是占據了一個特殊的地位。《個體論》的第二部分主要便在探討下面這個傳統看法的「根本理由」：「殊相在言談中只能夠作為主詞而出現，絕不能作為述詞出現，而共相或一般而言的非殊相，則能夠作為主詞或述詞而出現在言談中。」(【137】) 值得注意的是，傳統上，主詞與述詞的區分被認為是一個介於語言項目，或言行（speech act）之間的區分，但在這本書中，史陶生似乎有時不加分辨地也將它當作是介於事物（或「項」[terms][8]）之間的區分。

在這個問題上，史陶生首先考慮了紀曲（P.T. Geach）的提議：主詞是一個陳述的部分，該部分「代表」了該陳述「有關於」（about）的事物，而一個陳述中的述詞部分則不是這樣的東西。史陶生認為這個提議並不令人滿意，因為「視其所在的脈絡，一個斷言可以被說成是**有關於**任何被引介進來的項，而非僅

7　但萊布尼茲的單子論似乎構成了對這個一般性結論的反例，因為萊布尼茲的單子（monads）是既非時間性、亦非空間性的事物。因此，史陶生在第一部分的第四章裡對萊布尼茲的理論作了一個深刻的檢討。由於這個部分並沒有任何新的結論出現，所以我在這篇導論裡略去這個部分而不加以說明。對萊布尼茲單子論有興趣的讀者應該會發現，該章對於理解萊布尼茲的艱深理論來說將有一定的助益。

8　讀者應該注意的是：史陶生使用「項」一詞泛指任何可以用語言表達式去引介的**事物**，而非用它來指稱語詞的詞項。

僅是有關於被以指稱方式引進的項而已」(【146】-【147】);在此,史陶生的想法是:一個陳述中的主詞和述詞部分都可以被看作是引進了一定的項(或事物)。史陶生進一步建議說,一個較好的區分方式也許是介於項的引介風格的區分:述詞是(a)一個陳述中以斷說性的或命題性的風格去引介它的項(共相)的部分,並且(b)它包含了一個指示性語氣的動詞,而該動詞並不形成一個完整語句或子句的部分;而主詞則不是這樣的部分,主詞以名詞性的風格引介了它的項(殊相或共相),並且是一個單稱的、文法上名詞的表達式。注意,說述詞具有斷說性的風格或帶著斷說性的指示,也就是說它們總是需要被完備為一個斷言。史陶生稱這個區分的標準為文法標準(grammatical criterion),並認為它符合了佛列格—羅素—紀曲—蒯因的看法。

但這一個文法上區分的主要問題是:它「鼓勵了像雷姆濟(F.P. Ramsey)的懷疑論這樣的一種懷疑論」(【160】)。史陶生說(【160】):

> 我們現在可以跟著雷姆濟一起問說:這樣的一個區分如何可能在邏輯和哲學上有著根本的重要性呢?由於[主詞]表達式和[述詞]表達式兩者都引介項,而之間的區別僅在於[述詞]表達式同時帶著斷說性的指示或命題性的連結,難道我們不能簡單藉著讓命題性的連結成為語句中某個分離的事物,而不是一個引介項的表達式的部分,並因而去破壞這整個的區分嗎?難道我們不能想像這樣的簡單語句:其中引介項的表達式**僅僅**引介項,不以任何特別的形式引介項,而且目前由引介項的風格變化所執行的文法工作被分配給了不是引介項的表達式的語言設計嗎?難道我們不會因而完全破壞

了該主述的區分嗎？

史陶生在此的論證可以重述如下。主詞和述詞兩者同樣引介項到斷說中，但述詞還額外帶著斷說的力量。然而，述詞帶著斷說力量這件事只是一個文法上的偶然事實。我們可以想像一個語言，其斷說的力量是由主詞所攜帶；我們也可以想像一個語言，其斷說的力量是由既非主詞、亦非述詞的其他文法設計（比方說括號）所執行。因而，述詞以斷說的風格引介它的項這件事，不可能是主述區分的根本根源。

然而，我們還有另外一種區分主述詞的標準：範疇標準（category criterion）；這個標準將主述詞之間的區分奠基在語詞所引介的項之間的區別之上。一個項可以被想作是「收集」（collect）其他項的一個原則。它或許能夠被想成是剛好收集了這樣的項：當前者被斷說性地與後者當中的任何一個項聯繫起來時，該結果不僅是一個有意義的命題，更是一個真的命題。現在，共相可以以例示（instantiation）的方式，或刻畫（characterization）的方式（這些都是非關係性地聯繫[non-relational tie]）去收集一些殊相，而如果我們將「y被謂述到x上」（y is predicated of x）定義為「x被斷說成以這樣的方式非關係性地聯繫到y：它或者是y的一個例子或者是被y所刻畫」（【171】），那麼，這樣的定義等於是在規定說，共相能夠被謂述到殊相上，但殊相卻不能夠被謂述到共相上。這個定義可以透過類比而延伸到共相與共相之間，因而我們也可以說某些共相可以被謂述到某些共相之上。於是，我們也就有了以範疇區分主述詞的第二種方式。史陶生似乎認為這個範疇上的區分有時比前述文法上的區分更能避免一些困難，儘管兩者之間仍然保持著一定的親密符應。

十一、主述詞區分的根本理由：

史陶生認為，上述這兩種標準之間存在著一定的符應關係這件事，需要一個解釋；而《個體論》第二部分（特別是第六章）的主要目的就在於說明這些區分和它們之間的符應的背後根本理由。

史陶生認為這個根本的理由可以在一個對比中找到，亦即，「介於引介殊相到命題中的條件以及引介共相到命題中的條件之間的對比。」（【180】）簡單地說，這個對比是這樣的。為了要成功地藉著某個陳述而將某殊相引介到一個命題來，一定要有某個被說話者（或聽話者）所知道的經驗性的真命題具有這樣的效果：剛好有一個殊相符合某個特定的描述（這顯然提醒我們對於該書第一部分中有關辨識性指稱的討論）；而為了要讓一個共相成功地被引介到一個命題中，並沒有類似的、平行的條件是我們可以一般性地去強烈要求的。因此，史陶生說（頁【185】-【186】）：

> 知道所意指的殊相是什麼，蘊涵了從所使用的引介性表達式而知道某個經驗性的事實（除了它是目前所引介的殊相這個事實之外），或有時——在該聽話者的情況下——學會該事實，而且該事實足以辨識出那個殊相。但是，知道所意指的共相是什麼，並不以同樣的方式蘊涵知道任何的經驗性的事實：它只蘊涵知道該語言。

這個介於引介殊相和引介共相之間的對比，也可以以下述的方式去表達。一個命題的主詞總是攜帶、預設（presuppose）或呈現了某個經驗性的事實，但述詞則否；在這個意義上，一個命題的主詞具有某種的「完整性」(completeness),而述詞則否。主詞所攜帶的事實本身就是完整的,而述詞則總是需要被完備成一個事實或命題。史陶生認為這個看法解釋了前述主述詞區分的文法上標準;因為,「引介的斷說性風格所呈現的明顯不完整性——被完備為一個斷言的要求——精確地符應了我剛才區別的第二類表達式的不完整性;它精確地符應了這類表達式不能靠它本身去呈現一個事實這件事。」(【187】)不僅如此,這個看法同時也解釋了前述主述詞區分的範疇標準;因為,「引介殊相的表達式永遠不可能是不完整的,**因而在那個標準下,永遠不可能是述詞表達式**。這是該範疇標準部分上所要求的。」(【188】)

至此,史陶生算是大致完成了他在第二部分中的主要工作。但他仍然有幾個待處理的問題。首先,有關於「完整性」與「不完整性」的區分似乎不能適用在某些主述的命題上。比方來說,在「慷慨是比謹慎更令人可親近的德行」這一陳述中,難道我們不想說:**慷慨**和**謹慎**是其中的主詞、而**是(比……)更令人可親近的德行**則是其中的述詞嗎?但「慷慨」和「謹慎」這兩個表達式並不擁有對主詞表達式所要求的那一種完整性;它們並不暗中呈現任何的事實。史陶生認為,對這個問題的解決之道在於延引範疇標準中所提到的類比延伸(【189】):

> 一旦該根本的連結被建立起來了,我在之前提到的那些類比,就可以被允許去負擔起對問題中的區分作出更進一步的延伸和修正的責任。在這個情況下,我所意指的那些類比,是那些一方面在結合殊相和共相的非關係性或刻畫性聯繫上成立的事情,而另一方面則是在結合共相與共相的非關係性聯繫上成立的事情。

而這個類比延伸的一個結果是：殊相是邏輯主詞的典範，而共相則在延伸的意義下才是一個命題的邏輯主詞，因而殊相比共相在本體論上更為優先。另一個結果是：不論殊相或共相都可以是一個命題的邏輯主詞，因此，它們都是個體。

其次，到目前為止，「預設」的概念仍然是一個不太清楚的概念。在某些簡單的例子中——比方來說，「那個在那兒的人能夠指引你」——那些主詞所預設的事實是很明顯的。但在其他的例子中——比方說，包含了專名的例子——事情就不是這麼一回事了。一個包含了「蘇格拉底」作為主詞的陳述所預設的事實為何呢？是所有我們知道的有關於蘇格拉底的經驗性事實嗎？還是其中的一部分呢？還是其中的任何一個呢？其他更複雜種類的主述句所預設的事實又為何呢？對此，史陶生並沒有、也不想給出一個令人滿意的答覆；他僅僅說：「給出一個簡單的、一般性說明是沒有希望的。但是，我的主張中並沒有任何一個部分說，這樣的一個說明能夠被給出來。」(【192】)

最後，有人可能會這樣反對史陶生的看法：如果我們寫下某個主詞所預設的命題，我們將會發現，它們或者包含了本身引介了其他殊相的表達式，或者至少涉及到對殊相作出量限；而我們能夠可信地論證說，涉及到對殊相作出量限的語句在語言中並不能有任何的地位，除非對殊相的確定辨識性的表達式也在語言中有著一個地位。因此，史陶生介於主詞和述詞的說明似乎暗中假設了：我們的語言裡已經包含了引介殊相的表達式；因此，這一個說明有著循環性的問題。史陶生對於最後這個反對的答覆是：該反對混淆了(1)將某個殊相引介到某個命題中的條件，以及(2)將某類（比方說，基本）殊相，或一般性地將殊相引介到言談中的條件之間的區別。前者是到目前為止史陶生的理論所瞄準的目標，而後者則否。該反對如果用來反對後者，或許會是個恰當的反對；但用它來反對史陶生對前者的看法則不然。因為，史陶生對前者的看法只要求這樣的引介必須攜帶著經驗性的事實，而這樣的要求可以由引介其他殊相的表達式或量限語句來加以完成。但是，如果史陶生同樣認為一般性地引介殊相到言談中這件事，也預設了，或奠基在某個特定的事實的集合之上的話，那麼，這些事實必須是這樣的：對它們的陳述既不能引介任何殊相、也不能量化到任何的殊相；否則的話，我們就會有循環性的問題。（史陶生認為它們甚至不能提及分類性或刻畫性的共相，這使得尋找這類的事實——如果有的話——變得十分困難，儘管不是不可能。）

對上述最後這個問題的完整回答，將要求史陶生提出一個對「一般性地將殊相引介到言談中的條件」的看法，而這正是《個體論》第六章第2節的主要任務。史陶生對這個問題的討論是很晦澀的；不過我想，我們至少可以很公平地說：(a)史陶生認為，一般性地引介殊相到言談中這件事，的確預設了或奠基在某個特定的事實的集合之上；(b)這些事實是一些引介了「特色共相」或「特色概念」（feature-concepts）的事實：舉例來說，由「現在下雪了」這樣的「特色定位陳述」（feature-placing statements）所表達的事實；(c)這些特色共相既非殊相的分類性共相、亦非其刻畫性共相；(d)這些特色定位陳述本身並不引介任何殊相到我們的言談中，但它們卻提供一個基礎給這個引介；存在著特色定位陳述所表達的事實這件事，乃是我們能夠將殊相引介到命題中的一個條件；(e)一般而言，從被預設的那一類特色定位事實，到它們提供作為其基礎的殊相之引介之間的過渡，涉及了某個概念上的複雜性：它涉及了對區別標準的採取、對問題中那一類殊相的再識別標準的採取，以及對於能夠被聯繫到某個那類殊相的刻畫性共相的使用。史陶生認為，這個有關於「一般性地將殊相引介到言談中的條件」的看法，補充並增強了前述對「將某個殊相引介到某個命題中的條件」的看法。儘管它們是彼此獨立的，但它們合起來卻給了我們對主述區分的完整理解。

十二、沒有殊相的語言：

正如同在建立起了具有空間—時間性的物質性事物是我們概念架構中的基本殊相之後，史陶生緊接著討論了一個不包含物質性事物的可能概念架構一樣，在建立起了殊相作為邏輯主詞的典範地位之後，史陶生也緊接著討論了一個不引介任何殊相的語言的可能性。而且，正如同之前對於純粹聲音世界的討論一樣，有關於一個沒有殊相的語言的可能性的討論也是相當不確定的：「我們沒有理由認為［這樣的語言］是不可能的；但我們也沒有理由認為它會很容易。」（【218】）

這樣的語言將只使用純粹特色定位的語句。而如果我們希望這樣的語句具有能夠表達殊相的語言所具有的表達力，我們所要面對的第一個困難將會是去表達「某個特色於某時在某地」這樣的一個陳述，並對時間和地點作出確定辨識性的指稱。我將不會追隨史陶生去闡述如何解決這些困難，因為連他自己都寧願將這個任務留給比他更喜歡「純粹練習其才智」的人。我想，史陶生對這個討論的兩個重要結論是：首先，就算這樣的一種語言是可能的，在這樣的語言中，對於被辨識性的項目的引介仍然是奠基在某個經驗性的事實之上。史陶生說（【224】）：

如果除了一般性的特色本身以外，我們還在特色定位的語言中引介了確定地可被辨識的項目或項，同時仍然避免對殊相的引介，那麼，引介這些項目的表達式將會展現我們前一章主題中的「完整性」。對於這樣一個項的識別乃是奠基在某個經驗性的事實上。

其次，給定我們所要表達的，引介日常具體殊相的語言其「附加價值是非常大的，而其在簡單性上的收穫則是壓倒性的」(【225】)。換句話說，我們應該慶幸我們的語言能夠指稱殊相。

十三、邏輯主詞、存在與唯名論的化約：

我在之前說過，在史陶生以「完整性」作為主述區分的根據的建議下，日常的殊相是邏輯主詞的典範。但在延伸的意義下，共相也可以作為一個命題的邏輯主詞，而這個延伸的基礎是「介於被非關係性聯繫的項目可能彼此收集的方式之間的類比」(【226】)。簡單地說，有些共相（例如，**美德**）收集共相（例如，**智慧**、**勇敢**等等）的方式類似於某些共相收集殊相的方式，而「如果這兩個[共]相被辨識性地引介到一個命題中，並且被斷說是非關係性地聯繫在一塊，那麼，第一個[共]相是作為述詞出現的，而第二個則是作為主詞出現。」(【226】）在這個意義下，所有的事物，不論是殊相或非殊相（特質、性質、特性、關係、集合、類、分類、物種、數目、命題、事實、類型、過程、事件、狀態、情況等等)，都可以在命題中出現成為主詞，並因而都是個體。

在一個命題中，作為邏輯主詞或個體出現的標誌，通常是某個單稱詞的使用，但這不是一個不會錯的標誌。舉例來說，在「該月球人存在」(The man-in-the-moon does exist）這樣的陳述中，我們便不能融貫地去推測該名詞表達式是一個邏輯主詞，因為，「這樣作乃是去推測說，它攜帶了正好是該命題整體所斷說或否認的內容作為其預設。」（【227】）肯定存在的命題最好被推測為一個斷說了唯一性的量化命題，或有關於某概念被例化，或某命題函數有時為真的命題。同樣的說法適用於共相作為主詞的情況。

但唯名論者顯然不會滿意上述的說法，唯名論者想要藉著「化約」去否認非殊相具有邏輯主詞的地位；他們企圖去將一個指稱了某個非殊相的語句，改寫為另一個非殊相在其中只以述詞型態出現的語句。史陶生在這本書裡並不關心如何去駁斥唯名論者的化約式企圖；他只是簡單地論斷說「從來沒有任何排除所有非殊相主詞的驅力曾經逼近成功過。」（【239】）他關心的是這個企圖背後的理由與動機。

一個可能的理由是：唯名論者同樣認識到了殊相是邏輯主詞的典範，但史陶生說這樣的動機是對邏輯主詞一個「不充分的反省」（【234】）所導致的。另一個可能的動機來自於邏輯主詞與存在概念之間的關係。史陶生說（頁【234】-【235】）：

> 就當代邏輯而言，每當某個具有「Fx」這一個形式的事被斷說時，其相關的、具有明晰存在形式的陳述「（∃x）（Fx）」就可以被推論出來。主詞表達式能夠被存在量化的變數所取代，而述詞表達式則不能。由於「（∃x）（Fx）」被讀成「存在某個事物是F」，因而我們可以推論說，一個能夠被某個邏輯主詞表達式所指稱的事物乃是一個我們能夠說它存在的那一類事物；反之亦然。

但這個理由招致了兩個問題：首先，為什麼能夠讓位給量化設計的總是主詞表達式，而不能是述詞表達式呢？其次，假定第一個問題能夠被滿意地答覆，「為什麼我們應該將［（∃x）（Fx）］推斷成是：替在某個主述句中被指稱的事物作出存在的宣稱，而不是在替這樣的語句中被謂述的事物作出存在的宣稱呢？」（【235】）

史陶生認為，唯名論者或許可以在主詞與述詞的不對稱性之間找到上述問題的一個基礎：主詞預設了一個經驗性的事實，而述詞則不然。但他問道：這是一個「好的」基礎嗎？史陶生認為，屈服在唯名論化約驅力之下的哲學家並不是處在一個非常舒服的立場（【239】）：

> 他們沒說出的座右銘是洛克（J. Locke）的「所有存在的事物都只是殊相」。由於這個理由的緣故，只要他所想的僅僅是主述命題的基本類型，他就會覺得他能夠斷說：那類被說成是存在的事物只不過是那類在主述命題中出現為邏輯主詞的事物而已。但一旦這個結合被作出，這個結合就會反抗他作出它的動機。因為，從來沒有任何排除所有非殊相主詞的驅力曾經逼近成功過。

最後一個化約論者的可能動機，則是想將日常語言中「有某個（某些）事物是這樣的……」、「存在著一個（一些）如此這般的事物是這樣的……」等表達式在意義上等同於形式邏輯中的量化符號「（∃x）」。對史陶生來說，後者並不是一個謂述性的用法，它最多只是標誌了主詞的位置而已。但這樣的動機顯然不會導致化約論者的企圖，因為，在日常語言中，「這些表達式是我們對於任何一個和每一個類或範疇的項目都準備去使用，或實際上使用的表達式」（【240】），而這些範疇包括了殊相和非殊相。至此，史陶生似乎認為，唯名論者的化約式動機是完全沒有好的根據的動機。

十四、一個簡短的評論：

我將在這一節中提出我對《個體論》的一些評論。首先，我想，任何讀過《個體論》一書的讀者，都應該會產生兩個很自然的想法。第一，史陶生對於許多問題的立場並不是很明確的。舉例來說，為什麼描述性的形上學應該優先於修正性的形上學？一個純粹聲音性的世界到底可不可能？而一個沒有殊相的語言又到底可不可能？這些似乎都是史陶生一直閃避不去給出一個確定答覆的問題。其次，史陶生對於他在書中所提出的一些斷說，似乎並不在乎給出一些好的論證去支持它們，他只是簡單地論斷它們而已。舉例來說，有關於個人概念的初基性便是如此。這對於具有分析傾向的讀者來說，或許會是一件難以忍受的事情；而史陶生面對這一個問題的態度僅僅是：「論證必須最終結束在某一點上，而在該點上的訴求只不過是我們了解我們所作的事。」（【209】）

其次，以公共的可辨識性作為存在著某一類殊相的條件，並進而作為範疇的優先性標準這一件事，並不是所有的哲學家都會同意的事情。在現象論盛行的1930年代，以及在羅素的邏輯原子論中，私有的知覺經驗或感官資料才被認為是最基本的範疇。顯然，如果史陶生想要說服我們去接受他的看法，他需要更多的論證，而這正是他在這本書中沒有提供的。而即使哲學家同意史陶生「以公共的可辨識性作為存在著某一類殊相的條件，並進而作為範疇的優先性標準」這一個看法，哲學家仍然可能認為基本的殊相並不是物質性的事物，而是懷海德（A.N. Whitehead）所主張的事件。當然，在史陶生的標準下，懷海德所主張的乃是一種修正性的形上學，但這樣的看法，只是將我們帶到了先前的一個問題罷了：為什麼史陶生要堅持描述性形上學的優先性呢？

在這個問題上，史陶生的態度其實是很曖昧的。他有時謙遜地說描述形上學只是描述我們實際上所擁有的概念架構，而其他的概念架構並非不可能。但有時他似乎認為，他所描述的概念架構是人類各個歷史與文化階段所共同擁有的、一個「不可避免的」的部分（【10】）。哪一個看法才是史陶生真正的看法呢？如果他的看法是前者，那麼，史陶生就應該提供我們一些好的理由去認為：我們實際上所擁有的概念架構至少是和其他可能的架構一樣地好；否則的話，提倡這樣一個概念架構的價值何在？但這將會自然地引導到另外一些問題：什麼是一個概念架構？概念架構的個體化原則為何？兩個不同的概念架構之間是不是總是可以互相比較？而如果可以的話，這樣比較的基礎為何？而如果是後者的話，為什麼史陶生要去考慮一個純粹聽覺世界的可能性呢？為什麼他又要去考慮一個沒有殊相的語言的可能性呢？《個體論》一書中又提供了什麼樣的論證去讓我們相信說：我們實際上所擁有的概念架構是唯一可能的概念架構呢？最後，如果我們實際所擁有的概念架構是我們思考客觀世界的一個不可避免的架構，我們有什麼保證可以擺脫那些來自於對客觀世界的懷疑論者的騷擾呢[9]？這些都是史陶生應該回答、卻沒有回答的問題，而我也不會

9 譯者注：有關於最後這個問題，請參考齊格威爾（Andrew Chignell）所說的這段話：「這個顧慮是：實在論和描述性的形上學是懷疑論的最佳枕伴人。

在此替他回答這些問題。我將它們留給對這些問題有興趣的讀者。

十五、有關於本書翻譯上的一些問題：

翻譯是一件困難的事情，而翻譯史陶生的《個體論》則是一件更困難的事情。英美哲學中有許多重要的概念在中文中並沒有通用的譯法，有些可能也沒有適切的譯法。我在這本譯文中盡可能地使用中文哲學界所採用的術語，雖然我知道這樣作並不會令每一個人都感到滿意。在沒有適切的譯法時，我便在譯注之處加上一些說明。

但翻譯史陶生《個體論》的真正困難在於兩件事情。首先，為了文意完整起見，史陶生喜歡使用非常長的句子。如果我順從原文，這樣的作法將會使得譯文難以閱讀；而如果我僅採取其意，這樣的作法將會無法展現史陶生寫作的風格。在這樣兩難的情境下，我有時採取前者的作法，有時採取後者，視該語句是否重要而定。對於翻譯上難以通暢的長句子，我必須向讀者們致歉，並乞求讀者們對這樣的語句多閱讀幾遍，以便了解其原意。為了幫助讀者更了解史陶生的意思，我在書中增加了許多「譯者注」。我希望這些「譯者注」能夠釐清原著中一些晦澀難明之處，但不至於誤解史陶生的原意。沒有註明是「譯者注」的注釋，則是書中原有的注釋。

為了讓讀者更深入了解史陶生和他的《個體論》，我在這本

因為，如果不承認觀念論，我們有何基礎去假定經驗世界會符合描述性的形上學所描述的基本範疇？」（A. Chignell, “Review on *Strawson and Kant*”, http://ndpr.nd.edu/news/23834-strawson-and-kant/。）

譯本中還增加了兩個原書中所沒有的附錄。附錄A簡介了史陶生的生平，也對他的作品列了一個詳細的清單，附錄B則收錄且簡單討論了一些與《個體論》有關的評論和書籍。

最後，我要感謝一位匿名審查人，他對最初的譯稿有許多很好的建議，我在重新審定時幾乎完全同意他的看法並據以作出了許多修正。當然，本譯稿中如有任何不完善的地方，這仍然是譯者的責任。

最後一點提醒：索引中的頁碼均為《個體論》原書中的頁碼。

序

本書係根據1954-1955年時我在牛津大學最初所寫的講稿所寫成。當1955-1956年我在北卡羅萊納州杜克大學（Duke University）講學時，這些講稿被用作某個研討課的教材。我很感謝杜克大學同事們在討論時所提供的幫助；我同時也想對蘆比・敏格（Ruby Meager）小姐、哈特（H.L.A. Hart）教授和吉爾伯特・萊爾（Gilbert Ryle）教授致上由衷的感謝之意，他們各自讀了本書手稿的一部分或全部，並給了我許多有益的、友善的忠告。我大體上一直試著去遵循這些忠告。

第三章中的許多部分係修改並擴充一篇刊載在《明尼蘇達在科學哲學上的研究》（*Minnesota Studies in the Philosophy of Scienc*）第二卷中的論文而來；該卷係由赫伯特・費鉤（Herbert Feigl）、麥可・史克里文（Michael Scriven），和葛羅福爾・馬克斯威爾（Grover Maxwell）所編輯，1958年時由明尼蘇達大學出版社出版發行。第五章、第六章部分取材自刊登於1953-1954及1957年《亞理斯多德協會會議論文集》（*Proceedings of the Aristotelian Society*）中的論文，但我作了若干實質性的修正。我必須感謝這些書卷的編者以及發行人，感謝他們允許我再度使用這些材料。

P.F. 史陶生【3】

導論

歷來的形上學往往是修正性的（revisionary），較少是描述性的（descriptive）。描述性的形上學以描述我們對於這個世界的思想的實際結構為滿足，修正性的形上學則關心於製造出更好的結構來。修正性形上學的作品一直是長期令人關注的，而非只是思想史上一些重要的插曲而已。由於它們的內容清晰、而其部分洞見又具有強度，這使得它們當中最好的作品在本質上就值得欽羨，並且具有持久的哲學用處。但最後這個好處之所以能夠歸屬給它們，乃是因為有另外一種的形上學，其本身的證成（justification）並不需要概括性研究的證成之外的東西。修正性形上學是為描述性形上學來服務的。無論從其意圖或效果上來說，也許沒有任何現實中的形上學家一直是全然修正性的，或全然描述性的。但我們可以大致這樣區分：笛卡兒（Descartes）、萊布尼茲（Leibniz）和柏克萊（Berkeley）是修正性的形上學家，亞理斯多德（Aristotle）和康德（Kant）則是描述性的形上學家。哲學的諷刺者休姆（Hume）比較難以加以定位。他時而在某一方面是修正性的，時而在另一方面是描述性的。

描述性形上學的想法容易遭遇到懷疑的態度。這種形上學與所謂哲學的、邏輯的，或概念上的分析有何不同？它與這些分析在意圖上並無不同，只有在範圍及概括性上有別。由於其目標是在赤裸裸地呈現我們概念結構裡最一般性的特色，因而，描述性形上學比較不能夠像一些在研究範圍上較為局限的、部分概念性的研究一樣將太多的事情視為理所當然；因而它們在方法上也有別。在一定的程度上，依靠對實際使用字詞作出細密的檢視，這是哲學中最好、也是唯一可靠的方法。但以這種方法所能作出的區分，以及所能建立起來的關聯【9】都不夠概括性，其成果也不足以達到形上學對理解所作出的完整要求。因為，當我們問說，我們是如何使用這個或那個表達式的時候，不管我們的回答在某個層次上多有啟發性，它還是會很容易就假定形上學家想要揭露的結構的一般性成分，而非去揭露它們。形上學家所要追尋的結構並不輕易地展現在語言的表層，它潛藏在這些表層之下。當語言的引導並不能帶領描述性形上學家走到他所想要到達的地方時，他必須放棄他唯一可靠的嚮導。

描述性形上學的想法，可能還會受到另一方向上的攻擊。因為，可能會有人主張說，形上學在本質上乃是概念變遷的工具，是一個用來推動或標示新思想方向或新思想風格的手段。我們的概念當然會改變，這樣的改變雖然主要發生在專業領域，但卻不限於此；而即使是專業領域上的改變，也會影響到日常的思維。當然，形上學一直主要關切的，的確是這裡所暗示的這兩種改變。不過，以這種歷史的風格去思考形上學會是一個大的錯誤。因為，在人類的思想中，有一大塊的核心部分是沒有歷史的——或者說，是沒有記錄在思想史上的；有一些範疇和概念，它們最基本的特性是一點都不改變的。顯然，這些不是最精緻思維裡的專業概念。這些是最不精緻思維中隨處可見的概念，但也是思維最複雜的人類之概念配備中不可避免的核心部分。一個描述性形上學所主要關切的，也就是這些概念、它們之間的關聯，以及它們所共同形成的結構。

形上學有其悠遠卓越的歷史，而其結果是：在描述性形上學中，我們不太可能發現任何新的真理。但這並不是說，描述性形上學的任務曾經，或可能畢其功於一役。在過往，該任務一直被重新執行著。如果沒有任何新的真理可以被發掘，至少我們可以重新發掘舊的真理。因為，雖然描述性形上學的中心主題並不改變，但哲學中用以批判和分析的用語卻經常改變。恆常的關係乃係以【10】不恆常的用語來加以描述，而後者反映了一個時代的思想氣氛，也反映了個別哲學家的思想風格。在他使用他那個年代的語詞去重新思考過其前輩的思想之前，沒有一個哲學家會理解它的前輩的想法；而這也正是諸如康德和亞理斯多德這些大哲學家們的共同特性：他們比其他任何的哲學家都花了更多的功夫來重新思考。

本書只能說部分是、而且適度地是一本描述性形上學的論文。之所以說它僅僅適度地是描述性的，那是因為，雖然書中有些討論的主題是充分概括性的，但我們的討論卻只從一些局限性的、而非全面涵蓋性的觀點來進行；之所以說它僅僅部分是描述性的，那是因為，在第二部分裡所討論的某些邏輯和語言的分類，在相對性上來說也許只有局部的和暫時性的重要性。對於我處理這些分類的方法，我現在可以作出一點概括性的評論。通常大家承認，在分析地去處理某個頗為特定的概念、希望去理解該概念時，尋找一個單一的、嚴格的陳述，以說明該概念在應用上的充分與必要條件的作法，可能不如將它的應用看作是——用維根斯坦（Wittgenstein）的比喻來說——形成一個家族，其成員也許是因為圍繞著某個典範的緣故而被組合起來，而這些成員與典範之間的連結，則是各種直接或間接的邏輯與類比關係。我認為，不論是在企圖去理解普遍性的邏輯與文法結構時，或者是在像知覺哲學或心靈哲學裡處理特定概念分析的時候，這個在理解上的寬容原則都同樣可以被有用地加以引用。

對我而言，將這本書分成兩個部分是一件很自然的事情。第一部分旨在建立起物質性物體（material bodies）[1]和個人（persons）在所有殊相中所占據的中心地位。該部分顯示說，在我們實際的概念架構裡，這兩種範疇的殊相是最基本的，或最根本的殊相，而相對於這些概念來說，其他類型的殊相概念，則一定得被看成是次要於這些概念。本書的第二部分則旨在建立並解釋【11】一般性的殊相觀念與指稱（reference）對象或邏輯主詞（logical subject）的觀念之間的關聯。這兩種觀念間的連結，以及隨之而來的、對於殊相作為典範的邏輯主詞的地位之解釋，可以在某種「完整性」（completeness）的觀念裡找到，而該觀念則在該部分第二章的前半部分[2]中加以闡釋。這個段落是本書第二部分裡的重要段落。然而，這本書的這兩個部分並非彼此獨立的。第一部分中的主張，在第二部分的許多地方被其中的論證所預設，而且在有些地方被其中的論證所延伸，並進一步加以解釋。我懷疑我們是否可能完全理解任何一部分的主要論題，而無需考慮另一部分的主要論題。【12】

1 譯者注：在這本書裡，我用「物質的物體」或「物質性物體」去翻譯“material body”這一個詞，而用「物體」或「身體」去翻譯“body”這一個字，視其所在的脈絡而定。

2 譯者注：亦即本書第六章第1節：「殊相之被引介到命題中」。

第一部分

殊相

一

物體

1. 殊相之識別

[1] 我們認為這一個世界容納了一些特殊的事物，其中的一部分獨立於我們之外而存在；我們認為這一個世界的歷史是由特殊的事件所構成，而我們或許是、或許不是這些事件當中的一部分；我們認為這些特殊的事物和事件是被囊括在我們日常交談的話題中，認為它們是我們在交談時可以談及的事物。上述這些說法，乃是一些有關於我們思考這一個世界的方式，以及有關於我們概念架構的說法。換一種顯然是較為哲學性的表達方式——雖然不會因而更清楚些——我們也可以說：我們的本體論裡包含了客觀的殊相。但除了殊相以外，我們的本體論裡還可能包含其他事物。

我的部分目標在於：展示我們用以思考特殊事物的概念架構之一般性和結構性的特色。我將從殊相的識別（identification of particulars）開始說起。但目前，我還不急著去概括性地說明我將如何使用「辨識」（identify）這一個詞和它的相關字詞[1]，也不急

---

1 譯者注：在這本書裡，我用「辨識」去翻譯英文的動詞“identify”，用「識

著去說明我將如何使用「殊相」這一個詞。「殊相」這一個詞，儘管在應用的邊陲上模糊不清，但在哲學的用法裡無疑已經有了一種大家都已經熟悉的核心用法。所以，我目前只需要說：我對該詞的用法並沒有什麼稀奇古怪之處就可以了。比方來說，在我的用法中，歷史的事件、物質性的物體、人們和他們的影子都是殊相，但特質（qualities）、性質（properties）、數目（numbers）和物種（species）則不是；我的這一個用法和大家熟悉的大部分哲學用法並無不同。至於「辨識」、「識別」等這幾個詞，我則有幾個不同但密切相關的用法；我將在介紹它們的時候一併解釋這些用法。

我首先關切的是「殊相的識別」；這一個詞的用法如下。通常，當兩個【15】人在交談的時候，他們當中的一個，也就是說話者，會指稱（refers）或提到某個殊相或其他殊相。而通常，他們當中的另一個，也就是聽話者，知道說話者所談論的事物是哪一個；但有的時候他並不知道。我將如此表達聽話者的這兩種可能：聽話者或許能、或許不能**辨識**[2]出說話者所指稱的那一個殊相。作為說話者，我們用來指稱殊相的語言表達式包括這樣的詞：它們的標準功能在於能夠讓聽話者在它們被使用的場合中辨識出被指稱的那一個殊相來。這一類的表達式包括了一些專有名稱（proper names）、一些代名詞、一些以定冠詞開始的描述片語，以及上述這些詞的複合詞。當一個說話者使用這樣的一個表

別」去翻譯其名詞“identification”，而用「辨識性的」去翻譯其形容詞“identifying”。

2 譯者注：從現在起，譯文中出現粗體的地方也就是原書中出現斜體的地方。史陶生在這本書裡使用斜體的目的在於去強調，或引起讀者注意某個概念。

達式去指稱一個殊相時，我將說他對某殊相作了一個**辨識性的指稱**（identifying reference）。當然，當說話者在某一場合對某殊相作了一個辨識性的指稱時，我們並不能因此就推論說：他的聽話者便實際上辨識出了那個殊相。我可能藉著某個名字向你提到某個人，但你卻可能不知道他是誰。不過，當說話者對某殊相作了一個辨識性的指稱，而聽話者因著這個辨識性指稱的力量而辨識出那一個被指稱的殊相時，那麼我將說：說話者不只對那個殊相作了一個辨識性的指稱，他還**辨識**了那個殊相。所以，我們有聽話者意義下的「辨識」，也有說話者意義下的「辨識」。

作為說話者和聽話者，我們經常能夠辨識出我們言談所涉及的殊相，這件事並不僅僅是一個值得慶幸的巧合而已。某類型的殊相應該可以被我們辨識出，這一點似乎是該類型殊相被包含在我們本體論裡的一個必要條件[3]。畢竟，如果我們宣稱說，我們承認某一特殊事物類型的存在，並且彼此談論這一類型中的成員，但卻限定我們的宣稱說，原則上我們當中沒有人可以讓其他人懂得他在任何時刻所談的到底是這一類中的哪個或哪些成員，那麼，我們這樣的宣稱究竟能有什麼樣的意義呢？這樣的限定似乎會使得該宣稱變得一點用都沒有。這個省思也許會將我們帶到另一個省思。經常，我們對某類型事物中某個殊相的識別，得依賴於我們對於另一類型事物中另一個殊相的識別。因而說話者在指稱【16】某一特定的殊相時，也許得說它是在某類型事物當中唯一的**那一個**（the）[4]與另一殊相有特定關係的事物。比方來說，他可

3　譯者注：換句話說，如果我們無法辨識出某類的殊相，那麼，該類殊相就根本不應該被包含在我們的本體論中。

4　譯者注：我將確定描述詞中的“the”一字，有時翻譯為「那一個」，有時翻譯

能指稱某棟房子為「傑克所蓋的那一棟房子」，或指稱某個人為「刺殺亞伯拉罕・林肯的那一個刺客」。在這些情形下，聽話者對第二個殊相的識別依賴於他對第一個殊相的識別[5]。他知道整個的辨識性片語所指稱的殊相為何，因為他知道該片語的部分所指稱的殊相是什麼。對一個殊相的識別經常依賴於對另一個殊相的識別，這個事實本身並沒什麼格外重要的地方，但它暗示了這樣的一種可能性：對某類型殊相的識別也許是以一種**一般性**的方式依賴於對其他類型殊相的識別之上。如果事實的確是如此，那麼，該事實對於探索用來思考殊相的概念架構之一般性結構的學問來說，將有著一定的重要性。比方來說，假設我們研究的結果是：有一殊相之類型β，其中的殊相不可能不藉著另一類型a中之殊相而被辨識出，但a類型中的殊相卻可以不藉著β類型中的殊相而予以辨識出。那麼，我們的概念架構就會有這樣的一個一般性特徵：談論β類型殊相的能力是依賴於談論a類型殊相的能力，但反之則不然。這個事實也可以這樣合理地加以表達：在我們的概念架構中，a類型的殊相比β類型的殊相在本體論上更優先（ontologically prior to），或更根本、或更基本。也許某類型的殊

為「這一個」，有時則翻譯為「該」，有時甚至翻譯為「……的……」，視其脈絡而定。請注意，在以下的翻譯中，我用「這」或「這個」來翻譯“this”，而用「那」或「那個」來翻譯“that”。英文中的“a”及“an”，在本書中則翻譯為「一個」或「某個」。這幾組翻譯的字請讀者不要混淆。

5 譯者注：原文的直譯是「聽話者對第一個殊相的識別依賴於他對第二個殊相的識別」。原文與譯文之所以有這樣的差別，那是因為，我們將原文的“the house that Jack built”翻譯為「傑克所蓋的那一棟房子」，而將“the assassin of Abraham Lincoln”翻譯為「刺殺亞伯拉罕・林肯的那一個刺客」。作者的意思是：聽話者對於那一棟房子和那一個刺客的識別，係依賴於其對傑克和亞伯拉罕・林肯的識別。

相在其成員的可識別性上依賴於另一類型的殊相這件事，並不太可能像是我們在這裡所暗示的那麼直接和簡單，而這也就是說，一般說來，為了要對某個相對依賴類型的殊相作出辨識性的指稱，我們不可能不提到另一個相對獨立類型的殊相這件事，是不太可能為真的。但我們對於某類型的殊相的識別，仍然有可能是以其他較為間接的方式依賴於對另一類型的殊相的識別之上。

［2］對聽話者意義下的識別來說，我們有什麼測試的方法呢？什麼時候我們可以說：聽話者知道了說話者所指稱的殊相呢【17】？首先考慮下面的情形。說話者說了一個他宣稱是事實的故事。該故事這樣開始：「一個男人和一個男孩站在飲水器旁」，接著：「那一個男人（The man）喝了些水」。我們是否可以說：聽話者知道第二句話中的主詞片語所指稱的殊相是哪一個或什麼事物呢？我們或許會說：「是」。因為，對某一特定範圍（range）內的兩個殊相來說，由於「那一個男人」一詞中的描述僅僅適用於其一的緣故，因而該主詞起了區別出被指稱對象的作用。這雖然是一種識別的情形，但只是較弱意義下的識別，我將稱之為是僅僅**相對於故事**（story-relative）的識別，或更簡單一點，**相對性**（relative）的識別。因為，它只是相對於某一殊相範圍（包含兩個成員的範圍）所作出來的識別，而該範圍本身則只是被辨識為說話者所談論的殊相的範圍。這也就是說，當聽話者聽到了第二個句子時，他知道**說話者所談論的那兩個特殊生物中的**哪一個是被指稱的殊相；但缺少了粗體中所說的限定，他就不知道被指稱的特殊生物是什麼了。這裡的識別是在某個說話者所說的特定故事中的識別。它是在他的故事中的識別，而不是在歷史中的識別。

我們需要一個夠嚴格的條件來排除相對性的識別。在上述的例子中，聽話者能夠在說話者所描繪的圖像裡定位出（place）那一個被指稱的殊相來。這意味著：就某一意義來說，他也能夠在他自己對這一個世界的一般性圖像裡定位出該殊相來。因為，他能夠在他自己對這一個世界的一般性圖像中定位出說話者，並因而定位出說話者的圖像。但缺少了哪一個架構[6]，聽話者並不能夠將說話者圖像中的人物在自己對這一個世界的一般性圖像裡定位出來。由於這個緣故，聽話者識別的完整要求條件並沒有被滿足。

上述這個完整要求條件被滿足的一個充分但非必要條件是——我們在這裡先說得鬆散些——聽話者能夠用視力，或聽力，或觸碰，或用其他感官分辨的方式去挑出那一個被指稱的殊相來，知道它就是那個殊相。我將把這個條件設得稍微寬鬆一點，以便於能夠涵蓋這樣的情形：由於該殊相停止存在了或不見了的緣故，聽話者無法在指稱的時刻以感官分辨出被指稱的殊相，但卻能在稍早之前以感官分辨出來。這些情形是【18】使用「那個」（that）這個指示詞（demonstrative）[7]比使用「這個」（this）來得更恰當的情形；比方當一個人說「那輛車子跑得非常快」或者「那個聲音振耳欲聾」的時候。一般說來，這個充分條件只有在殊相能夠在現在，或稍早被知覺到的情形下才會被滿足。顯然，有許多識別的情形是落在這個條件之下的。在一定的

6 譯者注：哪一個架構？我想，作者在此處指的是聽話者「在他自己對這一個世界的一般性圖像中定位出說話者，並因而定位出說話者的圖像」後所形成的架構。

7 譯者注：指示詞指的是像「這」、「這個」（this）、「那」、「那個」（that）、「這些」（these）、「那些」（those）這樣的字詞。這些字詞的典型特徵是：在使用時必須配合指示的動作，像用手指點、擠擠眼並注視著某個東西之類的動作，以便聽話者能夠知道被指稱的對象為何。

景物配置下，我們所使用的某個語言表達式可以恰當地或至少自然地被看作是、並被用作是僅適用於那個殊相範圍內唯一的一個成員，並且不適用在那範圍之外的任何事物，而這個範圍是聽話者在當時，或至少稍早能夠以感官分辨出來的。像這一類的情形，不論我們是否會再使用其他描述字眼來加以協助，都是使用指示詞的絕佳情形；但當然指示詞的使用並不限於這些情形，而其他種類的表達式也有可能在這些情形中被使用。當這個有關識別的第一個條件被滿足時，我將說，此時聽話者能夠**直接定位出**（directly locate）被指稱的殊相。我們也可以說，這些情形是殊相的**指示性識別**（demonstrative identification）的情形。

顯然，就我剛才所說的意思來看，並不是所有殊相識別的情形都是指示性的識別。基於這個事實，過去的哲學家曾有一個不論在實際上或理論上都沒什麼道理的憂慮。該憂慮之所以在實際上或理論上沒有道理的理由，到頭來都是一樣的。這個憂慮的本質，和它之所以沒有道理的理由，現在必須說個清楚。

殊相的指示性識別並不總是一件容易的事。場景（scene）可能是模糊的，它的成員可能是雜亂的。該場景的幾個不同部分可能彼此非常相像，而我們要辨別的事物也是如此；而且，在應用像「那一個從上面數下來第十五排、左起第十二個的男人」這樣的描述詞時，也很容易發生錯誤。但不管怎麼說，在指示性識別中至少有一件事情是清楚的：那就是，那些殊相之範圍的同一性[8]，或那一個我們將在其中作出識別的宇宙區域是清楚的。它就

8　譯者注：原文是“the identity of the range of particulars”。另一個或許較能表達其意的翻譯是：「那些殊相之範圍為何」，但這與原文有些出入，所以不在此採用。

是那整個的場景，整個被感官知覺到的、在現場的殊相所構成的範圍。（但也許有人會說，該範圍的界線對說話者和聽話者來說，可能是不一樣的。我讓讀者【19】去解決這個事實所引起的任何問題。）**哪一個場景**才是我們所討論的？這絲毫不成問題。雖然其中的哪一部分、哪一部分中的哪一個成員才是我們所討論的等等，仍然可能會是問題。對於這些問題，我們有語言的方法去解決。

但現在讓我們考慮一下這樣的情形：由於要被辨識的殊相並不在可被感官知覺到的現場範圍內，因而，在我所給的意義下，指示性識別是不可能的。在這種情形下，我們有什麼語言上的識別工具可資運用呢？我們可以使用描述詞、名稱（names）[9]，或兼用這兩者。但除非一個人知道誰或什麼東西是被該名稱在使用時所指稱的，否則的話，對某一殊相使用一個名稱並沒有什麼用處。如果沒有一些支持一個名稱的描述可以在需要的時候被說出來以解釋該名稱的應用，那麼，那個名稱是一點價值也沒有的。所以，看起來似乎是，在對殊相作非指示性識別（non-demonstrative identification）時，我們最終還是得依靠只使用一般性描述的語詞。現在，一個人也許對宇宙中某個特殊的區域了解得很好。他也許無可置疑地知道，在那個區域中只有一個特殊的事物或人符合某個一般性的描述。但我們還是可以爭論說，這一點並不保證該描述在應用上是獨一無二的。因為，也許有另外一個殊相，在另外一個宇宙的區域裡也符合相同的描述。即使一個人擴充該描述詞，使它容納了一個描述詞，描述了我們所關心的那個宇宙區域的明顯特色，他仍然缺乏一個保證說，該描述詞能夠將該殊相

9 譯者注：作者在此指的應該是專有名稱。

個體化（individuate）出來[10]。因為，另外的那一個區域可能也同樣複製了這些特色。不管一個人添加多少他對該區域的知識——它的內部細節，以及它的外在關係——到那一個描述詞中，大規模複製（massive reduplication）的這個可能性仍然是開放的。一個人對這一個世界的知識之擴張並不能排除這個可能性。所以，不論說話者和聽話者的知識有多廣博，他們當中沒有一個人能夠知道，說話者的辨識性描述（identifying description）在實際的應用上是獨一無二的。

也許有人會這樣回答這個論證：知道辨識性描述在應用上是獨一無二的這件事並非必要。為了要確保識別，唯一必要的事情是：聽話者應該能夠藉著說話者語詞的力量而知道【20】：說話者實際指稱的東西是什麼或哪一個。現在，為了要讓一個說話者去使用有一定指稱的某個描述詞，而且為了要讓聽話者了解這些字詞是在作一定的指稱——不管說話者意圖指稱的對象和聽話者理解的指稱對相是否實際上相同——下面這件事至少是必要的：他們每個人都應該知道**某一個**該描述詞適合的殊相。（或者：聽話者從說話者的字詞中，能夠當下得知這樣的一個殊相。）但每一個人也許只知道一個這樣的殊相；而且每一個人也許都有結論性的理由去假設說，另一個人也只知道一個這樣的殊相，而且另一個人所知道的那一個殊相和他自己所知道的這一個殊相是同一個殊相。或者，即使這個條件並沒有完全被滿足，每一個人仍然可能有結論性的理由去認為說，其中的一個人所**指稱**的那一個殊相和另一個人**認為**前者所指稱的那一個殊相乃是同一個殊相。

10 譯者注：亦即，他無法保證該殊性是獨一無二地符合該描述詞所描述的事實的事物。

這個答覆恰當地顯示出：對於非指示性識別之可能性的懷疑，儘管有前述的論證作為基礎，在實際上卻是沒有根據的。但該答覆退讓得太多，而解釋得卻太少。它並沒有解釋：我們如何能夠擁有我們可以擁有的結論性理由。它也沒能產生任何一點的線索，可以讓我們用以去理解我們藉以思考識別的一般性結構。如果能夠的話，我們最好使用該論證[11]本身所設定的理論條件[12]去回應它；因為，藉著這樣作，我們或許能夠學得一些有關於那個一般性結構的事情。

為了要以它所設定的條件去回應該論證，我們只需要去顯示說，非指示性識別的情形如何可能與指示性識別的情形關聯在一塊就夠了。該論證假設說，當被辨識的殊相不能夠直接地被定位時，它的識別最終一定是奠基在純粹使用一般性語詞的描述詞[13]之上。但這個假設是錯誤的。因為，即使問題中的殊相本身不能夠被指示性地辨識出來，它仍然可能藉著這樣的一個描述詞來加以辨識：該描述詞將該殊相獨一無二地與另一個能夠被指示性辨識的殊相關聯在一塊。「它占據了宇宙中的哪個區域？」這個問題，可以藉著將那區域與說話者和聽話者當下占據的區域獨一無二地關聯在一塊的方式來加以回答。不論宇宙中大規模【21】複製的可能性是怎樣，從識別的觀點來看，這些可能性並沒有創造出任何無法以此方式在理論上克服的理論性困難。

現在，我們可以看出，為什麼前述的答覆退讓得太多。在面

11　譯者注：此處指的是前述那個懷疑論的、有關於大規模複製的可能性的論證。

12　譯者注：這個條件指的是要能夠給出一個只有該殊相才獨一無二地符合的描述詞。

13　譯者注：此處指的是不包含任何專有名稱在內的描述詞。

對從複製的可能性而來的論證時，它退讓說，當問題是非指示性的識別時，我們永遠無法確定一個辨識性描述實際上只適用在唯一的一個殊相上；然後，它宣稱說，這件事無關緊要，因為我們可以確定一些其他的事情。該答覆並沒有精確地說明這些其他的事情可能是什麼。但現在，在知道它們可能是什麼之後，我們同時知道了，從複製可能性而來的論證完全沒有一點力量去顯示說，我們並不能確定一個辨識性描述實際上只適用在唯一的一個殊相上。因為，非指示性識別可以穩當地奠基在指示性的識別之上。所以，對殊相的辨識性描述可以在最終包含了一個指示性的成分在內。

該解決引發了進一步的一個問題。下面這個假設是否可信呢：除非我們要撤退到相對性的識別之上，否則的話，怎麼可能對於每一個我們可能指稱的殊相來說，都會有某個描述詞將它獨一無二地與作指稱對話中的參與者或當下的場景關聯在一塊呢？我們所指稱的殊相是如此地五花八門。我們能夠可信地宣稱說：有一個單一的關係系統是這樣的，每一個殊相在其中都有一個位置，而且該系統包含了任何能夠被直接加以定位的殊相嗎？儘管初步上很籠統，但對這個問題的答覆也許如下。對於所有在空間和時間中的殊相來說，我們不僅能夠可信地去宣稱，而且必須去承認說，就是有這樣的一個系統：也就是空間和時間關係的系統；在其中，每一個殊相都和每一個其他的殊相都有著獨一無二的關聯。這一個宇宙也許是以各種的方式在重複著。但原則上，這個事實並不會對提供所需要的那類描述造成障礙。因為，藉著指示性的識別，我們可以決定出一個共同的參考點和空間方向的共同軸線；而一旦我們有了這些參考點和軸線，我們同時也就有了這樣一個理論上的可能性：給每一個在空間和時間中的其他殊相一個描述詞，使它獨一無二地與我們的參考點關聯在一塊。也許不是所有的殊相都是**既在**時間**又在**【22】空間中。但我們至少能夠可信地去假設說，每一個並非既在時間又在空間中的殊相，都以另一種獨一無二的方式與在時空中的殊相關聯著。

[3] 這是一個對理論性問題的理論性解決。實際上，我們並不認為自己面臨著事物類型和事件類型大規模複製的可能性。然而，有理論性解決可資運用這一個事實，對於我們的概念架構來說是一個非常重要的事實。它顯現了有關於那個架構在結構上的一些事情；而且它和我們對於識別的實際要求也有一點關聯。

這一個關聯也許不是很明顯。如果聽話者知道那一個被指稱的殊相等同於某一個殊相，而對於後者，他還知道一件，或一些有關於它的個體化事實[14]（individuating fact）——除了「它就是那個被指稱的殊相」這個事實之外——那麼，聽話者識別的一般性要求似乎就可以被認為是滿足了。對於某個殊相來說，知道一件有關於它的個體化事實，也就是知道如此這般的一件事對於那個殊相來說為真，而對於其他不管什麼樣的殊相來說則都不為真。一個能夠讓他所有的知識都被清楚地說出來的人，只有在他能夠給出某個描述，而該描述獨一無二地適用於問題中的殊相，並且他能夠非套套邏輯地（non-tautologically）補充說，這個描述詞所適用的殊相與當下被指稱的殊相是同一個時，他才算是滿足了這個條件[15]；但我們並不需要去堅持說，讓一個人的知識以這樣的方

---

14 譯者注：亦即，只有該個體才獨一無二地符合的事實。

15 譯者注：如果我們使用的是像「說話者所指稱的那一個殊相」（"the particular that is being referred to by the speaker"）這樣的描述詞，那麼，雖然該描述詞會獨一無二地適用於問題中的殊相，但我們卻不能夠非套套邏輯地補充說：「說話者所指稱的那一個殊相與當下被指稱的那一個殊相是同一個」；換句話

式清楚說出的這一個能力，是他真正知道說話者在指稱誰，或指稱什麼東西的一個條件。因而，這就是在非指示性情形下聽話者識別的一般性條件了；而且，顯然地，如果一個真正的指稱被作出，那麼，說話者也同樣得滿足類似的條件。為了要排除僅僅是「相對於故事」的識別，我們還得補充一個進一步的要求；那就是，被知道的個體化事實不能夠是這樣的：對它的陳述在本質上涉及了：藉著某人對該殊相所作的言談去辨識問題中的殊相[16]，或者藉著某人關於任何可以用來辨識該殊相的其他殊相之言談去辨識該殊相[17]。

現在，這些條件在實際上是如何被滿足的呢？首先，我們可以注意說，這些條件會被任何這樣的人所充分滿足：他能夠給出一些可以用來減輕第［2］小節裡所討論的理論焦慮【23】的描述。我們剛剛設下的這些條件，在形式上比那些焦慮來得不精確些：凡是會在某個特定情形下減輕那些焦慮的，就會滿足這些條件。但從這一點，我們並不能結論出任何決定性的事情來；我們已經

說，「說話者所指稱的那一個殊相與當下被指稱的那一個殊相是同一個」是一個套套邏輯語句。但如果我們使用的是像「前天跟說話者在台北火車站見面的那一個男人」這樣的描述詞，那麼，「前天跟說話者在台北火車站見面的那一個男人，與當下被指稱的那一個殊相是同一個」就不再是套套邏輯語句了。

16 譯者注：比方說，**他是傑克昨天所說的故事當中、那兩個主角裡比較年長的那一個**這個事實，就是「對它的陳述在本質上涉及了：用某人對該殊相所作的言談去辨識問題中的殊相」。

17 譯者注：比方說，**他是傑克昨天所說的故事中、在前天去過羅斯福路誠品書局，並且花了一百萬元買了一支筆的那一個人**這個事實，就是「對它的陳述在本質上涉及了：用某人關於任何可以用來辨識該殊相的其他殊相之言談去辨識該殊相」。

承認說，那些焦慮在實際上是不真實的。所以，在我們理論性的解決與我們實際要求的滿足之間，那個關聯仍然不是很明顯的。

那個關聯甚至看起來可能是很遙遠的。對於每一個我們所指稱的殊相來說，或者對每一個我們所了解的、另一個人所指稱的殊相來說，我們當然不知道，或不需要知道這樣的一個個體化事實：該事實將該殊相獨一無二地與眼下所指稱的情境——包括在那個情境中的人或物——關聯在一塊，不是嗎？但我們必須考慮，這個建議[18]是不是像它聽起來一樣荒謬。當然，在實際上，我們並不是經常將我們所提及的殊相，**明白地**（explicitly）與我們自己，或指稱當時情境中的其他項目關聯在一塊。但這個事實也許不過是展現出了一個證成的（justified）信心說：並沒有作出這種明白指示的需要罷了；因為，一般而言，對話的環境，以及參與者對彼此背景的了解，會使得許多的事情被視為理所當然。而且，有時候我們或許會滿足於「相對於故事」的識別，因而並不希望——至少在當時並不希望——將所提及的殊相直接地安放在我們對這一個世界，以及對其歷史的知識架構當中。

但不能否認的是，我們每一個人在每一時刻都擁有這樣的一個架構——一個統一的、對殊相的知識的架構，在其中，我們自己，以及我們周遭的事物都有其位置，而其中的每一個成員都以獨一無二的方式與其他每一個事物關聯在一塊，因而與我們自己和我們周遭的事物關聯在一塊。不能否認的是，這個知識的架構提供了一個獨一無二有效的手段，讓我們將被辨識的殊相加入到我們的知識庫存中。為了這個目的，我們使用這個架構；但這並

18 譯者注：「這個建議」也就是之前所說過的識別的一般性條件：我們知道某件關於我們所關心的殊相的個體化事實。

非只是偶發或偶然為之，而是總是如此，並且本質上如此。每一個新獲知的殊相在辨識性上都與該架構有著某種關聯這件事，乃是一個必然真理，即使這件事是我們在透過獲知它的時機和方法時才知道的。即使對於該殊相的識別是所謂「相對於故事」的識別的時候，它與該架構的關聯【24】依然透過說故事者的同一而存在。當我們變得老練以後，我們將該架構以日曆、地圖、座標軸系統等方式加以系統化地組織起來；但對於這些系統的使用，基本上仍然是奠基在我們對於自己在其中位置的知識之上，儘管一個人可能會迷失了他的位置，而且需要被告知該位置何在。這樣的系統，不論是已經發展完成的、還是仍在胚胎初期的，都能夠幫助我們逃離相對於故事的識別，而到達充分的識別。當然，在我所說的事情裡面，沒有一件事有這樣的結果：除非一個人能夠對某殊相給出一個精確的空間—時間位置，否則他就不能夠辨識出該殊相來。這件事絕非必要。任何事實，只要它將該殊相與其他在該架構中已經被辨識的成員獨一無二地關聯在一塊，都可以被用來作為個體化的事實。一個本身絕非定位性的描述詞，或許也能夠在一個非常廣泛的空間—時間殊相範圍內去個體化事物；這個時候，我們所要求的不過是：那一個範圍本身應該全部被定位在該架構中。

但有些人可能會問說：那麼，為什麼要給具有共同參考點的空間—時間關係任何特別卓越的地位呢？難道不是有其他種的關係足以達到同樣的目的嗎？殊相識別在形式上所要求的，只不過是這樣的一種關係：在給定某個已經被辨識的物體O之後，我們能夠知道說，實際上只存在著一個與O具有該關係的事物滿足一定的描述詞。難道不是任意兩個事物之間可能具有的任何關係，都幾乎滿足這個並非很嚴格的要件嗎？有些關係甚至保證只有一個這樣的事物[19]。因此，雖然我們或許需要被告知才會真正知道實際上只有一條橋跨越河流的某個區段，但就算沒人告訴我們，我們也會知道不可能有多於一個以上的人會是某個人的祖父。

這個問題也許可以這樣回答：空間—時間關係系統有其獨特的廣含性（comprehensiveness）與瀰漫性（pervasiveness）[20]，這些特性使得它唯一有資格成為我們可以在其中組織對殊相的個體化思想的架構。每一個殊相在這個系統中都或者有其位置，或者是屬於這樣的一類：一般而言，除非藉著指稱在該系統中已經有其位置的其他種類殊相，否則的話，這個類的成員就無法加以辨識；而且，每一個在該系統中有其位置的殊相，都有一個獨一無二的【25】位置在其中。沒有其他的殊相間的關係系統會具有上述的特性。其實，這個關係系統與其他任何關係系統間的對立（antithesis）都會是一個假的對立[21]。雖然，在設計辨識性的描述詞時，我們可以自由地依賴異質性的關係，但空間—時間關係仍然是這些增加的描述的根基；殊相間大部分的其他關係都包含了空間—時間的成分、涉及了空間—時間的交易（物體的相對運動），或以空間—時間的交易來表徵。

但有一個一般性的疑慮可能還會繼續存在著。如果我們知道

---

19 譯者注：如*x*是*y*的父親或*x*是*y*的祖父這樣的關係。如果x是y的父親（或祖父）而z也是y的父親（或祖父），那麼，顯然x和z便會是同一個人。但這樣的關係並不像空間—時間關係那麼廣含而又瀰漫（見以下的說法），因而並不適合拿來組織我們對於殊相的個體化思考。

20 譯者注：所謂廣含性與瀰漫性，我想史陶生的意思應該是：任何兩個事物之間都有某種空間—時間上的關聯。

21 譯者注：我想，史陶生在此的意思是：其他關係系統都不具有空間—時間關係的廣含性與瀰漫性，因而根本無法與之比擬。

某件關於我們所關切的殊相的個體化事實，那麼，辨識的形式要件就被算被滿足了。但為什麼這樣的個體化事實應該將我們所關切的殊相，以任何的方式與我們殊相知識的統一架構（我們每一個人在其中都是一分子）中的其他項目關聯在一塊呢？描述詞可以被設計成以「那一個唯一的……」或「第一個……」這樣的片語來開始，因而表明它們在適用上的唯一性，就像它們在實際上所表明的一樣。讓我們稱它們為「邏輯上個體化的描述詞」（logically individuating descriptions）。無疑地，一般說來，邏輯上個體化的描述詞將會包含個人的專有名稱，或地方名稱，或日期，因而將它們適用的殊相與我們對殊相知識的統一架構中的其他殊相關聯在一塊；或者，如果邏輯上個體化的描述詞並不包含任何這樣的詞，那麼，一般說來，它們將會包含指示性的指示詞，或將會以某種方式依賴於它們被使用時的情境配置，以便協助我們去決定它們的指稱。但我們也可以這樣設計邏輯上個體化的描述詞，使得它們完全免於這樣的特性。讓我們稱這些為「純粹個體化的描述詞」。「該班級中的第一個男孩」並不是一個純粹個體化的描述詞，因為它依賴於它被使用時的脈絡以決定其適用對象。「第一隻在19世紀英格蘭誕生的狗」也不是一個純粹個體化的描述詞，因為它包含了一個日期和一個地方的名稱。但「第一隻在海上誕生的狗」是一個純粹個體化的描述詞；同樣地，「那一隻唯一誕生在海上、並且在後來救了某個君王的狗」也是一個純粹個體化的描述詞。除了純粹個體化的描述詞之外，我們還可以認出某一個由「準純粹」（quasi-pure）的個體化描述詞所形成的集合，這些描述詞僅僅在下述的意義下才依賴於說話時的環境配置以決定其適用對象：它們的適用對象【26】限於說話時之前，或同時存在的事物。它們就像純粹個體化的描述詞一樣，但增加了「到目前為止」這樣的字眼。一個準純粹個體化描述詞的例子會是「到目前為止活過的人當中最高的人」。現在，也許有人會說，我們當然有時候能夠知道：一個純粹的，或準純粹的個體化描述詞有其適用的對象；而一旦我們同意這樣的一個片語有其適用的對象，它被聽話者和說話者雙方都接受這件事，就足以保證彼此藉著它來了解同一個殊相。因此，我們對於殊相的個體化思考，並不需要將它們容納在一個單一的、統一的、對殊相知識的架構當中。

但作出這種反對的人，乃是一個自身處於與世隔絕的、不切實際的理論家立場的人。我們有許多的答覆可以給他。假設某個說話者和某個聽話者宣稱說：他們藉著同意某個純粹的，或準純粹的個體化描述而去辨識了某個特定的殊相；而且假設他們對該宣稱附帶地評論說，除此之外，他們對問題中的殊相就什麼都不知道了。換句話說，在該共同架構的任何特定空間—時間區域裡，不管這個區域有多廣泛，他們都完全不能夠在其中定位出那一個相關的殊相來，也不能夠以任何特定的方式將它與他們能夠如此定位的任何項目關聯在一塊；他們甚至完全不能夠將它與任何的討論時刻關聯在一塊，而後者是他們能夠將之與該共同空間—時間架構中的一些項目關聯在一塊的。比方來說，它們不能夠說，他們當中有一個人曾經被某權威人士告知了該該殊。一般說來，他們否認了任何這樣的能力：將他們宣稱所談及的殊相與他們一般性的、統一的殊相知識架構關聯在一塊；而且，就算有人暗示他們說，似乎他們曾經知道、但現在卻忘了這個關聯，他們還是會去否認有任何認識這種關聯的能力。在任何附帶了這種評論的類似宣稱中，似乎都有一些輕率的成分在內。首先，從該附帶的**否認**，我們應該會傾向於去推論說，除了很一般性的機率以外，該說話者與聽話者其實沒有任何的根據去認為說，那一個純粹個體化的描述詞有任何的應用。一個純粹個體化的描述詞，就好像其他邏輯上個體化的【27】描述詞一樣，不但可能在沒有任何競爭該頭銜的候選者時失去其應用，還可能在這樣的情況下失去其應用：有兩個或多個候選者，他們帶著同樣好、但因而彼此破壞的主張，而且沒有一個候選者有更好的主張[22]。因此，「第一隻在海上誕生的狗」這一個描述詞，不但會在沒有狗在海上誕生時失去其應用，還會在海上誕生的頭兩隻狗是同時誕生時失去其應用。的確，藉著增加該描述詞的細節，我們可能降低第二種應用失敗的機率；但我們也會因而同時增加了第一種應用失敗的機率。一般說來，去詳盡闡述該描述詞，使它足以排除一項危機卻不會增加另一項危機的唯一安全方法，乃是去利用我們對這一個世界的各階段和其歷史的知識；但一旦我們這樣作，我們就再也不能夠誠心地宣稱說，在任何一點上，我們都不能夠將我們的描述詞與屬於該統一的殊相知識架構中的項目關聯在一塊。因而，這第一個答覆，等於是在爭論說，除非我們已經知道一個殊相與在空間—時間架構中被辨識的項目之間的關係的一些事情，否則的話，我們就不可能知道一件有關於該殊相的個體化事實。也許，如果一個人使用足夠的才智，他或許能夠造出一些例子來堵住這個反對。但其他的反對就會因而被提出。就算我們能夠以使得該殊相與一般性的、統一的殊相知識架構完全脫離和切除的方式，去滿足殊相辨識的形式條件，這樣的成果也將會是一個特別

22　譯者注：此處史陶生是在利用競選活動作一個隱喻。他的意思是，任何的一個描述詞都有可能在兩種情況下失去其應用：(1)沒有任何事物滿足該描述；(2)有兩個或多個事物一樣好地滿足該描述。

沒有用的成果。**只要我們對它的知識仍然保持這個完全脫離的特性**，該殊相在我們一般性的知識架構裡，終將沒有任的角色可以扮演；比方來說，除了透過新學會的概括性真理之外，我們將不能學到任何有關於它的新事實。我不認為說，我們還需要再進一步探索這個問題；因為，這已經是夠明顯的了：我們正在設想的這個可能性，如果它真的可能的話，在我們一般性的殊相知識架構中也不扮演任何重要的部分。

因此，我們或許可以同意說：我們建構了有關於這一個世界、特殊事物和事件的一個單一圖像，我們對大量複製的可能性並不感到困擾，我們有時滿足於對我們所論及的情境和物體給予最粗略的【28】位置，而且我們允許用彼此同意的專有名詞去承擔大量的個體化工作，而不需多加解釋。我們非常理性地這樣作，並且在一些經驗到的社群和指導來源中，對這樣的作法深具信心。這是一個我們所建構起來的單一圖像、一個統一的結構：在其中，我們自己有一個位置，而每一個成員也都被我們認為是直接或間接地與每一個其他的成員關聯著；而且，該結構的架構——那一個共同的、統一的關係系統——乃是一個空間—時間的關係系統。藉著辨識性的指稱，我們將其他人的報告和故事，以及我們自己的報告和故事，適當地配置到經驗到的實在界這一個單一故事中；而這個整體性的配置、這個關聯，最終還是奠基在殊相之間的關聯之上，而這些殊相乃是被包括在我們自己占據在其中的一個單一的、空間—時間系統的故事中。

我們現在或許會問，下面這件事是否是無可避免或必然的呢：對於可以在一個共同語言中作為討論主題的殊相來說，任何提供給它們的架構——或至少任何這種我們可以設想的架構——都應該是我剛才所描述的那種架構嗎？當然，該架構形成了一個單一的、空間—時間系統這件事，看起來並不像是有關於經驗的實在界的一件偶然的事情。假設某人提到了某類事物當中的一個，並且說了一些發生在它身上的事情；但當他被問到說，那個東西在哪裡？而那一些他所敘述的事又發生在何時？他不說他不知道，卻說它們一點也不屬於我們的空間—時間系統，說它們並不發生在任何離此多遠的地方，也不發生在任何離現在多遙遠的時間點。那麼，我們就應該說，而且應該認為他所說的是：問題中的那一些事件並沒有**真正**發生過，而問題中的那一個事物也不是**真正地**存在著。在這樣說的時候，我們應該展現出了，我們是如何地操作有關實在界的這個概念。但這並不是說，如果我們的經驗的本質有了基本上的改變，我們的概念仍然可能會是它原來的樣子。稍後[23]我將探討該概念能夠變得不同的一些方式；但我將不會去探討另一些其他的方式。我們在此所處理的是那個決定了我們整個說話和思考方式的東西，而且，由於這個緣故，我們覺得它不是偶然的。但這個事實不必阻止我們去對殊相的概念進行更深一層的分析【29】，也不必阻止我們去考慮——雖然這樣作會冒了不小的、荒謬的風險——各種相當不同的可能性。

眼下，我將先把這些可能性擱在一邊，而去提出一些有關於我們自己的概念架構的問題。我們有夠多的問題可以提出。不過，先再一次地強調某些看似困難的幻象，將會是有價值的。比方來說，有一個我們作為出發點的信念是這樣的：對於某個有著空間和時間關聯的、由事物和事件所形成的網絡來說，不管我們對它所作出的描述是如何的詳盡，我們永遠也不可能確定說，我們作出了一個對某一單一特殊項目的個體化描述，因為，我們永

23　譯者注：指本書的第二章「聲音」。

遠不能排除有另外一個完全相似的網絡的可能性。如同我們已經看到過的，這個理論上的焦慮來自於對下面這個事實的忽略：作為說話者以及日期和地點系統使用者的我們來說，我們在那個系統裡有著自己的位置，而且知道那個位置在哪裡；因而，我們自己和我們當下周遭的環境提供了一個參考點，它能夠將該網絡予以個體化，並因而幫助我們去將該網絡中的殊相予以個體化。有些人非常了解說，**此時—此地**（here-and-now）提供了一個參考點；但他們卻假設說，「這裡」、「現在」、「這個」，以及所有這類以說話者為中心的字詞，對每一個使用它們的使用者來說都指稱了某個私有的東西。這樣的人也作出了一個不同的、但相關的錯誤。他們看到，在這個基礎上，每一個人在任何時間裡是如何地有著一個單一的、空間—時間的網絡；但他們也同時認為，在這個基礎上，有多少個個人，就會有多少個網絡和多少個世界。藉著將參考點變成私有的事物，這類的哲學家從自己剝奪了一個公共的參考點。他們不能夠承認說，我們是在這一個系統當中，因為他們認為，該系統乃是在我們之內；或者說，每一個人在他自己裡面都有其自己的系統。這並不是說，他們所建構的這些架構並不能夠幫助我們去了解我們自己的概念架構。不過，我們關心的只是我們自己的概念架構。所以，我將不會放棄這一個平凡的老生常談：「這裡」、「現在」、「這個」、「我」和「你」等等字詞，是我們共同語言中的字詞，每一個人都可以使用這些字詞去指出，或協助另一個人去指出：誰和他在一塊，而他現在所談論的東西又是什麼。【30】

2. 再識別

[4] 我們運作著這一個單一的、統一的、空間—時間系統的架構。說該系統是統一的（unified），其意義如下。我們認為，對於有理由去探索其空間位置的事物來說，不僅問「任何兩個這樣的東西在任何時刻它們在空間上是如何關聯的？」總是重要的，而且去探索任何一個在其歷史時刻的東西與任何另外一個在其歷史時刻的東西——這兩個時刻可能不同——之間的空間關係也總是重要的。因此，我們說：A現在正在B一千年前所在的位置上。我們因而有了成員系統的觀念，其中的每一個成員都能夠與每個其他的成員在空間和時間性上有著關聯。

首先，讓我們考慮擁有和使用這個架構的一些條件，然後，讓我們考慮擁有和使用這個架構的一些結果。我們使用這個架構的條件之一是：我們應該能夠辨識殊相；而此處的「辨識」二字與我們到目前為止所考慮的，有著不同的意義或應用。如果某個人在我的眼前，指稱了一本他拿在手上的書，用我們到此為止所考慮的、該字的用法來說，我可能會辨識出他所指稱的殊相：它就是在他手上的書。但以該字的另一個用法來說，我可能沒能辨識出那個殊相來。我可能認為我之前從來沒有看過它，但它事實上卻是我自己的書。我沒能將它辨識為——比方說——我昨天買的那本書。

現在，如果我們要去運用該單一的、統一的、空間—時間系統的架構或殊相的架構，那麼，下面這件事是很重要的：有時候我們應該能夠以我剛才所舉例的方式去辨識出殊相來。更一般性地說，要將某一場合所碰到的某個殊相，或相對於某場合所描述的殊相，與另一場合所碰到殊相，或相對於另一場合所描述的殊相辨識為**同一個個體**，我們就必須要有一些標準或方法。為了術語上清楚的緣故起見，我們或許可以在必要時這樣區分：一邊是指稱性的識別（referential identification），或說話者—聽話者的識別，另一邊則是再識別（reidentification）。在這兩種關聯中都使用「識別」一詞是一件很自然而無需令人感覺驚訝的事情。在這兩種情形中，辨識都涉及了思考某個東西是**同一個**：【31】我看到的、在說話者手中的那一本書，與他所指稱的殊相是同一個；在他手上的那一本書，與我昨天買的那一本書是同一個殊相。

為何再識別的標準對我們運作這一個單一的、統一的、空間—時間的、對指稱性識別的架構來說是必要的呢？該必要性也許能夠以下述的方式——但並非唯一的方式——來點出。顯然，藉著給出或被給出一個殊相相對於其他殊相的位置，我們有時候能夠指稱性地辨識出在該空間—時間架構中的某個成員。但同樣明顯的是，我們對該系統中每一個成員的識別，不能夠都是以這樣的方式去相對於對其他成員的識別。一個立即的答覆是：我們不需要這樣作，因為我們可以用直接的定位去辨識某些成員。但這個答覆，就其本身來說，並不夠充分。因為我們並非在每一個不同場合都使用一個不同的架構。這件事情的本質是：我們在不同的場合都使用相同的架構。我們不只必須以非相對性的方式去辨識某些成員，我們還必須將它們辨識成某個單一的、持續可使用的成員系統中的成員。因為，不同指稱的場合本身在該單一指稱系統中有著不同的位置。因此，除非從這個場合到那個場合之間，我們能夠再辨識出在不同場合裡的共同部分，否則的話，我們就無法將某個場合與另一個場合聯繫在一塊。

我們再識別的方法或標準，必須要允許這樣的事實：我們觀察的領域是有限的；我們會睡覺；我們會移動。這也就是說，它們必須要允許這樣的事實：在任何時刻，我們都不能夠觀察到我們所使用的空間架構的全部，它的任何部分都不是我們能夠持續觀察的，而且我們自己並非在其中占據一個固定的位置。這些事實有許多的結果，其中之一是：持續而廣泛地注意於空間界線的保存或變化，以及持續而廣泛地注意於空間關係的保存或變化——後者發生在那些大致上沒發生質的變化，或只逐漸發生質的變化的事物之上——根本就不可能。也許某些具有類似休姆的心靈傾向的哲學家會感覺說，只有藉著這種不可能的方法，我們才能夠確定物理事物的持續同一性【32】；缺乏這種方法的時候，同一性就只是假造的，或虛幻的，或最多是可疑的東西。就像所有哲學上懷疑論的結論一樣，這一個結論是一定可以避免的。但那一個我們似乎可以從它推論出這個結論來的事實卻是一個重要的事實。不管我們的解釋會是什麼，它都必須允許不連續性和觀察的限制。所以，它必須非常依重於我們或許可以暫時稱之為「特質的重現」（qualitative recurrences）的東西——換句話說，必須非常依重於我們在觀察上重複遭遇到相同的類型、排列，或事物的這個事實——此處，我們暫時允許「相同類型，或排列，或事物」這個片語有著各種令人混淆、但也有其幫助的歧義，諸如特質的同一性（qualitative identity）和數目的（或殊相的）同一性（numerical [or particular] identity）之間的歧義[24]。但現在事情可能看起來像是：如果我們實際上非常依重於這樣的重現，那

24　譯者注：兩個事物在性質上是同一的，若且唯若它們有著完全相同的性質，如下圖中兩個位置上不同的方形；而兩個事物在數目上同一的，若且唯若它們就是同一個事物，如孫文和孫中山。史陶生在此的意思是：「相同的事物」一詞有時指的是性質上的同一性，有時指的是數目上的同一性，因而是一個歧義的片語。

麼，**或者**我們便會被迫去接受有關於殊相同一性的懷疑論，**或者**那一整個關於特質的，與數目的同一性間的區別就變得有問題了，除非當該區別被應用在一些落於一個沒有間斷的觀察時段的領域當中的事物。我所謂「那一整個區別變得有問題」的意思是像這樣的：當我們說落在一個無間斷的觀察時段的事物是「同一個」時，我們可以明顯地區別這兩種情形：我們想要論及特質同一性的情形，和我們想要談及數目同一性的情形。

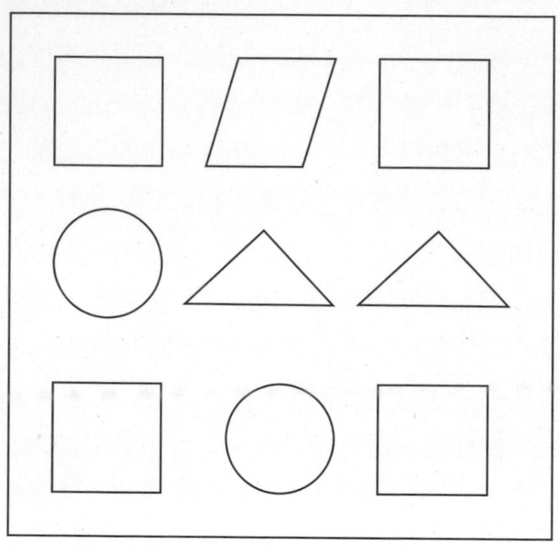

比方，如果我們說：

> 這個圖表中左上角的圖形，和那一個其右方有一個平行四邊形而下方有一個圓形的圖形，是同一個，【33】

那麼，我們是用「同一個」來論及數目的同一性；而如果我們說：

> 這個圖表中左上角的圖形，和這個圖表中右下角的圖形，是同一個，

那麼，我們就有了一個使用「同一個」去論及特質同一的簡單例子。當我們對並非連續地對被觀察到的事物說它們是「同一個」時，我們**認為**我們也可以同樣清楚地作出這個區分來。但我們可以嗎？出於在假設上，**無論是**在我們傾向於論及特質同一的情形，**還是**在我們傾向於論及數目同一的情形，我們都沒有觀察到空間時間上的連續存在，因而，我們有什麼權力去假設說，這兩種情形之間有一個很根本的差異，或者去假設說，它們之間就是有著問題中的**那一個**差異呢？當然，它們之間是**有**差異；但這些差異，不過是觀察情境或場景間相似或不相似的差異而已，或觀察情境或場景的某些特色間相似或不相似的差異而已。我們或許可以採取一個類似於休姆的立場而去說：這些差異暗示我們說，其中一組情形有未被觀察到連續性，而另一組情形則否，而這些差異也導致我們去**想像**該未被觀察到連續性；因而我們被引導去將這些差異與數目和特質同一性間的差異混淆在一塊。但事實上，在非連續性觀察的情形中，我們有的只是不同**種類**的特質同一性。如果我們在非連續性觀察的情況中談論同一性，並且想要表示的意思超過於此，那麼，我們就不能夠確定同一性；而如果我們能夠確定同一性，那麼，我們的意思就不能超過於此。

但我們現在看出，我們現在正是處於哲學懷疑論的典型情境之一：該情境允許我們能夠表達不同於我們實際所表達的意思，

或者讓我們處於永遠的不確定[25]；因為，當我們的意思就是我們實際上的意思時，那一個確定性的標準卻設定到了自我矛盾地高：亦即，要我們在非連續性的觀察中有著**連續的**觀察。所以，「你不能確定」的這個抱怨被化約成這樣的套套邏輯：你沒有連續觀察到你沒有連續觀察到的事物。【34】

但這個論點可以用另一個更好的方法來表示。無疑，我們有一個單一的、有關物質事物的、空間—時間系統的觀念；我們有這樣的觀念：在任何時間下，每一個物質事物都以不同的方式在不同的時間與每一個時間中的每一個其他事物有著空間的關聯。毫無疑問的，這**是**我們的概念架構。現在，我說，我們擁有這個概念架構的一個**條件**是：至少在某些非連續觀察的情況下我們會毫不質疑地去接受殊相的同一性。讓我們暫時假設[26]說，在這些情況下我們**從來就不**願意去將殊相的同一性歸屬給任何東西。那麼，我們就應該有、而且實際上會有這樣的觀念：每一個新的連續觀察時段都有一個新的、不同的空間系統。（在這個假設下，大部分我們對物質事物所擁有的共同概念將不再存在；因為那一些實際發生的連續觀察時段都不夠長或不夠廣泛，以至於這些概念再也沒有用處。）每一個新的系統將會完全與每一個其他的系統獨立開來。我們將再也不會**懷疑**：一個系統中的某項目與另一個系統中的某項目之間是否等同。因為這樣的一個懷疑，只有當兩個系統並非彼此獨立，當它們是某個包含它們的單一系統的一

25 譯者注：史陶生在此的意思應該是：我們想表達的是數目的同一性，但該懷疑論卻或者認為我們無法確定知道這一點，或者只允許我們表達特質的同一性。

26 譯者注：以下的假設可以說是史陶生的歸謬假設，該假設的目的在於推導出該假設的不合理結果，因而顯現出這個假設的不當。

部分、並且彼此以某種方式關聯時，才會有意義。但有這樣的一個系統[27]的條件也正是這樣的一個條件：至少對某個子系統中的某些項目與另一個子系統中的其他項目間的同一性，應該要有一些可滿足的和共同滿足的條件。這給了我們一個對懷疑論者的立場更深刻的刻畫。他假裝接受一個概念架構，但同時卻暗中反對使用該架構的條件之一。因此，他的懷疑並不是真實的，這並非只是因為它們是邏輯上無法解決的懷疑，還因為這些懷疑等於是拒絕了唯一讓這些疑慮有意義的整個概念架構。所以，很自然地，他提供給我們的、懷疑之外的選擇，是去建議說，我們並非真正，或並不應該真正擁有我們實際上所擁有的概念架構；我們並非真正，或並不應該真正意味著我們認為我們所意味的，或我們實際上所意味的。但這個選擇是荒謬的。因為，這整個推論的過程之所以能夠開始，正是因為該架構是它實際上的樣子；而即使我們想，我們也不能改變它。最後，如果我們選擇的話，我們可以將懷疑論者看作是在提供一個替代架構的草圖，以供我們沉思【35】；而這也就是將他看作是一個我們不希望跟他爭論、也不必追隨他的修正性形上學家。

連續觀察的時段這一個觀念，以及怎樣才算是一個這樣的時段，有上百個複雜的地方。要想完整地討論它們，我們得去考慮許多的事實和問題：這些包括我們自己身體的特殊地位的問題、視覺和觸覺的關係的問題，以及像我們不能一次看所有的方向這樣的簡單事實。但我現在並不關心這些複雜的地方，雖然在稍後的時候，我將回頭來討論其中的一些問題——比方說，我們自己

27　譯者注：指的是我們實際上所擁有的那個統一的、有關物質事物的、空間—時間系統。

身體的特殊地位的問題[28]。

［5］然而，我現在必須提及一個相當不同種類的複雜之處。我對於擁有我們實際上所有的架構——那一個有關物理事物的單一空間—時間系統的架構——的條件的描述，就某一方面來說是不完整的。光說我們應該能夠說「同一個事物」是不夠的；我們還得能夠說「同一個位置」（the same place）。因為，假設我在t時遇到*x*，並且在一個稍後的時間t'時再辨識出*x*來。那麼，看起來，我知道一個物體y在t時和x的空間關係，而且我也知道一個物體z在*t'*時和*x*的空間關係這些事實，但這些事實並不表示說我知道任何有關於*y*和*z*之間空間關係的事情。但如果我們想要運作這一個單一的空間—時間架構，那麼，我們就一定會有一個具有下面這種形式、而又可以回答的問題：*t*時的*y*和*t'*時的*z*之間的空間關係為何？或者，更明顯一點，相對於z在*t'*時的空間位置來說，*y*在*t*時的空間位置為何？而如果在知道t時的y和*t'*時的*z*對同一個東西*x*的空間關係的基礎上，我還是不能回答這個問題，那我又如何可能回答這個問題呢？要能夠回答這樣的問題，我必須不但要能夠再辨識事物，還要能夠再辨識位置。

但對於點出我所要說明的不完整性來說，這是一個誤導人的方式。因為，位置的再識別並不是什麼非常不同於，或獨立於事物的再識別的東西【36】。相反地，兩者之間存在著複雜而細微的互動。因為，從一方面來說，位置僅僅是藉著事物之間的關係來加以定義的；而另一方面，一個物質事物同一性的要求之一是：它的存在以及它在時間中的持續性都應該在空間上是連續的。而這也就是說，對許多種類的事物來說，下面這個狀況是我們不能

28 譯者注：有關這個問題的討論，詳見第三章第［2］小節。

說「某時某地的某東西 x 和另一個時間另一個地點的 y 是同一個東西」的狀況，亦即，如果我們認為，在這兩個位置之間沒有某個連續的位置的集合是這樣的：x 在這兩個時間之間連續占據了這個位置集合中的每一個連續成員，而 y 在同一時間也占據了這個位置集合的同一個成員。

所以，位置的識別與區別有賴於事物的識別與區別，而事物的識別與區別也部分依賴於位置的識別與區別。這個互相的依賴性並沒有什麼神祕的地方。去呈現出其細節，也就只是去描述那一個我們用以批評、修正和延伸我們歸給事物及位置同一性的標準而已。我將不試著去呈現這整個的細節。我將只描述這個依賴性的一個方面。如果我們碰到一些事物的集合，並準備說這些是和之前碰到的某個集合是相同的集合，而且，如果這些事物的相對空間位置並沒有改變，那麼，**只要我們限制我們的評論在那個事物集合的範圍內**，那麼，我們就會說，每一個該集的成員仍然在它以前所在的同一個位置上。如果這個集合中有一些——但非全部——成員已經改變了它們的相對位置，那麼，我們也許會說，它們之中的一些成員在不同的位置上，而一些成員則仍在相同的位置上；至於我們會對**哪些**成員說**哪一種**情形，則依賴於我們選擇該集合的哪些成員，並將它們當作是構成了該集合整體的支配性架構。這個選擇完全不需要依賴於——雖然它可能依賴於——我們私下如何思考在這個集合界線之外的東西。整體說來，如果我們選擇任何成員的話，我們將會選擇該集合當中這樣的成員：它們能夠被認為是包含了或支持了其他成員，或被認為是該集合的核心的成員。當我們考慮該集合本身的位置與其他事物或事物集合之間的關係時，或其中事物的位置與其他事物或事物集合之間的關係時，我們並不會改變這些標準，而是擴大了它們的應用。結果是，我們【37】很容易看出來，如果我們選擇改變參考架構的話——這些參考架構是我們在其中問說「它在同一個位置嗎？」的架構——我們如何能夠藉著這樣的改變而建構出矛盾來。我的帽子現在在它過去所在的同一個位置上；因為它仍然在車子的後座。但它也是在一個不同的位置上，因為那一輛車已經從倫敦開到了曼徹斯特。但這些矛盾不應該讓任何人感到困惑。它們當然不算違反了下面這一個原則：對我們所討論的事物來說，我們使用著一個單一的、統一的、空間—時間系統的架構。它們只顯示出，在不同的討論脈絡中，我們如何可以縮小或擴充我們討論的範圍。對於我們有關殊相的討論的原則，我們從來就沒有放棄過對它的掌握；但這個原則並非如此僵硬，以至於禁止我們轉移我們的空間談話的參考架構。

3. 基本殊相

[6] 我們可以讓彼此清楚地知道我們所討論的殊相是什麼或哪一些，因為我們可以將彼此的報告和故事綿密地放在一塊，並放入一個對這一個世界的單一圖像中；而那個圖像的架構是一個統一的空間—時間架構，具有一個時間向度和三個空間向度。因此，實際的情形是，一般的殊相識別最終奠基在這樣的可能性上：將我們所論及的特殊事物定位在一個單一的、統一的空間—時間系統內。「最終」這一個字涵蓋了許多的限定。比方來說，我們或許是在爭論有關於同一個人的事，但卻對他的年代彼此不同意。我們或許是在談論同一個事物，但卻對它在不同時間下的空間位置彼此不同意。但這樣的不同意只有在一個這樣的脈絡下才可能：彼此大致地——也許有點鬆散地——同意這些元目

(entities)[29]與其他我們在意見上並非不一致的元目之間的關係。

我現在想要問的問題是一個之前就已經預告過的問題。給定我所描述的、該概念架構的一般性特性，從殊相識別的觀點來看，是否有任何一個可以區別出來的殊相集合或殊相範疇一定得是基本的（basic）呢？這個問題本身分成兩個問題。第一，是否有某個殊相的集合或範疇是這樣的：實際上，除非我們對那個集合中的殊相作出辨識性的指稱，否則的話，我們就不可能作出所有實際上我們對其他集合中的殊相所作出的辨識性指稱【38】；而我們無需對其他集合中的殊相作出辨識性指稱，就可能作出所有實際上我們對該集合的殊相所作出的辨識性指稱？第二，從我所描述的那個概念架構的一般性特性，我們能否對這個問題論證出一個肯定的答覆來呢？

從「識別最終奠基在一個統一的、空間—時間的、四向度系統中的位置」這一個前提，我們似乎能夠建構出一個論證去結論說，某個集合的殊相在我所解釋的意義下是基本的。因為，那個架構並不是外在於我們所談論的、在實在界中的事物。如果我們問什麼東西構成了該概念架構，我們便必須檢視這些事物本身或其中的一部分。但並不是每一個我們所知道的、特殊事物的範疇都能夠構成這樣的一個架構。唯一能夠構成它的事物，是那些能夠賦予該架構其基本特徵的事物。換句話說，它們必須是三向度的物體，並且在時間中持續一段時間。它們也必須是我們所擁有的觀察手段有辦法觀察到的事物；而且，由於這些手段在能力上是十分有限的，他們必須在集體上是夠多樣性、夠豐富、夠穩

29 譯者注：任何一個存在的事物——不論是殊相或共相，不論是抽像事物或具體事物——都是一個元目。

定、而且有持久性，以至於能夠、而且自然地造成那個我們所擁有的、單一的、統一的架構。在我們所知道的事物的範疇中，滿足這些條件的只有物質性的物體，或擁有物質物體的事物——此處「物質性的物體」一詞有一個相當廣泛的含意。物質性的物體構成了該概念架構。因此，給定了我們所擁有的概念架構的一般性特色，而且給定了我們可資運用的主要範疇的特性，物質性的物體或擁有物質物體的事物一定是基本的殊相。

稍後，我將說更多有關於「給定了我們可資運用的主要範疇的特性」這個限定片語的事情。但現在我將提出一個論點。我們也許會認為，下面這個特性是某個事物成為物質性物體的一個必要條件：它應該有展現某種觸覺上被感覺到的抵抗力的傾向；或者，也許更一般性一點：它應該擁有某些觸覺範圍內的性質。如果我們真的這樣認為，那麼，這一個要求將會比笛卡兒對「廣袤」（extension），或洛克對「堅實性」（solidity）的要求都來得嚴格；而這也就是說【39】，這是比占據三向度空間的條件還要嚴格的要求。因為，該論證[30]似乎引導到的後面這個要求[31]，似乎可以在經驗上被純粹視覺上的空間占據者（purely visual occupiers-of-space）所滿足。（事實上，對盲人來說，該條件被純粹觸覺上的空間占據者[purely tactual occupiers-of-space]所滿足。）在實際上，我們並沒有發現很多純粹視覺上的空間占據者：有些可能被建議是純粹視覺上的空間占據者的例子，諸如鬼魂，是完全有問題的；其他諸如光束，或有色的氣體體積等，當然並不滿足豐富性、持久和穩定等要求。但就算我們真的發現有這樣的例子，我

30 譯者注：指的是前一段落中的論證。

31 譯者注：也就是指具有三度空間這個要求，而非指具有觸覺特性這個要求。

們還是會猶豫去稱它們為物質性物體。所以，看起來，以下這件事是理論上可能的：該論證的要求可能會被某個我們不應該稱為物質性物體的範疇中的元目所滿足，雖然實際上這些要求只被我們準備稱它們為物質性物體的事物所滿足。這一個理論上的可能性——如果真的是一種可能性的話——似乎並不是太有趣，所以我不會去探討它。無論如何，藉著引介一個弱的意義給「物質性物體」一詞，使得該假設中純粹視覺上的三向度物體成為合格的物質性物體，我們就能夠在形式上讓自己覺得滿意；於是，我們可以更簡單地重述我們論證的結論如下：給定我們所擁有的殊相識別概念架構的一般性特徵，我們可以推論出，物質性物體一定是基本的殊相。

這個論證的形式有可能會誤導人。事實並不是：一方面我們有一個概念架構，而該架構呈現給我們有關殊相識別的某個問題，而另一方面我們卻有一些物質性的物體是夠豐富和夠有力量的，以至於能夠解決這樣的問題。事實是：該問題之所以存在，正因為該解決是可能的。所有的超驗論證（transcendental arguments）都類似於此。

[7] 將任何的哲學立場建築在這樣一個一般性的、模糊的論證之上，會是一件大家都不想作的事情。但我們並不需要這樣作。我們可以更直接地、更詳細地去探索：我們是否有理由去假設說，對屬於某些範疇的殊相的辨識，實際上是依賴於對屬於其他範疇的殊相的辨識之上的【40】；以及：是否有任何殊相的範疇會在這一方面來說是基本的。

早先的時候我曾經評論說，說話者和聽話者經常藉著另一個殊相去辨識出某個殊相；那也就是說，當我們有必要去從語言的脈絡中作出補充時，對於某個殊相的辨識性指稱經常包含了一個提及另一個殊相的詞；因而一個聽話者對於第一個事物的成功識別，或許會依賴於他對於第二個事物的成功識別。某類型的殊相在可辨識性上一般性地依賴於另一類型殊相的最清楚的可能例子，是那些我們不可能不依賴對另一類型的某個殊相的識別，而去辨識某個類型的某個殊相的例子。但也許並沒有這麼直接的、可辨識性依賴的純粹例子。不過，至少有一種非常重要的例子是非常接近於這一類的。換句話說，有兩類重要的、一般性的殊相類型或範疇是這樣的：對其中一個類型成員的識別幾乎總是以這種方式依賴於對另一類型成員的識別之上。那一個依賴（於另一類型）的類型是我們或許可以稱之為「私有殊相」（private particulars）的集合——這些包括了感官知覺、心理事件，以及（以該詞通常被接受的意義之一的）感覺資料（sense-data）等這些或許互相重疊的群組。而被它依賴的類型則是個人的集合。（我們或許應該補充說：「或動物」；因為，有的時候，我們也許也辨識性地指稱動物的特殊經驗。但我將忽略這一個複雜的問題。）從另外一些不同於目前的標準來看，私有的經驗通常是競爭「基本」殊相地位的最佳候選人；但在目前的標準下，它們是最明顯不應該被算作是基本殊相的東西。這些經驗的個體化原則[32]在本質上依賴於對它們所屬的個人的識別之上。一般說來，牙痛的痛苦或私有的紅色印象，除了將它們辨識為被如此這般地辨識的某個人所承受的痛苦，或正在承受的痛苦，或被如此這般

32 譯者注：對於某類殊相的個體化原則（the principle of individuation）也就是這樣的一個普遍性陳述：它描述了該類殊相的任何一個成員之所以是它自己而非其他成員的充分與必要條件。如集合的個體化原則說的是：成為某個集合x的充分且必要條件是與x有著相同的成員（$(x)(y)((z)(z\in x\leftrightarrow z\in y)\leftrightarrow x=y)$）。

地辨識的某個人所擁有的印象，或正在擁有的印象之外，是不能夠在我們的共同語言中被辨識的。對「私有殊相」的辨識性指稱，是完全依賴於對另一類型殊相——亦即個人——的辨識性指稱之上。【41】

對這個觀點，可能會有一個看起來很明顯的反對。如果有人在地上寫著、而且說：「這個（這一個）痛真是厲害」，難道他不是在對某個私有的殊相——亦即，他的痛的感官知覺——作出了一個辨識性指稱，但卻沒有提到或指稱那一個承受著這個痛楚的個人，也就是他自己嗎？聽話者當然不需要去補充一個涉及到指稱另一個殊相的語言脈絡，就可以去辨識出該語句所關切的殊相。他直接地將它辨識為說話者正在承受的痛苦。類似地，一個醫生也許會對一個病人壓了一壓，然後問說：「那個痛有多嚴重？」而該病人將會成功地將該醫生所指稱的痛辨識為他——也就是聽話者——剛才或現在正在承受的痛。然而，在這些情況下，我們或許可以公平地說，這些指示性片語真正有的功能，是那些有時候會被錯誤地說成它們總是有的功能。這也就是說，它們的確包含了一個未明白說出的、對某個特殊個人的指稱；在第一個例子中，它其實是像「那一個我正在承受的痛」這類的縮寫，而在第二個例子中，它則是像「那一個你剛剛承受的痛」這類的縮寫。如果我們被問到說，為什麼對於任何指稱到一個**公共的**物體的辨識性指示片語來說，類似的事情並非為真呢？比方說，為什麼「這棵樹」並非「那一棵你（我）能夠看到、在那兒的樹」的縮寫時，那麼，我們的答覆將會如下。當「這棵樹」這一個指示性的辨識片語被用來說某一棵特別的樹的時候，在適當的環境下，它能夠被任何的人用來對任何人說，卻不會改變它的辨識力。它的辨識力在本質上並不需要暗中指稱到任何特殊的個人；它的辨識力在本質上需要的是：環境和脈絡讓該詞明顯地指稱到一棵特別的**樹**。然而，暗中地指稱到某一個特別的人這一件事，對指稱到私人經驗的指示性片語的辨識力來說，卻是本質上必要的。這構成了一個充分的理由去區別我所建議的那兩種類型的例子，因而構成充分的理由去維持說，那一個表面上的例外其實並不是真正的例外。

另外一種表達同樣論點、但也許會在以後有若干好處的方式如下。如果我們喜歡的話，我們可以承認說，任何在被指稱的事物在場時所作出的指示性辨識指稱，都涉及到一個未被明說的、對說話者和聽話者的指稱【42】；然後我們說，這個對於個人的、未被明說的指稱，雖然在這種情況下是絕對一般性的，但如果它簡單地是「涉及的個人分別是說話者和聽話者」這個事實的一個結果的話，那麼，這個未被明說的指稱在當前討論的脈絡下是可以忽略的。現在，我們所關心的情形——也就是私有經驗的情形——中那種對某個人未明說的指稱，並非僅僅是這個事實的一個結果，它是這個事實和「他是我們所指稱的私有經驗的擁有者」這一個事實的共同結果。我們可以清楚地從下面這樣的情形看出事情的確是如此：面對著明顯痛苦中的C，A對B在C在場的時候恰當地說：「那一個痛一定很厲害。」對C未明說的指稱在這裡是相當獨立於C作為說話者或聽話者的角色的；因為C兩者都不是。

為什麼我要將我一開始所說的、有關於可辨識性依賴關係的陳述限定在「私有的」殊相與個人之間呢？我之所以這樣限定，是為了以下的理由。將一個經驗辨識為在某一個被辨識的時間與位置上所承受的某類經驗當中的一個，這是一件可能的事情；一個人可能被很權威地告知說，這樣的一個描述有其適用對象，因而他在該經驗被指稱時能夠辨識出它來，而無需有關於該經驗承受者的同一性的任何獨立知識。因而，這會是經驗與個人之間辨識性依賴最直接的關係不成立的情形。然而，這樣的一種可能性所迫使的限制並不是非常重要或非常深遠的。因為，只有在特定的情況下，我們才能夠知道說，這種辨識性描述詞有其適用對象。為了要讓該經驗性描述詞能夠兌現，下面這樣的事是必要的：某個讓它兌現的人應該能夠獨立地辨識出該經驗的承受者。所以，在某一個特殊的指稱場合中，即使對某個私有經驗的識別並不需要直接依賴於對擁有該經驗的人的識別，但它仍然必須以間接的方式如此依賴著。

有了這個在實際上不大重要的限定以後，我們就可以說：私有的殊相展現了一種最直接的【43】、在可辨識性上對另一類型殊相的依賴性。與私有經驗的集合極端相對的是另一個定義上不夠良善的、但同樣明顯具有可辨識性上依賴徵狀的殊相的集合。這個殊相的集合，我們或許可以稱之為「理論上的建構物」（theoretical constructs）。某些物理學上的粒子也許提供了一組這樣的例子。這些殊相在任何意義上都不是私有的事物；但它們是不可被觀察的事物。我們必須認為，這樣的殊相是原則上我們可以對它們個別地，或至少集體地，或群組地作出辨識性指稱的殊相；否則的話，它們就會喪失它們作為被承認的殊相的地位。也許事實上我們不太經常作出這樣的指稱。這些元目在節約我們的思想方面扮演著它們自己的一個角色，而該角色並不是我想要去描述的。然而，夠清楚的一件事是：只要我們的確對這種殊相作出辨識性的指稱，那麼，我們對它們或它們的群組的識別，終究必須藉由我們對那些較大的、可被觀察的物體的識別來進行，而後者是我們——像洛克一樣——認為是由這些微小的、不可被觀察的組成要素所組成的。

物理學上的粒子是這種殊相集合的一個例子。我之所以先提到它們，那是因為它們像私有經驗一樣，都展現出那一種最直接的、可辨識性上的依賴性。其他許多種類的殊相則只展現出一種一般性的、在可辨識性上的依賴性。我說該集合在定義上是不良善的；而顯然到目前為止，該集合並不比「可觀察性」這一個極其模糊的概念有更好的定義。我們談論某個特殊的政治情境或經濟不景氣。我們甚至可以論及**觀察**這樣的現象。但希望在這類的項目當中找到基本的殊相，顯然會徒勞無功。擁有涵蓋這種殊相的概念這件事，十分明顯預設了擁有完全不同的、而且較不複雜的其他殊相類型的概念。比方來說，我們不能夠擁有罷工或停工的概念，除非我們已經擁有像人、工具和工廠這類的概念。從這裡我們可以立刻推論出較複雜的殊相對較不複雜的殊相在可辨識性上的某個一般性的依賴性。因為，除非我們能夠談論、並因而辨識出較不複雜類型的殊相，否則的話，我們就不能夠談論、並因而辨識出較為複雜類型的殊相【44】。這並不意味著說，在任何指稱的特殊場合，我們都必須將對於某個較為複雜類型中某殊相的辨識性指稱，關聯到某個較不複雜類型中某個殊相的辨識性指稱上去。我們可以非常直接地去指稱它為——比方說——「當前的經濟不景氣」。

因此，如果有任何事物是在我所指出的意義下為基本殊相的話，那麼，說它們必須是可以被觀察到的，這一個意思似乎並不只是說：我們應該可以正確地談論和觀察它們。該意思似乎更像是說：它們必須是公共的、知覺得到的事物；它們必須是以下這些類型的特殊事物：不同的人能夠非常輕易地看到，或藉接觸而感覺到，或嘗到，或聞到相同的這些類事物。它們似乎必須是屬於這種類型的事物：這些類型的事物能夠在某些特殊的討論場合中被聽話者和說話者直接地加以定位。儘管如此，我仍然將非常自由地去推斷這個公共的、可被觀察的事物集合的界線。這些界線被推斷得越寬廣，我對於來自概念預設的論證[33]的依賴性就會越小。盡可能地降低對這個論證的依賴性是一件好事。它的應用會是一件細節上的事和有爭議的事；而它的解釋力卻很小。稍晚，我們將回到這個問題，並進一步去考慮該論證一個更精確的形式。

現在，很明顯的事情是：任何能夠被直接加以定位的項目，都能夠因此完全不藉著對任何其他殊相的中介性指稱而加以辨識，並因而能夠不藉著對任何與它不同類型或範疇的殊相的指稱來加以辨識。但是，我們當然不能夠從此推論說，這樣一個項目所屬的範疇會是一個基本殊相的範疇。因為，在任何特殊討論場合裡能夠被直接定位的實際殊相的範圍（range）是非常有限制的；而且有可能說，在某一特殊場合中，對於某些落於該範圍之外的殊相的識別是依賴在與它們不同類型或範疇的其他項目的可辨識性之上。因此，某個項目落於公共的、可被知覺的概括性集合之內這個事實，並不排斥說它還屬於一些這樣的範疇【45】：這些範疇在辨識性上依賴於其他若干範疇，而後者同樣落於公共的、可被知覺到的概括性集合。

但我們將如何把公共的、可被知覺到的殊相，或公共的、可被觀察到的殊相再劃分為不同的類型或範疇呢？顯然，針對不同的哲學目的，我們有許多不同的劃分方式。我將滿足於最粗糙的區分。比方來講，我將一方面談及**事件**（events）和**過程**

33　譯者注：指的是本章第3節第[6]小節第三個段落中的論證。

（processes）、**狀態**（states）和**情況**（conditions），另一方面則談及**物質性的物體**，或擁有物質性物體的事物。我將寬鬆地使用這些詞：舉例來說，一片田野或一條河將會被算作是物質性的物體，或擁有物質性物體的事物。一般而言，我將不會說我的區分是非常清楚的，也不會說它是精確或窮盡的。但它們仍然可能適合我的目的。另一個值得現在一提的區分——我將在以後再談到它——是介於下述（a）和（b）之間的區分：（a）根據我們命名和設想它們的方式來說，它們必然是物質性的物體或擁有物質性物體的事物所進行或經歷的事件和過程，以及（b）並非此類的事件和過程。因此，死亡必然是某個生物的死亡。但發生的一道閃光或一個響聲則不蘊涵有任何的事物閃亮或發出響聲。「要有光」並不意味著「要讓某些事物發光」[34]。

我們已經看到過，在某些情況下，我們相當有可能去辨識——舉例來說——事件和過程，卻無需依賴於對其他類型殊相的識別。因為，公共的事件和過程或許可以被直接地加以定位。像「那道光」和「那個可怕的噪音」這樣的表達式，當它們緊接在有一道光出現，或該響聲持續存在的時候被說出來，都能夠讓聽話者直接地去定位出問題中的殊相來。它們完全不涉及對於任何其他殊相的指稱，最多除了那一個我們已經討論過的、可以忽略不計的、對於聽話者和說話者未明言的指稱；而且，更不用說，它們也不涉及任何對其他類型殊相的指稱。這當然不是我們

34 譯者注：「要有光」這句話引自聖經舊約〈創世記〉。根據〈創世記〉的說法，上帝創造宇宙之前看到一片黑暗，祂因此說「要有光」，於是就有了光。顯然，在有光時，這個宇宙仍然沒有其他任何的事物，因而，「要有光」並不蘊涵「要讓某些事物發光」。此處讀者可以看到史陶生難得的「學究式」幽默。

能夠無需指稱其他類型殊相而去辨識某個殊相的唯一情形。舉例來說，假設所有發生的閃光和響聲都能夠在一個單一的時間序列上被排序。那麼，原則上，該序列的每一個成員都能夠被辨識，而無需指稱到任何不是該序列成員的事物：比方來講，它能夠【46】被辨識為那一個在倒數第 *n* 道閃光之前立即發出的響聲。在某些場合下，我們**可以**只使用一個類似於此的部分序列[35]的觀念。舉例來說，在我將稱之為**直接可定位序列**（directly locatable sequence）的情況中，我們就可以使用它。這個概念要被理解為：它的應用總是相對於一個時間，和一對說話者—聽話者。因此，在某個時間、對某對說話者—聽話者來說，一個由響聲組成的直接可定位序列會是這樣的一個響聲序列：該序列在那個時候仍持續進行著，或在那個時候時剛剛停止進行，而該序列所有的成員對那一對說話者—聽話者來說都能夠被聽到。只要指稱的範圍被理解為限制在這一個序列的界線之內，每一個該序列的成員都可以以上述指出的模型去加以辨識，而無需指稱到任何該殊相類型之外的其他類型中的任何殊相。

但當然，並非所有可以被辨識性地加以指稱的閃光和響聲，在他們被指稱的時機、對指稱他們的人來說，都是某個直接可定位序列的成員。也沒有任何其他一種可以由人類所建構的閃光—響聲序列會具有這兩個性質：(1)這樣一個序列中至少有一個成員總是能夠被直接地辨識出來，亦即，完全無需指稱到任何其他的殊相；以及(2)每一個對任何其他這樣的殊相的指稱，都只能

35　譯者注：史陶生所說的「部分序列」（partial sequence）與數學上所說的「偏序」（partial order）並不相同。史陶生的用法詳見本段中緊接著的說明。數學上的偏序指的是具有自反性、傳遞性與反對稱性的關係。

夠藉著它相對於這一個序列中其他成員的位置來加以辨識。也許這只是一個對人類狀況的偶然限制。如果真是如此，它會是一個決定了我們對閃光和響聲辨識性指稱的本質上的限制。在實際上，當我們希望辨識性地去指稱這類中的某個特殊現象，但自己並不處於能夠將它定位在一個直接可定位序列的有利立場時，那麼，我們就使用一個通常在語言脈絡中未明言的、對某個非常不同類的殊相的指稱，來辨識性地指稱該殊相；舉例來說，我們指稱到某個能夠聽到或看到它的位置，或指稱到一個與它因果上關聯著的某個特殊的物質性物體。換句話說，實際上，對一個單一的、可決定的、大致同質的殊相序列來說，對其中殊相的識別除了簡單的時間位置面向之外，還涉及了其他的面向。

這一個論點還可以藉著考慮一兩個【47】相當可信的、人類可以建構的特殊狀態或過程序列的例子，而變得更清楚些；而這些例子都是這樣的：我們所關切的那一類殊相無一不是這個單一序列中的成員，而且該序列的某個成員總是可以直接地被辨識。日夜的序列，當它簡單地被想作是延長的，和一般性的光和暗的時期交替時，是一個例子；而年歲的序列，當它簡單地被看作是季節的循環時，則是另一個例子。這必須被理解成有一些限制在：舉例來說，我們必須忽略環繞世界時所帶來的混亂結果。有了這些保留在，我們就可以說：由於沒有一個夜晚及白天，或季節的循環不是這樣一個單一序列的成員，因而，任何特殊的成員都可以被辨識為現在之前或之後的第 n 個成員。我們的日期系統使用這樣方便的現象，這並非巧合。

如果我們詢問那兩類現象間這個差異的根本理由，那麼，一部分（雖然僅僅是一部分）的答案是這樣的。相對而言，在我們所關心的空間區域中，日夜序列的成員在可被普遍地區別的意義下可說是一般性的。（此處，某些明顯的保留需要被作出來。）但這對於任何我們可以夢想的、假設的閃光—響聲序列的成員來說都絕對不為真。在蘇格蘭破曉的白日在英格蘭也破曉。但在倫敦某個爆破的輪胎響聲在愛丁堡卻聽不到。

除了像日夜序列這樣特別的（雖然可疑的）例子之外，我對閃光和響聲的枯燥例子所說的事情，對其他公共可觀察的事件和過程、狀態和情況來說，也同樣成立。我想，不論我們如何自由地去推測「人類可以建構的識別序列」這個概念，只要其中的成員都只是這些類型的殊相，而其中至少一個成員總是可以完全無需藉著指稱任何其他殊相來加以辨識，那麼，這一點[36]都是真的。因此，對兩個正在交戰中的將領來說，我們也許可以允許一序列的戰鬥去構成這樣的一個序列；對於參加考試的考生來說，我們或許也可以允許一序列的口試去構成另一個這樣的序列。然後，任何在該序列中的特殊戰鬥，或任何特殊的【48】口試，就都能夠藉著它在該序列中的位置而加以辨識出來。甚者，原則上，我們必須允許這種複雜序列的建構：異質的事件或過程的序列，其中辨識性的指稱會採取類似於「最後一個殊相之前的第二個 χ 類之前的最後一個 ψ 類之前的第一個 ϕ 類的殊相」這樣的一種形式。但顯然這種辨識事件、過程或狀態的方法，**雖然避免了指稱到其他不同於這些東西的類型的殊相**，一般來說仍然有我們所碰到的那類嚴重的實際限制。除了在像直接可定位序列這類特殊的情形之外，我們並沒有理由去假設說：任何這種任何人可以**利用來**作為辨識目的的序列，都會等同於任何其他人可以利用來作為這些目的的任何類似序列。訴諸於某類特定事件——比方說死

36 譯者注：指的是前述對閃光和響聲的例子所說的事情。

亡——的完整序列這樣的理論性概念，會是沒有用的。因為，顯然沒有任何想要指稱某個特殊死亡的人能夠知道它在那個序列中的位置。再一次地，這或許只是一個偶然的事情；但卻會是極端地制約了辨識性指稱的本質的事情。

事情也許看起來是：當我集中注意力於那些能夠被看作是人類力量的偶然限制時，我忽略了去使用兩個強而有力的、理論上的論證。這兩個論證反對了剛說到的這一個一般的可能性：我們藉著所描述的方法去辨識事件、過程、狀態和情況，但卻無需指稱到其他類型的殊相。第一個論證說，這個辨識事件等等的方法並沒有提供任何的方法，以便於讓我們在任何給定的序列中區別出**同時發生的**相似事件來；因為，我們總是只藉著它們在時間順序中的位置來辨識它們。但這個論證很容易回答。因為，並沒有任何邏輯上的理由要我們說，在建構這樣的一個序列時，我們所利用的關係應該只是那些時間順序的關係。舉例來說，我們經常說，某個事件是另一個事件的原因；而顯然，對於兩件同時發生的、屬於同一個特定類的事件來說，其中之一將實際上有一些因果的前件和結果是另一個所缺乏的。指稱被限制在——比方說——事件和過程這個事實，也不會排除我們去使用空間上的區別。如果我們再一次考慮直接可定位序列那一種較為有利的情況，那麼，藉著它們的空間關係而對這樣一個序列中同時發生的相似成員作出區別【49】、但卻無需指稱其他類型的殊相，是完全可能的。舉例來說，想像一個西洋棋棋步的序列，該序列事實上構成了兩個不同的棋局，分別由兩對不同的玩家所弈出：但每一個棋局中的棋步都是等同而且同時發生的。然而，一個旁觀的說話者和聽話者卻能夠在這兩個棋步之流中作出區分，比方說，區分為左手的和右手的棋局，因而能夠辨識性地指稱左手邊棋局的倒數第二步棋。因此，該反對不是決定性的。但它並非沒有價值。因為，它再一次地強調了該方法的嚴重實際限制。

另外一個我似乎忽略的理論上論證是這個。對我們有名字給它們的那類事件、過程、狀態或情況中的大部分或絕大部分來說，下面這件事都為真：這些事件或過程必然是那些本身不是過程、狀態或事件的事物的行動或經歷；這些狀態或情況必然是那些本身不是狀態、情況、過程或事件的事物**的**狀態或情況。有人可能會認為說，單單從這個事實，我們就可以直接地論證出：對大多數事件、狀態或過程的識別，都必須**經由**那些它們所屬的、其他種類的殊相的識別來進行；舉例來說，當某個特殊事件是屬於某個類，而所有該類事件都必然地發生在另一類事物之上時，那麼，對該特殊事件的識別就必然地涉及到對發生該事件的特殊事物的識別。因此，如果缺乏一個至少是對某個死亡的生物未明說的指稱，那麼，將沒有一個特殊的死亡能夠被辨識性地指稱出來；因為，所有的死亡都必然是生物的死亡。為了要讓某人直接地去定位出一個死亡，他必須要能夠直接地定位出那一個死亡的生物。因而，當「這個死亡」被用作是一個真正的、指示性辨識指稱時，亦即，當它在所關切的死亡在場時被使用，它就會有「這個生物的死亡」的力量。

就其本身來看，這個論證並不令人滿意。因為下面這一點完全不是真的：我們不能夠辨識性地指稱某件可觀察的事件、而且是其發生蘊涵了【50】一個不同類型的殊相存在的事件，但卻無需依賴於一個未明說的、對該類型的某殊相的辨識性指稱。我對於某個尖叫的辨識性指稱的辨識力，絕不依賴於一個對該尖叫者未明說的辨識性指稱。原論證的錯誤之處，在於太過直接地試圖去從一個概念的依賴性去推論出殊相可辨識性上的依賴。

然而，該論證也許可以換一個較弱的結論。假設b類的東西都必然是a類的b類（舉例來說，生日必然是動物的生日）。那麼，雖然在某個特殊的場合，我可能辨識出某個殊相b卻無需辨識出它所屬的類型a，然而，除非辨識a類的東西一般而言是可能的，否則辨識b類的東西將不會一般而言是可能的。因為，除非我們談論a類的東西，否則我們就無法以我們實際上談論b類事物的方式一樣地去談論b類，也不能夠擁有我們實際上對b類事物所擁有的概念；而且，除非原則上辨識某個a是可能的，否則我們就無法談論a類的事物。因此，就概括上的意義來說，b類事物展現了對a類事物在可辨識性上之依賴。

但現在這一個修正後的論證似乎證明了太多。因為，**這是一個出生**[37]蘊涵了**有一個動物而這是該動物的出生**；而如果我們在這個基礎上說，擁有我們實際上所擁有的出生概念蘊涵了擁有我們實際上所擁有的動物概念，那麼，我們似乎也得說，擁有我們實際上所擁有的動物概念蘊涵了擁有我們實際上所擁有的出生概念；因為**這是一個動物**蘊涵了**有一個出生是這個動物的出生**。因此，藉著推論的對等性，該論證顯示了出生和動物的相互的可辨識性之依賴。所以該論證對我們來說是沒用的。因為，我們只對非對稱性的依賴關係有興趣。

然而，我認為，我們可以重述該修正後的論證而去避免這個結果。因為，畢竟有某種的不對稱性存在於動物概念和出生概念間的某個關係上。的確，**這是一個動物**蘊涵了**有一個出生是這個動物的出生**。但這個蘊涵關係允許下述的改寫：**這是一個動物**蘊

37　譯者注：蘊涵關係是介於兩個語句或命題之間的關係。在此，史陶生似乎是以粗體的句子去指稱該語句所表達的命題。

涵了**這個（事物）在過去被生出來**。現在，我們似乎可以合理地去堅持說：如果我們不能以第二種形式去表達該蘊涵關係，那麼，我們對動物的概念就會不同；但我們似乎同樣可以合理的去否認說，如果我們只是缺少一個以第一種形式表達蘊涵關係的工具，那麼我們的動物概念【51】也會是不同的。換句話說，我們能夠合理地堅持說，為了要使用「動物」這個詞實際上有的意義來談論動物，我們必須在我們的言談中找到一個位置給**被生出來**這個概念；但從我們使用這個詞實際上有的意義來談論動物這個事實，我們卻沒有理由去結論說，我們**也**必須在我們的言談中找到一個位置給某個範圍的殊相——亦即出生——這一個觀念。我們是否**也**這樣作，對於我們擁有我們實際上所擁有的動物概念來說是**不相關的**。這裡有一個真正的不對稱性存在。因為，對於從**這是一個出生**進而到**這是某個動物的出生**這個蘊涵關係來說，並沒有一個相對應的改寫存在。我們能夠改寫其中的一個蘊涵關係，進而排除邏輯學家可能稱為對出生的量化；但我們卻不能改寫另一個蘊涵關係並進而去排除對動物的量化。換句話說，允許**出生**——以我們實際上理解它們的方式去理解它們——這種殊相的範圍到我們的言談中，的確需要我們允許**動物**這種殊相的範圍到我們的言談中；但允許**動物**——以我們實際上理解它們的方式去理解它們——這種殊相的範圍到我們的言談中，並不需要我們允許**出生**這種殊相的範圍到我們的言談中。

該論證最後修正的結果，我認為是一個健全的（sound）論證。有一大群的特殊狀態和情況、事件和過程被理解成必然是其他類型的殊相所擁有的，或所執行的，或所承受的狀態和情況，特別是那些本身是或擁有物質性物體的事物。給定我們實際上所擁有的概念，該論證建立了一個概括性的、單向的、前一個集合的殊相對於後一個集合殊相的可辨識性依賴。為什麼我們對該論證的依重越少越好的理由是：雖然它是健全的，但如同我已經暗示過的，它只有很少的解釋力或沒有解釋力。該論證並不解釋它所建立起的、一般性的辨識性依賴的存在。為什麼我們概念架構中所包括的殊相應該展現出該論證所結論出的關係，為什麼我們就是應該以這些方式去設想相關的殊相，這仍然是一個問題。【52】

因此，讓我們回到那些已經被注意到的一般性的限制上去；這些是對於事件、過程、狀態和情況作為不需要指稱到其他類型事物就可以被辨識的候選人的限制。我在此摘要我對這些限制已經說過的話。對某一類型殊相在可辨識性上獨立的最起碼條件是：它的成員應該是既非私有的、亦非不可被觀察的。許多種的狀態、過程或情況滿足這兩個條件。在適當的環境下，這樣的一個殊相能夠直接被定位，因而可以完全無需藉著指稱其他任何的殊相而被辨識。即使當它不能夠被直接定位時，這樣的一個殊相仍然**能夠**被辨識而無需明說地，或未明說地指稱到任何一個本身不是狀態、過程、事件或情況——視狀況而定——的殊相。但這種內在於類型的識別（intra-typical identification）的可能例子是非常有局限性的。因為，它們要求某個辨識性指稱所涉及的各個部分，都應該在同一個同質類型的指稱架構下而被運作。但狀態、過程、事件和情況等作為獨立可被辨識的殊相的基本限制是：它們全然不能夠提供一個對我們指稱的需要來說是根本適切的概念架構。它們更不能提供一個**單一的**、廣含的、連續可使用的這種架構。所以，藉著允許使用對位置、個人和物質性物體的指稱來中介狀態和過程等，我們因而大量地擴充了我們對它們的可能的辨識性指稱的範圍。

現在，在剛剛提到的這些方面，物質性的物體似乎比我們到此為止考慮過的任何殊相，都更適合去候選基本殊相。它們同時在字面上和比喻上、短期和長期上、寬泛地和窄礙地提供了我們一個物理的地理學，也就是我們注意到的在我們地圖上的特色[38]。換句話說，它們包含了夠多的、相對持久的事物（舉例來說，地理上的特性、建築物等等），這些事物彼此維持了相對固定的、或規律的變動的空間關係。此處「夠多的」和「相對的」兩詞指稱到我們人類的情境和需要。當我們在考慮狀態和過程等等時，我們注意到，在占據時間、一般而言能夠被區別、並且【53】在我們所關心的整個空間區域中是以類似的方式被關聯在一塊的事物之間，並沒有太豐富的多樣性。但在占據空間、相對持久的、並且在我們所關心的整個時間軌道中是以類似的方式被關聯在一塊的事物之間，則有非常豐富的多樣性。在該字某個廣泛的意義下，「物質性的物體」確保了我們一個單一的、共同的和可連續延展的指稱架構，其中任何的組成部分都可以被辨識性地加以指稱，而無需藉著對任何其他類型的任何殊相的指稱。這是對於空間位置的一般性架構。這個架構的組成細節會改變；但這樣的改變並不會傷害到它的統一性。對它組成細節的知識會因人而異；但這樣的差異並不會傷害它的同一性。當然，並非所有的物質性物體或具有物質性物體的事物都會被認為是這樣一個架構中的過客：許多的物體太過於經常運動，或太過於曇花一現，或兩者皆有。沒有人會用它們來給出空間方向，除非它們在當時當地是可以被觀察到的。但那並不排除它們在必要時先藉著彼此指稱、而

38　譯者注：在這裡，史陶生只不過是在使用一些（就我看來）模糊晦澀的隱喻罷了。它的精確意思應該就是接下來的那一句話。不喜歡史陶生的隱喻的讀者（包括譯者自己），並不需要為了這句話的精確意義而感到困擾。

最終藉著對該架構中組成要素的指稱來加以辨識。如果我們把「是物質性物體或擁有物質性物體」當作是同質類型（type-homogeneity）的一個充分條件，那麼，我們可以大膽地認為，所有滿足這個條件的事物都夠格作為基本殊相。識別在一般而言有一個時間的和一個空間的面向這個事實，並不足以用來反對這個看法。因為，物質性的物體或擁有它們的事物展現了一些在它們之間的、有時間面向的關係。一個事物取代了或產生了另一個。事物會穿越不同的位置。

因此，在我所使用的、該詞最廣泛的意義下，物質性的物體並非只在特殊的情境下才能夠無需指稱它們自己類型之外的殊相而被辨識。因為，物質性的物體滿足了被辨識而無需依賴異類（alien types）的最根本條件——亦即，形成一個廣含的、夠複雜的同質類型的指稱架構。從另一方面來說，如同我們已經看到過的，對其他類型殊相的辨識只有在特殊的情形下才可能避免任何對物質性物體，或具有物質性物體的事物的指稱的依賴【54】。因此，物質性物體對我們殊相的識別來說是基本的。

藉著給該論證一個不同的轉向，該論證的結論也許可以更被增強。我已經論證過，不依賴異類的辨識性指稱的一個根本條件，是擁有一個共同的、廣含的和夠複雜的同質指稱架構。我已經宣稱過，物質性的物體滿足了這個條件，但其他類的事物則一般而言並不滿足它。但我早先在本章的第二部分中曾經斷言說，擁有一個單一的、連續可使用的這種架構的一個條件是：儘管觀察上的不連續性，但我們至少仍然擁有**再**辨識該架構中的某些成員的能力；換句話說，一個人必須能夠將某些特殊事物與他在早先的場合中所遭遇過的事物辨識為**再度是同一個**。顯然，這個能力蘊涵了：存在著一些一般性的、對不同類型的殊相再識別的標準或方法。這些考慮共同暗示了：如果從指稱性識別的角度來看物質性物體是基本的，那麼，從再識別的角度上來看它們必然也是基本的。換言之，對物質性物體的再識別標準不應該被發現是依賴於其他殊相的同一性，除非後者本身是物質性的物體或擁有物質性物體的事物，而其他範疇殊相的再識別標準則應該被發現是部分依賴於物質性物體的同一性。這個期望是充分地實現的。舉例來說，如果我們選擇任何一個熟悉的過程名稱（process-name），如「解凍」或「戰鬥」等，那麼，我們將會發現，對於將所關切類型中的某個特殊過程辨識為**再度是同一個**的手段來說，我們不可能給出一個細節上的說明卻不涉及任何對某個物質性事物的指稱——不論它們是那些組成其設置或環境的物質性事物，或它所通過的位置，或某些在因果上以某種方式與它相關聯的事物，或某些該過程更直接涉及的事物（舉例來說，經歷或參與該過程的物體），或某些以其他某種方式與該過程的同一性相關聯的物質性事物。自另一方面來說，如果我們考慮物質性物體自身在跨越時間上的同一性，我們將會在實際上發現說，對它的再識別的一個根本的要求是【55】我們已經注意到的要求，亦即：存在於空間中的持續性；而要決定這個要求是否實現，我們或許得依賴於對位置的識別；但後者這個識別則依賴於對物體的識別。

因此，無論是從將一個被非指示性地指稱到的殊相與同類其他殊相區分開來的觀點，或者是從將一個在某場合所遭遇到的，或所描述的殊相辨識為在另一個場合所遭遇到的，或所描述的殊相的觀點來看，我們都會發現，物質性的物體在殊相識別上扮演了一個獨一無二的和根本的角色。如果我們回憶說，我們一般性的殊相指稱架構是具有一個時間和三個空間面向的統一空間—時間系統，而且再一次地反省說，在可資使用的主要範疇中，物質性物體的範疇是唯一一個能夠構成這樣一個架構的範疇，那麼，這個結論應該一點也不令人驚訝或超乎預期。因為，只有這個範疇提供了持久的空間占據者，它們具有夠穩定的關係，以至於滿足了、並因而創造了我們在使用這樣一個架構時所面臨的需要。

現在我可以簡單地提到兩個反對的看法。

首先，有些人可能會反對說，該論證乃是建立在一個根本的、但事實上可疑的、介於物質性物體與過程之間的對立或對比之上。人們可能會說，畢竟，某個峭壁的侵蝕只能維持得和該峭壁一樣久[39]；而且，它和隔壁的峭壁侵蝕能夠維持一個經常的空間關係，若且唯若，這兩個峭壁也能夠這樣維持著。而一個人的成長和衰老只能維持得和那一個人一樣久；而且，該成長和衰老能夠被說是在不同的時間對其他的過程有著相同的空間關係，若且唯若，那一個人能夠被說成是對其他事物有著相同的關係：成長和衰老就是在他所在的地方進行著。我們有什麼好的理由去假設事物範疇和過程範疇之間的根本區分呢？所以，為了要強調他們的論點，有些哲學家推論說——舉例來說——「凱撒」是一序列事件，或一串生命發展史的名字。當他們這樣推論時，他們可以說是在吸引我們的注意力於這樣的可能性上：要我們去認識某個我們實際上不認識的事物範疇——一個或許可以被稱為「過程—事物」（process-things）的四向度事物的範疇，而這些事物中的【56】每一個都是這樣的：它在時間上連續的每一個部分都是三向

39 譯者注：在此，峭壁的侵蝕是一個過程，而峭壁本身則是一個物質性的事物。以下，一個人的成長和衰老也是過程，而衰老或成長的身體則事物質性的事物。

度的，彷彿是該事物從頭到尾的歷史中被認為是連續階段的事物[40]。但是，我非得如此描述這些事物的方式顯示說，它們**既不會**被辨識為事物所經歷的過程，**也不會**被辨識為經歷它們的事物。稍早時我評論說，我所關心的是去考查我們實際上所擁有的、可資運用的主要範疇之間的可辨識依賴性關係；而過程—事物的範疇則既不是我們所擁有的範疇，也不是我們所需要的範疇。事實上，我們的確區分一個事物和它的歷史或它的歷史階段；我們不能夠用適合談論其中一個範疇的方式去適當地談論另外一個範疇；而且我們也不用對過程—事物來說是合適的方式去談論這兩者當中的任何一種。一旦承認了我們所畫出的區分，那麼，如同我們已經看過的，事物經歷的過程就會概括地在辨識上依賴於經歷它們的事物，但反之卻非如此。這件事的部分理由（但非僅僅）在於：一旦承認了那個區分，那麼，那一些事物本身（而非它們所經歷的程序）才會是主要的空間**占據者**；它們不僅擁有空間位置，還擁有空間**向度**。如果一個人試著去給出這樣的一個程序——比方說某個死亡，或某個戰鬥——的空間向度，那麼，他就只能追蹤那一個瀕死的**人**的輪廓，或指出該戰鬥發生的**土地**的範圍。

一個更暫時性的、但卻是更嚴重的反對也許可以被提出。我

40　譯者注：史陶生在此所指稱的看法，乃是近代被稱為「四向度主義」（4-dimensionalism）的看法。根據這個看法，存在著一些時間長度上是瞬間的、但具有空間上三向度、被稱為「時間切片」（time-slice）的事物。日常的事物是這些空間切片所組成的整體（mereological sum）。這個理論的提出，通常是為了要解決有關於跨時間同一性所引起的困惑。有關於這個理論的中文說明，請參閱拙著《這是個什麼樣的世界》（台北：三民書局，2005年9月），第四章，以及《形上學》（台北：三民書局，2008年9月），第六章。

們的討論是從考慮某些特定類型的說話情境開始的，在那些情境中，對殊相的辨識性指稱被作出來而且被理解了。我們然後考慮在此類情形中成功識別的條件。但仍然很不明顯的事情是：在這些論證中所提出的、非常一般性的、理論性的考慮是如何關聯到或反映出我們實際的說話過程；而連帶不明顯的事情是：在何種意義下（如果有的話），我們真正建立起了下面這個主張：物質性物體和擁有它們的事物擁有著從辨識觀點來看的主要性（primacy）。

就某個意義來說，我們必須讓這個反對意見成立。精確地去展現這些一般性的考量與我們在學習和說話中的實際過程是如何關聯著這件事，將會是一個太過於複雜的任務【57】。如果我們企圖去完成它，我們將會在細節中失去了該一般性。但我們可以作出一個論點，以舒緩我們對該企圖的拒絕所造成的不快。顯然，在日常的對話中，我們並不會將我們所使用的指稱架構明白地說出來。在指稱我們當下環境中的事物時，我們的確經常使用指示詞。但當我們的談話超越它們時，我們並不會費勁地去將我們所提到的事物和我們所看到的事物關聯在一塊。明示的關係架構部分被語言上的設計所取代，這些設計——專有名稱——是如此經常地、也是如此恰當地吸引著邏輯學家的注意。除了指示詞和準指示詞之外，專有名詞傾向於成為對殊相指稱的休息處，描述性片語的圍繞之處。現在，在所有的殊相中，作為專有名詞最佳承載者的乃是個人和位置。如同我們已經看到過的，位置是藉著物質性物體的關係來定義這件事，乃是一個概念上的真理；而之後我們將會更充分地看到其重要性的另一件事情是：個人擁有物質性的身體這件事，也是一個概念上的真理。【58】

二
聲音

[1] 宣稱某個元目的集合或範疇——而非其他的集合或範疇——具有一個特殊的地位這件事，在哲學中是非常常見的。它是對範疇偏好的哲學現象。當我宣稱說，物質性物體是在某個意義下相對於其他殊相範疇而為基本範疇時，我已經展現了這樣的範疇偏好。但我想要強調一點：還有其他我沒有展現的方式也可以用來展現出對範疇的偏好。假設a類的事物是我們偏好的元目類型。那麼，有時候這種偏好是以這樣的宣稱來展現的：「存在」這一個字有一個主要的意義或意思，而只有a類的事物在這個意義下存在著，其他的事物則只在一個次要的意義下存在著；有時候它是以這樣的宣稱來展現：只有a類的事物才是真實的；而有時候它是以這樣的宣稱來展現：其他的事物能夠被化約為a類的事物，對其他事物的言談乃是對a類事物言談的一個縮寫方式。我想要強調說，當我說物質性物體在所有殊相中是基本殊相時——至少就我們實際的概念架構來說是如此——我並不是在說任何上述這些事情當中的一個。我對「基本的」一詞所給的意思，是嚴格地依據殊相識別這個概念。自另一方面來說，我相信，我試圖指出過的事實能夠支持並解釋——如果不能證成的話——某些我拒絕接受但承認的、更引人注目的對於範疇偏好的

表述方式。對我而言，以下述的方式去使用「本體論上優先」一詞，似乎也沒有什麼可以反對的地方：該用法使得「物質性物體是我們概念架構中的基本殊相」這個宣稱等值於「物質性物體在該架構中是本體論上優先於其他類型殊相」的宣稱。

我已經辯護過，這些事情對我們實際的概念架構來說為真。下一個我想要考慮的事情是：它是否能夠不是如此？而如果能夠的話，如何能夠？【59】可不可能存在著一個概念架構，它像我們的概念架構一樣提供了一個客觀而可以辨識的殊相的系統，但與我們的架構不同之處在於：物質性的物體並不是該系統的基本殊相？當我問說「可不可能存在著這樣一個架構？」時，我的意思是：「我們能不能使得這樣一個架構的想法對我們來說是可理解的？」

我已經提過識別的兩邊或兩個面向。它們或許可以被稱為「區別的面向」（distinguishing aspect）和「再辨識的面向」（reidentifying aspect）。在之前的說明中，後者並非與涉及到某個說話者和某個聽話者的言談情境非常密切相關。再識別也許只涉及到將某個場合中所遭遇到的殊相，或相對於某場合所思及的殊相，與在另一個場合中所遭遇到的殊相，或相對於另一個場合所思及的殊相，認為是同一個。現在，這樣的思考顯然涉及到在思想或觀察中將某殊相與其他殊相區分開來。所以，識別的區別面向是相當根本的。但到目前為止的說明中，將某殊相與其他殊相區別開來的想法，是一個和聽話者將某個殊相辨識為說話者所指稱的殊相這樣的場合密切相關的想法。我現在想要放鬆這個關聯，但卻保持我的結論說：在我們的概念架構中，物質性的物體對我們思考殊相識別來說是基本的。我可以合理地這樣作；因為，我們並不應該去假設說：當我們關心的是在言談時刻彼此的溝通時，和當我們關心的並非如此時，這兩種時機下的思考的一般性結構會是不同的。因此，「物質性物體在我們實際的概念架構中是基本的」這個斷言現在應該被理解為：實際上，一般來說，對不是物質性物體的殊相的辨識性**思考**是奠基在對物質性物體的辨識性**思考**之上，但反之不然；而我剛才所提的那一個問題，亦即：「我們是否能夠設想一個提供了對殊相的識別的架構，但其中物質性物體卻非基本？」也必須得以對應的方式加以修正，並以更一般性的意義來加以理解。這個對實際說話情境關聯的鬆綁，讓我們在下一階段的探索中可以在策略上更為自由，而不需要對該關聯最終是否必須再度緊密關聯起來的可能性有任何先入為主的看法。【60】

這樣的鬆綁將以下述的方式給予我們更多策略上的自由。只要「識別」仍然意味著「說話者—聽話者的識別」，那麼，任何有關於提供殊相識別架構的一般性條件的問題，也都會是有關於說話者—聽話者對殊相識別的一般性條件的問題。所以，它會是一個起碼我們要有說話者和聽話者在彼此溝通時才能夠被提出來的問題。但我們卻能夠或至少似乎能夠提出一個類似的問題，卻不需要之前對說話者和聽話者的任何這種假設。因為，我們每一個人都能夠辨識性地去**思考**殊相而無需談論它們。當然，事情也許是：辨識性地思考殊相的能力在邏輯上依賴於辨識性地對他人談論殊相的能力。不過，這件事——如果是事實的話——至少不是太明顯的事。我們不想先入為主地去判斷它是否真是如此；而不這樣先入為主地判斷時，我們就可以對能夠辨識性地去思考殊相的條件提出一個更為一般性的問題。

但我們想要我們的問題有多麼一般性呢？我將會在其一般性上加上一個限制。在一個人對殊相的辨識性思考中，以及實際上在他的辨識性談話中，他當然能夠認識出一些區別來：亦即，區別出那些是他自己的經驗或意識狀態的特殊事件、過程、狀態和情況，以及那些不是他的或任何其他人的經驗或意識狀態、但卻可以是這種經驗的對象的殊相。因此，如果某棵樹被閃電打中了，那會是屬於某一類的事件；但如果我看到那棵樹被閃電打中了，那則會是屬於另一類的事件。刀刺進我的肉裡是一類事件，而我對痛的感覺則會是另一類。我對我的一般性問題想要加上的限制是這個：在我的意圖下，它是一個對殊相辨識性思考的可能性的條件的問題，但該殊相被思考者認為是與自己和自己的經驗或心靈狀態有別，而且被認為是這些經驗實際上的或可能的**對象**。從此以後我將使用「客觀的殊相」（objective particulars）這個詞來縮寫「被思考者認為與自己……有別……等等」這整個片語。現在，也許【61】在某個意義上，這個對於我的問題的限制一點也不是限制；因為，也許不可能有不涉及這種區別的、對於殊相的辨識性思考[1]。但這同樣是一個我將暫時擱置的問題。我並不需要去回答它；而它也許也不能被回答。

因此，我可以藉著設置兩個問題來指出我心目中探索的路線，這兩個問題在形式上和部分內容上都讓人聯想到康德式的問題：(1)對客觀殊相知識最一般性的和可敘述的條件為何？(2)這些最一般性的、可敘述的條件是否涉及這樣的要求：物質性的物體應該是基本的殊相；還是這只是我們自己對客觀殊相的知識架構的一個特色而已？或者——將這兩個問題合成一個——物質性

1 譯者注：史陶生在這裡的意思似乎是：也許所有的思考對象都有別於思考本身，都是一個客觀的殊相；思考本身不能是思考的對象，除非它先被客體化成為一個客觀的對象。

物體作為基本殊相的地位這件事，是不是對客觀殊相的知識的一個必要條件？

早先的時候，我已經暗示說，物質性物體是我們架構中的基本殊相這個事實，可以從另外一個事實推導出來：我們的架構是某一類的架構，亦即，一個統一的、有一個時間和三個空間向度的空間—時間系統的架構。如果這是正確的，那麼，要去找到一個物質性物體在其中不是基本殊相的架構，至少會是去找到一個不是這類的架構。這個反省暗示了不只一個我們可以尋找的方向。但它特別暗示了一個非常簡單的、雖然也是非常極端的方向。我們可以問說：「可不可能有一個架構，它提供了一個客觀殊相的識別系統，但卻完全是非空間性的？」這個問題再一次地讓我們想到康德。他談到兩種形式的可感知性（sensibility）或直覺，亦即空間和時間。時間是所有可感知表徵的形式，而空間只是有些可感知表徵的形式。他認為我們擁有而且只擁有這兩個可感知知覺的形式這件事，並不是在事實上絕對必然的，這只是一個非常根本的事實。他可能會認為，說我們不能夠**想像**自己擁有其他的形式這個說法是一個套套邏輯，雖然他可能也會說，在某個意義下，**想像**我們自己**不**擁有這兩個形式是一件不可能的事。「我們不能夠對自己表徵出缺乏空間這回事。」[2]我不太確定【62】這是什麼意思。但不論我們是否能夠「對自己表徵出空間的缺乏」，我看不出來為什麼我們不應該在想像上將自己限制在非空間性的情況；然後看看什麼樣的概念性結果可以從這裡推論出來。康德主張說，所有的表徵都是在內在的感官（inner sense）

2　《純粹理性批判》，B38。

中，而時間是其形式；但只有一些表徵是外在感官（outer sense）的表徵，而空間是其形式。我建議我們探索是否可能有這樣的一個架構：它對客觀殊相提供了一個架構，但停止使用外在的感官和它的一切表徵。我建議我們探索無空間的世界。它至少會是一個沒有物體的世界。

［2］現在，對於以下的部分，我必須作一個既是辯護性的、又是謹慎性的聲明。我將持續地以看起來相當無法回答的方式來提出問題，我特別會以這樣的方式來問說：一個其經驗與我們的經驗在某些方面來說相當不同的生物，是否能夠擁有具有某些一般性特性的概念架構；或者一個其概念架構與我們的概念架構在一些一般性的特性來說相當不同的生物，是否仍然能夠在其架構中複製一些我們架構中有的特性。在這樣子的呈現法下，這些問題在最糟的情況下可能看起來是沒意義的，而最好的情況則是只允許我們作出一些最瘋狂的、猜測性的回答。但一般說來，這種形式的問題可以被看作是提出了一個顯然更合理類型問題的一個方便說法，雖然這樣的方便也許會過了頭：它們完全不是關於假設中的生物的問題，而是關於，比方說，在何種程度上以及在何種方式中，**我們**也許會發現到，將我們在處理整體經驗時最一般性的概念成分重新在我們經驗的一部分中作出解釋是可能的[3]。我們能夠將這整個結構映射到其中的一部分到什麼樣的地步？或者

3 譯者注：我們的整體經驗是綜合了視覺的、聽覺的，以及觸覺的經驗，而我們在整理這些經驗時所使用的概念，比方說距離的概念，也部分反映了它們的感官來源。但是，在我們現在所要設想的世界中，我們只有這些經驗當中的一部分，也就是聽覺經驗。史陶生在這裡要問的問題是：我們可不可能在部分的經驗所得到的概念中，找到整理整體經驗時所使用的概念的類比項呢？

說，在整個結構和其某個部分之間，我們能夠找到什麼樣的結構類比？或者，再一次地，我們能夠將某些核心概念間彼此的關聯，以及它們與某些類型經驗間的關聯打破，但卻看起來不會完全摧毀這些概念到什麼樣的地步？在某個意義下，屬於這些一般類型的問題無疑是很無聊的；但它們似乎是可以被討論的。【63】

在接下來的討論中，讀者們將會發現我們所強調的事情以某種方式轉移了。對於我們所選擇的、無空間的世界模型來說，我們在第一章中視為理所當然的一些事情現在成了問題：亦即，由概念架構的使用者所作出的、介於他自己和他自己的狀態這一方面，以及他對它們擁有知識或經驗的其他殊相這另一個方面之間的區別。我們將會發現，這個區別的條件是否能夠在被假設的世界中被滿足這個問題，部分依賴於、但非完全依賴於另一個反映了第一章中某些主題的問題，亦即：殊相的可再被辨識性的條件是否能夠在被假設的世界中得到滿足的問題。但它卻不能藉著討論這個問題而獲得解決；進一步解決它的企圖會在第三章中將我們帶到一個直接的考慮：考慮我們日常的世界，以及該區分的條件實際上在日常世界中被滿足的方式。

所以，眼下的這一章，部分是作為第一章和第三章之間的橋梁。藉著觀察我們必須以何種的方式去——這麼說吧——模塑（shape and model）我們赤貧的物質，以便於去複製我們所知道的結構，並進而去探索我們實際思考的一般特色能夠以一種具有人為簡單性的、現象的語詞而複製到什麼地步，我們或許能夠希望這些討論會對我們實際思考的一般性特色帶來一些光照。

［3］要我們去探索非空間世界的提議，等於是一個什麼樣的提議呢？去想像自己停止使用外在感官，這又會是什麼樣子呢？傳統上，有五種感官被認為是可以區別開的、對於公共事物的知

覺的模式。在這些當中，味覺和嗅覺顯然比其他的知覺更不重要；除此之外，味覺還有某種的邏輯複雜性，使得它難以被處理。假設我們的經驗沒有味覺或嗅覺的成分，這個假設本身似乎不會招致重大的概念性革命。（當某人感冒的時候，他並不會因此就以不同的方式**看待**這一個世界。）但為了簡單的緣故，讓我假設它們是被排除的。這讓我們只剩下視覺、聽覺和觸覺。為了要排除外在的感官，我們還要假設排除它們當中的哪一些呢？乍看之下，似乎我們【64】應該去排除它們全部——這會讓我們的研究相當快速地到達終點。因為，雖然我們當然能夠藉著視覺和觸覺去發現事物的空間特性以及之間的空間關係，但我們至少似乎同樣確定的是：我們也能夠藉著聽覺而去發現至少一些事物的空間特性。聲音似乎來自右邊或左邊、來自上方或下方、逐漸趨近或逐漸遠離。如果聲音——聽覺的適當對象——本身擁有這些方向和距離的特性，難道我們不應該推論說，即使我們採取了一個純粹聽覺經驗的極端假設，我們也將不會排除所有的空間特性和空間概念嗎？然而，我認為，這個結論會是一個錯誤，而且是一個相當明顯的錯誤。事實是，當感官經驗在特性上不只是聽覺的，同時也至少是觸覺和動覺的（kinaesthetic）時候——或者，就像在大多數的情況下一樣，同時是觸覺、動覺和視覺的時候——我們才能夠有時單單根據聽覺的強度而將空間性的述詞賦予它們。但從這個事實我們不能推論說，當經驗被假定為在特性上是純粹聽覺性的時候，還會有任何空間概念的容身之地。我想，並不會有這樣的容身之處這件事是很明顯的。感官經驗的唯一對象將會是聲音。當然，聲音擁有彼此之間的時間性關係，而且會以一些方式在特徵上有別：在大小、音調和音色上。但它們並沒有本有的（intrinsic）空間特徵：像「在……的左邊」、「空間上在上方」、「較近」、「較遠」等詞，並沒有本有的聽覺意涵。讓我們簡短地就這一方面對比聽覺和視、觸覺。顯然，在任何的時候，我們的視野都必然是展延的（extended），而它的組成部分也一定展現出彼此的空間關係。觸覺的情形比較不明顯：舉例來說，如果一個人說「觸野」（tactual field），我們就不會清楚他的意思究竟是什麼。但如果我們將觸覺與動力的感覺結合在一塊，那麼，至少清楚的是：我們就會有空間概念的材料了；對於先天的盲人，我們不會懷疑他們是否真地知道說「一個東西在另一個東西之上」，或「一個東西比另一個對第三個東西來說更遠」是什麼意思。我們也許會覺得說，相較於我們自己的經驗來說，純粹視覺的，或純粹觸覺—動覺的空間概念是貧瘠的，但它們並非不可能。自另一方面來說，一個純粹聽覺【65】的空間概念則是不可能的。而下面這個事實一點也不能用來反對這一點：由於我們事實上擁有多種類型的感官經驗，我們能夠——如同我們所說的——「單單根據聽覺的強度」而將方向和距離賦予聲音，以及從它們發出或因果地導致它們的事物。因為，這個事實已經充分地被下述事實所解釋：存在著一個介於聲音本有上能夠有的變化範圍與我們感官經驗中其他非聽覺特性之間的相互關聯。我的意思並不是說，我們首先注意到這些相互關聯，然後才在這樣觀察的基礎上作出歸納的推論；我的意思甚至不是說，我們可以在反省後，將它們當作是我們實際上單單根據聽覺的強度而賦予它們距離和方向的理由。去堅持這些觀點之一，將會是去否認「單單根據聽覺的強度」這幾個字的整體力量；而我卻相當準備去承認它們的完整力量。我只是簡單地在堅持這個因為較不特定、所以較不極端的主張：**事實上**存在著這樣的關聯這件事，乃是我們實際上單單根據聽覺的強度而去賦予距離和方向的一個必要條件。

不論是什麼有關於聲音的事讓我們說出像「它聽起來彷彿是來自左邊的某個地方」這樣的話來，單單這件事本身並不足以產生空間的概念。我將認為我們並不需要進一步去論證說，在假定經驗是純粹聽覺的時候，我們是在假設一個無空間的世界。當然，我並非在爭論說，純粹聽覺世界的觀念乃是無空間世界的唯一可能模型。還有其他更複雜的可能性。我之所以選擇純粹聽覺的宇宙的想法，乃是因為它相對來說在處理上簡單，但同時又有一定的形式豐富性。

因而，我們要去考慮的問題乃是下面這一個：一個其經驗是純粹聽覺性的生物，能不能夠擁有一個提供給客觀殊相的概念架構呢？這個問題是一個複雜的問題，而且可以被拆成一些其他的問題。首先考慮在「客觀殊相」一片語中「客觀的」這個限定詞。初步看來，這個限定詞似乎不會產生什麼特別的困難。因為，在目前看來，不同的人當然可以被說成是聽到了一個、而且是同一個特殊的聲音——不僅僅是【66】同一個聲音的類型（也就是同一類聲音的例子），而且精確地說是相同的特殊聲音。聲音也許是公共事物，而大部分我們聽過的聲音都是公共事物。如果當我們談及某個聲音的時候，我們的意思指的是某個特殊的聲音，那麼，我們的意思也許是、而我們通常的意思是一個客觀的殊相、一個公共的對象。所以，事情似乎明顯是：在某個純粹聲音的世界裡，如果我們至少能夠運作殊相的概念的話，那麼，我們也能夠運作一個客觀的殊相的概念。但實際上這完全是不明顯的。因為，去說一個聲音是一個公共的對象、去說不同的人或許會聽到同一個特殊的聲音，這種說法似乎最起碼的意思是：不同的正常聽話者也許會在大致相同的時刻有著大致相似的聽覺經驗，或在大致相同的特殊環境下有著某些以可以被敘述的方式而系統性地關聯著的聽覺經驗；而也許有些人會補充說，為了要在任何特定的時機滿足他們聽到同一個聲音的要求，對他們來說，這些相關的聽覺經驗還應該有著相同的因果來源。舉例來說，我們可以想像說，同一首音樂同時在兩個不同的音樂廳中被演奏著。我們可以想像在某個時間某個和弦正被演奏著。那麼，兩個在不同演奏廳中的不同正常聽眾就會大致同時地擁有著大致相似的聽覺經驗。雖然在某個意義下他們所聽到的聲音是相同的——對每一個人來說，它是**相同的和弦**——但在我們所關心的另一個意義下，他們所聽到的聲音是不同的。他們聽到了不同的聲音—殊相：因為殊相等同的環境條件以及殊相等同的因果來源條件都沒有被滿足。然而，在同一個音樂廳裡的兩個聽眾卻聽到了同一個和弦；因為，在他們的情形中，殊相等同的環境和來源兩個條件都被滿足了。

我不想說，我們所說的這些有關於不同聽者聽到同一個聲音殊相的條件是窮盡的。舉例來說，聲音透過不同的人為媒介而被傳遞的例子，暗示了其他有關聲音殊相同一性之不同標準的可能性，而這些可能性是相當有趣的。我之所以選擇【67】這些被說出來的條件，只是因為它們是最明顯被設定的條件，並且也不排除其他條件的可能性。

在前述條件中的最後一個——也就是關於因果的那個——也許能夠在我們純粹聽覺的宇宙中被忽略不計。其他的條件則呈現出一個尖銳的問題。因為，看起來，為了要賦予「在純粹聽覺世界中的聲音的公共性」這個觀念一個意義，我們必須單純以聲音性的語詞去賦予「其他人」這一個觀念，以及他們是「在相同的特定環境下」的這個觀念一個意義。但是去**假設**說，我們能夠單純以聲音性的語詞對特定環境的同一性這個觀念給出一個意義，這會是在丐題（beg the question）[4]。因為，我們要藉以給出這個觀念一個意義的聲音必須本身是公共的聲音；否則的話，它們將不能提供環境殊相的同一性給不同的聽覺經驗擁有者。但在一個純粹聽覺世界中，公共聲音的可能性正是目前的問題所在。因此，我們不能在此假設一個有利的問題。的確，一個有利的問題的前景現在開始看起來是沒什麼希望了。

然而，我們或許可以藉著降低，或試著去降低我們的要求而去提高我們的希望。我剛剛將「客觀的」殊相注解成「公共的」殊相，而那涉及到其他經驗擁有者的觀念和共享的環境的觀念。如同我已經暗示過的，如果某個一般性的思路是正確的話，那麼，我們對這個注解將有很多的話可以說。這個一般性的思路的摘要——我希望它不會太過於拙劣——可以簡述如下。如果我們不能夠彼此談論公共的事物，那麼，我們也就不能夠彼此談論私有的事物。除非我們能夠彼此談論，否則我們根本就不能言談。無論如何，在一個非常基本的層次之上，思想的界線也就是語言的界線；或者說，「我們不能說的，我們也不能想」。最後，如果沒有概念、沒有思想的話，也就沒有東西可以被稱為經驗，而且當然沒有知識。應用到目前的問題上，這一路的想法產生了這一個結論：有關於一個純粹聽覺經驗的整個觀念是空泛的，除非我們可以單純以聽覺性的語詞來對公共的聽覺對象——同時也是聽到它們的生物彼此談論的主題——給出一個意義。

我暫時將不會試著去判定這一路想法的優劣【68】。因為，當我稍早引介「客觀的」一詞時，我所賦予它的意義當然是一個比

4 譯者注：「丐題」指的是論證者使用結論本身或隱含結論的前提去支持論證的結論。

較傳統的、而且可能是一個比較不精確的意義，是一個藉著區分一邊是某個人和他的狀態，而另一邊則是任何既不是他自己、也不是他的狀態，但卻是他對之有或可以有經驗的事物所作出的區別。所以，我將暫時地將「對一個純粹的聽覺經驗來說，對客觀殊相知識的條件是否能夠被滿足？」這一個問題的意義解釋為：「一個其經驗是純粹聽覺性的生物，可不可能使用這樣的區別：一邊是他自己以及他的狀態，另一邊則是既非他自己、亦非他的狀態，但卻是他對之有經驗的事物呢？」為了在措辭上方面起見，我將把這個問題重新表述如下：「對一個純粹聽覺的經驗來說，一個非獨我意識（non-solipsistic consciousness）的條件是否能夠被滿足呢？」那也就是說，所謂非獨我的意識，我的意思將會是指這樣的一個生物的意識：他能夠使用這樣的區別：一邊是他自己和他的狀態、另一邊則是不是他自己或他的狀態、但卻是他有經驗的事物；而且，所謂獨我的意識，我指的是一個不會使用這個區別的生物的意識[5]。

然而，這個問題並不是我們必須回答的唯一問題。另外一個問題證明是和它息息相關的，亦即：我們是否能夠以純粹聽覺性的語詞對可辨識性殊相的概念找到一定的空間？在一個純粹聽覺的世界中，是否會有一個介於特質和數目同一性之間的區分？乍看之下，這似乎沒有什麼特殊的困難。難道我們不能以聲音的連續性或不連續性來作為區分聲音殊相的標準嗎？換句話說，首先

5 譯者注：要請讀者注意的是：史陶生在此對「獨我的」一詞（以及「非獨我的」）的用法與哲學上常見的用法不同。在一般的哲學討論中，獨我論（solipsism）指的是只有我才真實存在的主張，而其他的事物最多只是我的觀念或觀念的集合而已。這樣主張的人，史陶生稱之為「哲學上的獨我論者」。

假設在某一個暫時的經驗片段中，某個一定大小、音色和音調的聲音開始被聽到，持續而不間斷地被聽到，然後停止下來。然後假設在這樣一個經驗的片段中，這樣的聲音開始、停下來、再一次開始、然後再度停下來。在第一個情況中，作為殊相的聲音數目會是一；在第二個情況中，作為殊相的聲音數目則會是二。在「同一個」一詞的特質意義下，這兩個情況中都只有一個聲音，而且是同一個聲音【69】，亦即，只有一個作為共相的聲音。即使當某類聲音是連續的時候——比方說，通常當音樂被聽到的時候——我們仍然能夠在一般性的聲音中區分出特質上不同的聲音來，並因而藉著中斷的標準去區分出相同特質聲音中不同的特殊例子來。當然，我們也能夠——而且也許更容易——藉著前述的方法，去區分出由一組，或一序列聲音—殊相所組成的更複雜的聲音殊相來。這似乎顯示說，能夠有一些可被辨識的——意指可被**區別的**——聲音殊相。

但可不可能有一些可被辨識的——意指可再被辨識的——聲音殊相呢？除非這個問題的答覆是肯定的，否則的話，我們所運作的殊相概念將會是——這麼說吧——一個非常「薄」的概念。現在，如果對「聲音」一詞我們所採取的是其作為共相或類型的意義，那麼，聲音當然能夠被再辨識。一個音符或一序列的音符或一首奏鳴曲，都能夠被再辨識。但我們能賦予什麼樣的意義給下面這個觀念呢：將某個**特殊的**聲音，在它不被聽到的一段間隔後辨識為再度是同一個？我們不能訴諸於該聲音的非聽覺性環境的殊相同一性去證成我們說——舉例來說——「這是不久之前所聽到的**特殊的**聲音序列的延續，而且和它是同一個特殊的聲音序列」；因為，在假設上，該聲音的環境就只有其他的聲音而已。這一個困難能夠這樣被強調：試著考慮什麼事情會是它的一個可能例外。假設某個具有一定複雜度的聲音序列——而我在這裡所說的是一個類型或共相——具有，比方說，某種音樂上的統一性，對之我將稱為M。假設在它之內有四個「移動」（movements）是可被區分的：A、B、C、D[6]。假設A的一個例子被聽到了，然後，在一個適度的間斷後，D的一個例子也被聽到了。然而，該間斷並非被B和C所占據，而是被其他的聲音所占據。在這個情形下，我們難道不會假設說，當D的例子被聽到時，它會被辨識為某個殊相的一部分，而這個殊相與之前包含了被聽到的A例子作為一部分的殊相是同一個殊相M；換句話說，當D被聽到的時候，我們就有了一個這樣的情形：同一個殊相M在——這麼說吧——一個間斷後又重新出現了；因此，我們在此不但有一個再辨識某個共相的例子，更有一個將某殊相辨識為再度是同一個的例子？當然，要讓【70】這個建議有任何用處的話，我們必須去假設說，我們有某種標準去區分同一個殊相M重新出現的情形，和我們只是有一個A的例子跟著一個間斷再跟著一個D的例子（而這兩者並**非**同一個殊相M的部分）的情形。這讓我們回想起同一首（類型或共相）音樂同時在兩個音樂廳中被演奏的例子。此處，區分同一首**特殊**曲子的後一部分，或同一首共相曲子的後一部分的一個例子的標準是相當明顯的；再一次地，它們依賴於非聽覺性的環境。但在純粹聽覺的世界中，這樣的標準是不可運用

6　譯者注：換句話說，史陶生所設想的M聲音殊相有四個非空間的部分A、B、C、D。我們可以將M等同為A-B-C-D。在以下的想像實驗中，史陶生要我們想像M出現了，但其中的B-C部分卻被其他的聲音所掩蓋了，就好像一個街頭小提琴家的演奏的中間部分在一個樂隊經過時被樂隊的聲音掩蓋住一樣。然而，我們還是聽到了A和D的部分。在這種情形下，難道我們不會說A所屬的殊相和D所屬的殊相是同一個殊相嗎？

的；而如果**沒有任何的**標準可以被運用以作出該區分，那麼，該區分也就沒有被賦予任何的意義，因而聽覺殊相的再識別的觀念也就沒有任何的意義。該例子也許並非像這個建議所說的那麼糟。因為，也許我們可以勉強推薦一個標準。也許我們可以建議說，當A和D的例子是相當輕柔的聲音時、當填塞在它們之間的間斷的聲音是非常強的聲音時，我們就有了一個清楚的情況是A和D是同一個殊相的部分的例子；而當這個條件清楚地未被滿足時，那麼，我們也就有一個清楚的例子是它們並非同一個殊相的部分的例子。但這個建議之可能對**我們**有如此吸引力的理由實在是太明顯了。它幫助我們去設想：某個殊相M中未被聽到的部分，是被介於A的例子和D的例子之間干涉的噪音所淹沒或掩蓋；因而去設想說，它們其實在那裡等著被聽到，而如果不是那些噪音的話，它們就會被聽到。但現在我們只需去想想，我們在真實生活中作出類似此思考時所具有的理由和證據——當街頭樂隊遊行經過時，看得見但聽不到的街頭小提琴家的拉弓——那麼，我們就會失去了對該建議在純粹聽覺世界的情況中作為標準的興趣了[7]。

無論如何，某些重要而又彼此關聯的重點從這些考慮當中浮現了出來。

第一個要點是介於可再被辨識的殊相的觀念，和殊相未被觀察時還會繼續存在的觀念之間的關聯。這個關聯將它自己所具有的——不管是什麼樣的——【71】吸引力賦予我剛考慮過但放棄的、有關聲音殊相的再識別標準。事情並非只是干擾的聲音大而

7 譯者注：如同街頭小提琴家的例子所暗示的，對這種聲音殊相再辨識的能力部分依賴於我們的視覺，而這是一個純粹的聽覺世界所缺乏的。

已；事情還在於從我們所熟悉的世界來看，我們認為它們大到足夠去淹沒那些未被聽到的聲音，而後者則連接了該再被辨識殊相的稍早和稍晚的部分。但這個想法非常明顯來自於我們所熟悉的世界，而且對我們所想像的世界來說並沒有什麼相關性，或者還沒被賦予任何的相關性。我們還是得去顯示說，我們仍然能夠賦予下面這一個觀念一定的意義：未被觀察的殊相在這個想像的世界中仍然持續存在著。

這第一個要點直接引導到第二個要點。「在純粹聽覺的世界中是否可能有可再被辨識的聲音殊相？」這個問題之所以被提出，彷彿是因為它是另一個必須被考慮的問題之外的問題，亦即：「一個其經驗是純粹聽覺性的生物，是否能夠對一邊是他自己和他的狀態、而另一邊則既不是他自己也不是他的狀態的事物之間的區分，給出一定的意義來呢？」但現在看起來，這些問題並非彼此獨立。對第二個問題的肯定答覆蘊涵了對第一個問題的肯定答覆。因為，去擁有一個在其中區分他自己和他自己的狀態和不是他自己的狀態的聲音項目的概念架構，也就是去擁有一個在其中聽覺項目的存在乃是**邏輯上**獨立於一個人的狀態的存在，或獨立於他自己的存在的概念架構。因此，這會是去擁有以下特色的一個概念架構：在其中，這樣的項目——不論它們是否被觀察到——應該存在著這件事是邏輯上可能的，因而，即使經過了一段它們未被觀察到的間斷時刻，它們仍然應該持續存在著。所以，事情似乎一定是：在一個純粹聽覺的世界中，如果一個非獨我意識的條件能夠被滿足，那麼，該世界就能夠有可再被辨識的殊相。現在，也許有人還會進一步說，說邏輯上可能有可再被辨識的殊相存在於一個純粹聽覺的世界中，這樣的說法並不能被賦予任何的意義，除非我們能夠以純粹聽覺性的語詞陳述出，或設計出再被辨識的標準。而如果這個說法是正確的，那麼，我們也就有了這樣的一個結論：只有當我們能夠以純粹聽覺性的語詞去描述聲音殊相的再被辨識性標準時，一個非獨我意識的條件才能夠在這樣的世界中被滿足。【72】

另一個方向的蘊涵是否也成立呢？或者說，存在著可再被辨識的殊相的觀念，以及因而存在著當不被觀察時也繼續存在的殊相的觀念，是否蘊涵著存在一個介於一邊是自己和自己的狀態、而另一邊則既不是自己也不是自己的某個狀態之間的區別呢？我將暫時延後對這個問題的答覆。稍後，我將推薦一個回答這個問題以及所有類似問題——亦即，所有有關於某件事是否是一個非獨我意識存在的充分條件的問題——的技術。讓我們只是順便注意一下、並且很快排除某一個建立在錯誤的基礎而對這個問題給出肯定答覆的誘惑。一個人可能會因為混淆了兩個不同的觀念，而被誘惑著去給出肯定的答覆：一個是擁有獨我意識的生物的觀念、另一個則是哲學上的獨我論者（philosophical solipsist）的觀念。但是，具有獨我意識的生物（為了簡短起見，我或許可以稱之為真正的獨我論者[true solipsist]）並不會認為他自己是具有獨我意識的生物；也不會認為他自己是一個哲學上的獨我論者；也不會認為自己是其他的什麼東西。他當然不會認為每一個存在的殊相都或者是他自己，或者是他自己的狀態。一個宣稱他如此認為的人，可能真的會有一些困難去調和他的主張和「有一些殊相繼續存在著卻未被觀察到」的想法，儘管這些困難未必是不可被克服的。但真正的獨我論者乃是這樣的一個人：自己和不是自己的這一個區分，對他來說根本就**沒有任何的用處**。我們仍然要檢視的是：是否一個允許可再被辨識的殊相的概念架構，必須必然地留有一定的空間給這個區別。

同時，讓我們進入到下一個重點。讓我們探究，在我們所熟悉的世界中，剛剛才建立起來的那些要件是如何被完成的。或者說，未被觀察時仍然繼續存在或可再被辨識的殊相這個觀念，是和我們所熟悉的世界中的哪個特色，或哪些特色的複合體最緊密地、自然地、而又一般性地關聯在一塊呢？我認為，這個問題的答案既簡單又明顯，儘管對該特色的詳細描述會是一件極其複雜的事情。粗略地說，對我們而言，重要的觀念是【73】一個空間的事物系統的觀念，在其中，一個人——這是另一個事物——移動著，但該系統在任何時刻都延展到一個人觀察的限度之外；或者，更一般性地說，該系統在任何時刻都不曾完全地顯現在我們的觀察中。這個想法顯然對於未被觀察到、但被認為是持續存在著的事物，提供了必要的非時間向度作為——這麼說吧——它們的住所；它提供這個向度給本身在本有上（intrinsically）不是空間性的——例如聲音——以及本身在本有上是空間性的事物這兩者。因此，所謂存在著我現在沒聽到的聲音，其最熟悉和最容易被理解的意義乃是：那些聲音在某些**位置**是可以聽得到的，但這些卻不是我現在坐落的位置。當然，還有其他的意義可以賦予未被聽到的聲音這一個觀念。但是，它們當中的許多依賴於介於聽覺現象和其他種現象之間的關聯（舉例來說，與聽覺現象因果上相連結的非聽覺現象），以及對於這些關聯的推測，而這些推測則超越了人類聽覺分辨能力的一般性限制。所以，它們在此並無幫助。或者它們依賴於類似喪失感官力量這樣的觀念。但為什麼我們要認為我們的感官力量失效，而非認為這一個世界褪色不明呢？這個選擇並不能用來解釋它所預設的概念。

因此，讓我們回到那一個我們認為是「未被我們聽到但現在仍然存在的聲音」一語最熟悉的意義上去，並且回到它和位置這個觀念之間的關係上去。我們已經看到過，位置這個觀念，以及隨之而來的事物的空間系統這個觀念，都不能夠以純粹聽覺性的語詞來賦予意義。但是，如果我們真得要給「未被聽到或知覺到但現在仍然存在著的殊相」這個觀念一個滿意的意義，並進而給「在一個純粹聽覺世界中殊相的再辨識性」這個觀念、甚至更進一步給「在純粹聽覺世界中一個非獨我意識」這個觀念一個滿意的意義的話，似乎我們一定會有一個不同於時間的面向，可以作為目前未被聽到的感官殊相的住所。所以，我們的問題變成了這個：我們不能夠以純粹聽覺性的語詞給予空間概念任何字面的——雖然是無創造性的——解釋，但我們是否能夠以聽覺性的語詞去發現某種可變的特色，而該特色會提供我們或許可以稱之為**空間類比項**（an analogy of Space）的東西呢【74】？而當然，為了我們的目的，它得是一個——不管究竟這是什麼意思——充分接近的類比項。

但多接近才算是充分接近呢？我們要該空間的類比項去提供「住所」給未被知覺到但卻存在著的殊相。粗略地說，我們要它提供某些類似於「在」（presence）和「不在」（absence）這些觀念的東西——但不只是這些字在最一般意義下所具有的意思，而是能夠讓我們說「某個東西離我們現在所在的點是較遠，或較不遠」的意義下的在和不在。換句話說，我們要的是距離的類比項——**較近於**和**較遠於**。因為，只有在這個條件下，我們才會有任何像是非時間向度的觀念：在其中，未被知覺到的殊相能夠被認為是**彼此以某種系統性關聯**同時存在著，也與被知覺到的殊相以這種關聯同時存在著。當然，我們正在尋找其類比項的空間現象遠比這個類比項本身要無限度地複雜得多。遙遠的殊相位於不止一個距離向度，而是三個；殊相之所以未被知覺到，也許不是因為它們太遙遠，而是因為它們被其他的殊相所遮蔽，或是因為在所有我們能夠看到和感覺到的方向中，就是沒有看到或感覺到它們的方向。但我們或許會對於以聽覺性語詞重新製造出這麼複雜的類比項這件事感到絕望。在尋找那一個我們或許會發現某個類比項的最簡單特色上，距離這一個特色看起來是最簡單的。對於聲音的漸近、漸遠和消逝，我們也許能夠發現一個類比。

習慣上，聲音有三個向度可以區別：音色（timber）、音調（pitch）和音量（loudness）[8]。我們也許可以不管音色；因為，音色的差異似乎不會允許任何系統性的序列排序。音調似乎有希望得多。的確，我們習慣於以一個空間向度的類比來談論音調的差異——我們談及較高或較低的音符——甚者，我們習慣於以空間的間隔來代表這些差異。如果該類比在某個方向[9]上成立，難道它不會在另一個方向[10]上也成立嗎？假設我們想像我們所考慮的純粹聽覺性經驗有以下的特性：某個具有特殊【75】音色的聲音連續地以固定的音量被聽到了，但它的音調變化著。這個聲音在連續性上是很獨特的。我們也許可以稱之為主音（master-sound）。它

8　譯者注：音量就是我們常說的大小聲，是由波的振幅大小決定的，振幅大，聲音就大聲；振幅小，聲音就小聲。音調就是我們常說的高低音，是由波的頻率大小決定的，頻率大，表示物體振動速度快，聲音就高；頻率小，表示物體振動速度慢，聲音就低。音色通常又叫做音品，是由波形所決定的。我們判定某個聲音是由某個人或某種樂器所發出來的，就是依據音品的不同來判斷的。每個人或每種樂器之所以會有不同的音品，是因為人或樂器在發出同樣一個音調與音量的音時，並非只有一個單一主要的頻率，而同時會有很多附帶的頻率發出，所以雖然單一主要的頻率相同，但附帶的頻率及其音量並不相同，而造成了我們聽起來的不同。

9　譯者注：指的是高低這個方向。

10　譯者注：指的是遠近這個方向。

或許可以比擬於我們有時聽廣播節目時，從一個需要修理的無線機組內所發出的、持續而又有著音調變化的哨聲。除了這一個主音之外，其他一些具有不同複雜度的聲音或聲音序列也都被聽到了。我們可以假設這些聲音當中的一些序列具有音樂曲子所具有的那種統一性。它們一再出現而且被認出來。它們是高度複雜的共相，具有特殊的例子。你可以想像該主音音調範圍內的轉高和轉低有時發生得相當快；其他的時候，該主音的音調則在相當長的時間內保持不變。最後，你可以想像該主音音調的變化是與其他被聽到的聲音內的變化相關聯著，而其關聯的方式非常相似於這樣的關聯方式：一個無線機組調頻鈕位置的變化與一個人從該無線機組所聽到的聲音的變化所關聯的方式。因此，假設某個我所提到的統一的聲音序列的特殊例子被聽到了。主音音調的逐漸改變會伴隨著問題中該統一聲音序列的音量的逐漸減弱，或逐漸增強後逐漸減弱，直至它聽不到了為止。如果該主音音調的逐漸改變是在同一個方向上持續著，那麼，一個不同的統一的聲音序列就會被聽到，並且逐漸的增高音量。如果該方向倒過來，那麼，整個伴隨的過程也會跟著倒過來。此處，可以比擬的是：逐漸地轉鈕調出一個電台頻道、然後轉入另一個電台頻道的過程；對於倒轉的過程，則可以用再一次轉回電台頻道的過程來比較。當然，我們有的只是該主音音調的逐漸改變，而非調頻鈕的逐漸轉台。自另一方面來說，如果該主音音調改變得非常的快，該變化所伴隨的，就會像是一個人高速扭轉調頻鈕所得到的那種不和諧的連續聲音。而如果該主音的音調保持不變，那麼，一個可以認出來的、統一的聲音序列就會適當地完成它自己，然後另一個這樣的聲音序列則接著開始。

在這些情形下，一個人可能會覺得，該類比會是夠【76】接近了，以至於足以產生一個允許可再被辨識的殊相的聲音世界的圖像。在任何時候，該主音的音調會決定出「位置」在該聲音世界和在該時刻中的聽覺性類比項。於是，該聲音世界被想像為在任何時刻都包括了許多未被聽到、但卻是一個人在該時刻所在的位置之外可以聽得到的殊相。在下述的（a）和（b）這兩種情況之間，也有著一個清楚的區分：（a）聽到某個**特殊的**、統一的聲音序列的一個稍後部分，而且該系列稍前的部分已經被聽到了，和（b）更一般性的、僅僅聽到同一個**共相的**、統一的聲音序列的一個稍後部分，而且該系列稍前的部分已經被聽到了。舉例來說，假設某個統一的聲音序列——我們可以稱之為M（M是某個共相的名稱）——在該主音的某個特定音調層次上被聽見了，比方說層次L。然後，假設該主音在音調上相當快速地從階層L轉到L'再轉回來；然後，M又再一次地被聽到了，但有幾個小節被錯過了。那麼，現在被聽到的聲音是被再度辨識為M的同一個特殊的例子。如果在同一段間內，該主音並未從L改變到L'然後再改變回L，而是從L改變到L''，那麼，即使M也許會被再一次地聽到，而其中的幾個小節被錯過，但現在被聽到的和之前所聽到的卻不是M的同一個特殊的例子，而是兩個不同的例子。再一次地，該無線機組提供了簡單的比較：一個人可以從一個電台轉出然後再轉回該電台，而同一首曲子仍然被演奏著；或者，一個人可以轉到一個不同的電台，而在該台中，同一首曲子被一個不同的管弦樂團同時地演奏著。

雖然該類比及其所產生的、允許有可再被辨識殊相的概念架構可能有相當的說服力和相當的吸引力，但它當然不具有強制力。我們可以採取一個不同的描述架構，而該架構允許有可再被辨識的共相，但卻不允許有可再被辨識的殊相。我們不能夠一致地作的事情是：表面上去接受一個允許聲音殊相的可再被辨識性的架構，然後說殊相的同一性當然總是有疑問的，說殊相的同一性不可能會有**確定性**（certainty）【77】。這將會是有關聲音殊相同一性的哲學懷疑論立場，而最終則會是有關於該聲音世界的獨立真實性的懷疑論立場。它將會涉及到我早先評論過的那種不一致——同時接受而又拒絕某種對於實在界的概念架構。或者，它可以被推測是在混淆地提倡某個不同的架構：在此情形下，該架構是某種不允許殊相再被辨識的架構；或者，它是在設想某種比我已經描述過的標準還要嚴格和複雜的再被識別標準的架構。

讓我們暫停一會兒，以便於比較聽覺世界和日常世界的情形。當描述一個允許聲音殊相在聽覺世界中可以再被識別的一個可能架構時，顯然我所描述的架構是一個允許它們再被辨識、但卻無需任何一種對它們之外的任何其他類型殊相的指稱的架構；因為，並沒有任何其他種類的殊相進入到我們的考慮中。在聽覺世界和在日常世界中都一樣，殊相再被識別的可能性依賴於某個向度的觀念：在該向度中，未被知覺到的殊相也許有個住所是它們被認為占據著的住所。但是，對日常的世界來說，「有個住所」這個詞只是一個比喻，而「占據」這個詞則一點也不是比喻。因為，嚴格地說，在我們日常世界中的那個「向度」是三向度的空間。現在，對於**任何的**概念架構來說，這個向度的一般性特性決定了以下這些殊相的種類：能夠無需依賴對其他類型殊相的指稱而被再辨識的殊相。所以，在我們實際的架構中，能夠如此獨立地再被辨識的殊相一定至少是在本有上空間性的事物以及空間的占據者；而聲音殊相由於不具備這個特性，因而並非可以獨立地再被辨識。但是，在我們現在所考慮的想像架構中，問題中的向度是以純粹聽覺性的現象變化來加以補充的。那一個向度是——

這麼說吧——該主音的音調範圍。所以，在這個架構中，獨立地可再被辨識的殊相也許本身就是純粹聽覺性的。

回到距離的聽覺性類比，我們想藉此【78】試著去允許一個提供了可再被辨識殊相的概念架構。我說過，該類比可能會相當地有說服力，但它並非強制性的。有些人或許會發現它並不比其他的類比有說服力。我能夠想像某個一點也不覺得它有說服力的人會像這樣論證：你已經提到了聲音能夠有變化的三個典型類型，亦即，音量、音調和音色，而且試著去讓它們——特別是音調——在它們當中產生空間距離的類比項。該建構當中一個相當重要的成分是該主音的設計；不管該建構成就了些什麼，它們都是藉著這個把戲的幫助來完成的。如果我們現在比較聲音和顏色——本有上是空間性的事物——我們就會看出這個類比其實有多薄弱。因為，顏色就像聲音一樣，展現了三種變化的特徵模式——明亮度（brightness）、飽和度（saturation）和色澤（hue）——其中的前兩個就像音調和音量一樣，允許程度上的序列性排序，而其第三個則或許像音色一樣並不允許這樣的排序。在視覺景象的情形中，我們也許會被呈現一些色塊，而這些色塊之間同時展現了所有這三種變化；而到目前為止，這**是**一個對聲音的類比。但是，當我們被呈現這樣的一個景象時，我們也被呈現了、而且必然被呈現了某個同時展現了一個進一步的、有關於它各部分的排序原則的事物。假設我們將該景象分解成它齊一的（uniform）成員，亦即，分解成這樣的成員：其中，沒有任何一個在任何時刻展現出變化，但每一個都有一定的色澤、明亮和飽和度。那麼，這些同時被呈現的成員，除了在這三方面會彼此相關之外，還會同時在另一方面被呈現為是相關的：亦即，那個會引導我們去將其一刻畫為在另一個**之上**，或**之下**，或**之左**，或**之**

右的方面；或者，如果在現象的層次上使用這些字眼有困難時，那個無論如何都會引導我們去將其一刻畫為在某個方向上比另一個更遠於第三個這類的方面。重點是，這些成員之間在空間面向上的關係是同時被呈現的，一次統統被呈現——我們不需要變動中的主色塊（master-patch）來給我們這個向度的觀念。但在空間面向的聽覺類比項中，成員之間的關係則不能夠同時、一次地全部被呈現【79】。他們在本質上依賴於變化。粗略地說，兩個視覺的元素能夠一次被看到是彼此之間有著一定的視覺距離；但兩個聽覺的元素卻不能夠一次被聽到是彼此之間有著一定的聽覺距離。或者，換一種方式來說：視覺景象中色塊的瞬間狀態，在視覺上展現了彼此之間在某時刻的空間關係；但聽覺景象中聲音區塊的瞬間狀態，在聽覺上則不展現出彼此之間在某時刻在空間關係的聽覺類比項上的關係。只有當該主音的音調在時間中發生變化而提高或降低時（而非在它們的瞬間狀態），那些特殊的聲音才能夠展現出這樣的關係。但「被知覺到和未被知覺到的殊相同時存在」的觀念當然是和下面這個「同時呈現的成員」的觀念相關的：這些成員各自具有一定的特性，而除了在那些源自於各自確定的特性的關係之外，還同時展現了某個關係的系統。當然，前一個觀念必然是後一個觀念的延伸，它只是將這樣一個關係系統的想法延伸到觀察的限制之外而已。以上是該反對者可能會作出的論證。（當他這樣論證時，我想，至少在最後一個句子中，他會是弄巧成拙了。因為，對於他這樣一個「關係系統的想法的延伸」的理論來說，他忽略了該景象和該觀察者相對於彼此的運動概念的重要性，並因而忽略了變化的重要性。但他可以這樣說來回答這個論點：他只是陳述了一個對這種延伸來說必要但非充分的條件。）如果該反對者這樣論證，在某個意義下我們將無法答覆他的反對。換句話說，雖然我們可以將我們聽覺世界的圖像在許多方面弄得更複雜些，我們卻不能夠一方面保持它是個聽覺的圖像，另一方面卻將他似乎堅持的特色——亦即，那個他似乎認為是能夠使他滿意地說某個空間類比項「夠接近」的條件——容納進該圖像中。的確，除了空間關係的系統之外，而且可能除了在視覺上知覺到的空間關係之外，沒有什麼我們擬想的事物**會**滿足這個條件。如果這是事實，那麼，該反對者不僅是在批評我們尋找類比的方法而已，而且是在反對任何這種類比的整個想法。如果這個批評的基礎是：在知覺的空間世界和該聽覺的世界之間，就是不存在著任何值得考慮的形式類比項，那麼，這個批評或許會是一個合理的批評【80】。但是，這個觀點會是一個簡單為假的觀點。我們應該在此記得的，不只是隱含在日常有關聲音的言談中的空間類比項，還包括當音樂評論家和雕塑藝術評論家在應用各自所使用的語彙去討論他們所批評的作品時所具有的持續、但絕非不理性的傾向。

因此，該類比必然有的不完整性並非一個決定性的反駁。但仍然有一個懷疑是對於「在此，我們有了一個對『未被知覺到的、並因而是可再被辨識的殊相』的觀念的可能重新解釋」這個說法的**意義**的懷疑。是否是一個可能的重新解釋這件事，其測試標準為何？除了我們發現它很令人滿意之外，我不認為還有任何什麼測試可言。一個人當然能夠藉著指出該類比成立或不成立的面向去影響我們是否會發現它令人滿意——並因而能夠建議一些改進。但他所能作的僅止於此。

然而，在該純粹的聽覺世界中，我們是否可以給「可再被辨識殊相」的概念一個容身之處的問題，並不是我們唯一設定給自己的問題。還有一個問題是：在這樣的世界中，一個非獨我意識的條件是否能夠被滿足。對第一個問題的肯定答覆似乎至少是對第二個問題肯定答覆的一個必要條件。它是否也是一個充分條件的問題，則是一個我無法決定的問題。它是一個充分條件這件事，或許看起來很明顯。因為，「可再被辨識殊相的概念」被認為是蘊涵了「當殊相未被觀察時仍然存在」的概念，並因而蘊涵了介於被觀察和未被觀察之間的區分，或至少蘊涵了某種密切類比的區分。但是，怎麼可能存在著這個區分，卻沒有某個觀察者的觀念呢？因此，擁有該聽覺經驗的生物怎麼可能去使用任何這樣的區分，但卻沒有**他自己**作為一個觀察者的觀念呢？甚者，當我們準備去建構我們空間的聽覺類比項時，我們說日常的觀察者們認為**他們自己**在不同的時間處於不同的位置上。難道擁有純粹聽覺經驗的生物不會同樣認為**他自己**是「處於」聽覺空間中的不同位置上嗎【81】？這個推理是吸引人的[11]。但由於我們在此整個思辨的目標就是去將最大的壓力放在通常認為的概念連結上，因此，如果我們能夠的話，那麼，去抗拒這個吸引人的推理乃是與我們一般性的計畫相協調的。我認為我們能夠抗拒它。問題主要在於：是否一個在其他方面平行於日常「被觀察到的—未被觀察到的區分」的區分能夠被劃出來，但卻不需要任何像我們平常用第一人稱代名詞和相關形式的字詞所表達的觀念呢？為什麼不能呢？讓我們考慮回答這種問題的一個可能技術。讓我們要想像自己——我們的日常自己——能夠使用所有我們日常所擁有的概念

---

11 這讓我們回想起康德對統覺（apperception）的分析統一性（analytic unity）的理論，關於「我思」伴隨著所有「我的」知覺的理論。但康德是非常小心地去淨空這個「我」的指稱力量或辨識力量。他也可以將它略去不談，或者用一個無人稱的「它被思考為」（it is thought）去取代它。詳見第三章，頁【102】-【103】。

性和語言性的工具，並且正在撰寫有關於我們經驗中一個特殊部分的報告。該部分也就是我們已經給出的、有關於該純粹聽覺世界的描述所定義的部分。但是，當我們撰寫報告時，我們必須遵從一個重要的規定。該規定是：在撰寫我們的報告時，我們不可以使用任何其功能是從下述事實衍生而來的概念：我們經驗中這個特別的部分實際上是與我們的經驗充分整合的，它形成了一個較大整體的一部分。所有我們使用的概念或表達式，都必須在問題中的該部分經驗**當中**找到它們的證成。它們必須全部都是這樣的概念或表達式：我們發現使用它們是必要的，或者，為了要對我們經驗這個部分的內部特色作出合宜的描述，它們只是方便的說法。舉例來說，假設該純粹聽覺世界的描述是如我們到目前為止所給出的，那麼，如果在撰寫我們的報告時，我們寫下「我在L上聽到M在N之後」這個句子（就這個例子來說，「M」和「N」是不是共相的名稱是無關緊要的），那麼，我們就應該算是打破了這個重要的規定。「聽到」這個動詞是一個我們不能使用的表達式。由於對問題中的討論論域（universe of discourse）[12]所作的描述指定說，它除了聲音之外並不包含任何感官的項目，因此，這個動詞是多餘的。而針對到目前為止所給出的描述來說，該人稱代名詞似乎同樣是多餘的。該報告中的那一個句子應該被簡單寫成：「M在L上被觀察為在N之後【82】」。這也就是說，對目前所給出的對該論域的描述來說，如果我們遵循該規定，那

12 譯者注：所謂討論論域，指的是在一個討論中量化詞「所有的事物」所涉及的範圍。在純粹聽覺性的世界中，「所有的事物」都是聽覺性的，因此「聽到」一詞在描述其中的任何現象上都非必要，因而，「我在L上聽到M在N之後」違反了上述的規定。

麼，我們似乎不需要使用任何自己和非自己之間的區分。

看起來，我們似乎應該以下述的方式去修正該描述，並因而引入對這個區分的需求。到目前為止，我們一直假設著，該主音在其範圍內的升降就只是發生了而已。我們並沒有引介任何介於移動（moving）和被移動（being moved）之間的區分。假設我們引介了這樣的一個區分。換句話說，假設那一個其經驗是純粹聽覺性的生物有時改變了位置——該改變就只是發生了而已——而有時他則發動了這樣的改變。（如果任何人問說，這要如何藉著在一個聽覺音階上的移動來理解呢？我會請他想想這個區分：他預期他將會作什麼事情的方式，和他預期什麼事將會發生在他身上的方式之間的差異——這些會是它對於這兩件事所具有的**知識**種類上的差異。）事情看起來似乎是，將這個區分——大致地說，使之發生的改變和僅僅只是發生的改變之間的區分——引介到我們的論域中，會必然地一併引入「實現所考慮的改變」（bring about the deliberate changes）的觀念、並因而引入了介於自己和非自己之間的區分的觀念。當然，一個人可能會以類似洛克（Locke-like）的話而去說，「把自己當作是行動者（agent）」的觀念乃是自我觀念當中一個重要的部分。的確，我認為它真的是一個重要的部分，而且或許是一個必要的部分。但是，對該想像的論域所建議的修正，可能仍不足以產生問題中的區分。假設我們的「報告」必須同時兼顧未來、現在和過去。那麼，在對該修正後的論域進行寫報告的遊戲時，我們將會需要某種方法去區分——用我們日常的概念工具來說——一邊是我們可以稱之為是有意圖的宣告、另一邊則是預測。但這個區分可以不使用第一人稱而被非常妥善地劃分出來。也許我們將需要對聲音作出某種類似於某種文法上的區分（這樣的一個移動將會發生；這樣的一個移動將會被執行）。但到目前為止，還沒有任何理由說，我們應該也要允許人稱上的文法區分。我們需要去區別由行動者所導致的，和不是由行動者所導致的事情【83】。但我們不需要在行動者間作出區分。同樣的說法適用於適當的報告上，亦即，那些指稱現在和過去的報告。對於這種報告來說，科學論文的無人稱形式將會是完全恰當的，其中，介於**被作出的**和被發現發生的事情之間的區分還是被劃分出來了。更準確地說，在該報告的語言中，我們將不需要介於人稱的和無人稱的形式之間的區分。

因此，在建議的測試下，如果這個對純粹聽覺世界的修正仍不足以產生一個非獨我意識的條件，那麼，還有什麼進一步的或其他的修正會是我們需要去作的呢？的確，有任何的修正會是足夠的嗎？這些問題開始呼應了許多其他在哲學中、在某些方面與獨我論問題有關的問題。試想一下「我們自己」這個日常概念，以及我們談論自己的方式的種類。我們不僅將我們對於異己的事物的感官知覺、行動和意圖歸屬給自己。我們也將我們實際概念架構中我們與其他基本殊相所共同擁有的物理特性歸屬給自己；換句話說，我們具有物質性的身體。我們將思想和感覺、痛苦和快樂歸屬給自己，我們也將它們歸屬給其他人；而且我們認為自己和其他人之間有著交往，會影響他們並且被他們影響。不太明顯的是，這些特色中的哪一些對於一個非獨我意識架構來說是必要的，因而哪一些是我們必須試著去在聽覺世界中以刻意限制的感官性語詞去複製或發現的類比項。我們是否能夠複製所有這些特色，但卻不將感官經驗的範圍延伸到聽覺之外？看起來似乎機會不大，但它或許不是不可能。舉例來說，我們可以假設，該聽覺世界中的居民不只能夠在該主音音調範圍上去發動動作，而且能夠去發動一些與那些不是它所發動的聲音有著不同特性的聲音——這麼說吧，我們賦予他一個嗓子。配備給他一個持續的、聲音性的身體的問題，也許能夠藉著主音本身來解決。它對他來說是一直都聽得到的，而我們可以假設說，該聽覺世界中的每一個居民都有一個不同音色的主音，【84】但是沒有人聽得到另一個人的主音，除非當後者和他自己的主音是在同一個音調層次上，或幾乎在同一個音調層次上的時候。兩個聽話者因而是在同一個聽覺的位置上。但我們似乎仍然沒有達到所要的；而如果我們以單一一個這種生物的聽覺經驗去重新想一下這個描述，這件事就很明顯了。當引介不同的「嗓子」時，我們所引介的乃是不同組的聽覺項目，對這些項目，我們可以假設說，（a）它們就像是單一一個這種生物以一般的方式所發出的聲音；（b）它們不像是其他那些不是由他所發出的聲音；（c）每一個這樣的聲音組和其他的聲音組在重要特徵上並不相同；（d）每一個特徵上不同的組都恆常地與某個聲音聯繫著，該聲音概括地說來像是他自已的主音，而且從來不曾被他在任何時間、在某個與他自已主音不同的或非常不同的音調上聽到過。進一步的、最有利的方向也許是去同時假設說：（a）在那些不是由某個特殊生物所發出的聲音當中，那些像他所發出的聲音的聲音，也許會以某些標準的方式被他所發出的聲音間接影響著；以及（b）有著這種特性[13]的聲音傾向於刺激出（提供「理由」或「動機」給）在位置上，或聲音—發動上所發動的改變。這似乎開啟了一扇門給類似於溝通的東西。我們甚至可以進一步去假設說，發動動作的能力對該單一生物來說是一個發展的、而不是原來就有的能力，並且實際上是跟隨在一段對另一個主音的從屬時期之後。顯然，在作出這樣的假

13　譯者注：指的是前述（a）中「能夠影響其他聲音」這個特性。

設時，一個人會是在試著去製造出盡可能近似於實際人類狀況的類比項。但這樣的一個想像，除了在闡述上令人覺得冗長生厭之外，也非常困難。因為，哪些一般性的特色是我們應該試著去複製的，以及為什麼等等，都太不清楚了。在這一點上，放棄該聲音世界、並且面對獨我論所提出的、與日常世界密切有關的問題，也許會好些。這個任務將是我們下一章的主題。

在完全離開聽覺世界之前，我應該考慮一個對本章整個程序的可能反對。我提出了一個問題，亦即，是否我們能夠讓自己理解下面這一個觀念：一個提供了客觀殊相【85】、但在殊相識別上物質性物體不是基本殊相的概念架構；而我選擇了該聽覺世界的模型，作為完全缺乏物體的一個模型。我宣稱說，這樣一個架構的某些條件能夠被該模型所實現；但結論說，為了要讓我們滿意地說它們都會被實現，我們還必須以可以使用的、受限制的感官性語詞去複製更多的、實際人類情境中的一般特色。在仔細說明一個純粹聽覺經驗模型的中間階段中，我說它滿足了這樣一個概念架構的條件：該架構包含了我們自己的架構中如此這般的特色、但排除了如此這般的其他特色。但我有什麼權利去假設這些經驗類型和這類架構的可能性呢？尤其是，我有什麼權利去假設說，能夠有諸如獨我意識這樣的事物呢？

該反對是一個我希望我已經預期到的反對。我並沒有作出這裡所質疑的假定。我真正關心的是我們自己的架構，而本章的模型並非為了下面這一個目的所建構的：臆測在某些相當遙遠的偶然性上什麼事情會真正發生。它們的目標是不同的。它們是為了要測試和強化我們對自己的概念結構的反省性理解所作出的模型。因此我們可以**假設**（suppose）如此這般的條件；我們可以討論說，它們能夠被我們看作是創造了什麼樣的概念可能性和要求；我們可以論證說，作為我們所具有的這種概念架構的條件來說，它們在如此這般的方面是不足的。在所有的這些方面，我們並不比一個在推論上更為嚴格的領域中假設了某些自我矛盾的事物、然後從此有效地去推論的人，更需要去宣稱說我們假設了真正的可能性。實際上，如果我們希望的話，我們可以認為每一個論證片段的前面都有一個省略的假設子句，該子句的字句是：「如果這樣的一個生物，或這樣的一種經驗類型是可能的，那麼……。」【86】

三
個人

[1] 我們每個人都一方面區別他自己和他自己的狀態，另一方面則區別不是他自己或他自己狀態的事物。我們作出這個區分的條件是什麼？它們如何被實現？我們以何種方式作出該區分？而我們實際上以這一種方式區分它們的原因為何？將這組問題叫做獨我論（solipsism）的問題，或許看似一個命名上的錯誤。但我在使用該名稱時卻絲毫沒有惶惑不安：因為，如同我們將會見到的，習慣上具有該名稱的問題，其實一點也不是一個真正的問題。

在討論這個主題時，殊相識別的觀念再度是一個重要的觀念：主要是在思想，或觀察上將某個殊相與其他殊相區分開的意義上，但同時也是在最早的說話者—聽話者意涵上。

讓我們回憶一下導致這個獨我論問題的一些步驟。我已經論證說，在我們實際的概念架構中，物質性的物體（以該詞最廣泛意義下的）是基本的殊相：換句話說，除了它們自己的類型或範疇之外，它們能夠不訴諸於其他類型或範疇的殊相而被辨識及再被辨識，而其他範疇殊相的識別及再識別則最終奠基在對物質性物體的識別之上。然後我詢問說，我們是否能夠讓自己理解下面這樣的一個概念架構：它提供一個系統給客觀的殊相，但物質性物體卻不是其中基本的事物。這導致我們去建構一個無空間世界的模型，其中所有的感官項目都是聽覺的，但利用空間距離觀念在某些聽覺上的類比項，我們似乎的確可能在其中發現一個位置給可再被識別的殊相的觀念。然而，我們要求的【87】乃是這樣的一個架構：在其中，一個介於自己和非自己的事物的區分被作了出來。雖然這個區分的條件似乎有可能在這樣一個世界中被實現，但不明顯的是它們會**如何**被實現。行動者觀念——介於深思熟慮而發動的改變和那些只是發生的改變之間的區分——的引入似乎並不適合去驅策出這個重要的區分；而我們最後一個企圖在該聽覺世界中製造出一個非獨我意識的條件的嘗試，則似乎不過是在試圖使用非常限制性的感官性語詞，以便於不加分辨地複製出我們人類日常經驗中的特色。所以，為了要試圖去弄得更清楚這些一般性的條件為何，我們似乎最好還是先去探索：在人類日常的經驗中，它們實際上是如何被實現的？

雖然我想以跟我們人類日常經驗有關的方式去問這個問題，但將那一個純粹聽覺世界的圖像——那個比我們實際上有的經驗來得限制得多的經驗的圖像——放在我們的心目當中，仍有其一定的好處。因為，它或許能替我們削尖我們所關切的問題；它或許有助於我們對我們實際所作的事給予一個持續的奇異感；而我們想要保持這個奇異感的鮮活，以便於讓我們看出我們真正面對了它和移除了它，而非失去它或壓抑了它。它以此種方式幫助著。我們畫了一個純粹聽覺經驗的圖像，並且將它闡釋到這樣的一個地步：具有這樣經驗的生物——如果可能有任何這樣的生物的話——似乎能夠認出聲音共相和再辨識聲音殊相，並且能夠概括性地對他自己形成他的聽覺世界的觀念；但他似乎仍然沒有留下位置給「作為此經驗主體的他自己」這一觀念，仍然沒有作出介於他的世界中的一個特殊項目（亦即他自己）和其中其他項目之間的區分。提議說他能夠將自己區別是其聽覺世界中所有項目當中的一個，亦即，是一個聲音或一序列的聲音，這樣的提議難道不會是非常奇怪的嗎？因為，這樣的一個事物——一個聲音——如何能夠同時**擁有**所有這些經驗呢？但要想擁有他自己的觀念，難道他不需要擁有「經驗主體」的觀念、擁有「這些經驗的擁有者」的觀念嗎？所以，似乎【88】現在開始看起來，他應該擁有「他自己」這個觀念這件事似乎是不可能的——或者至少不可能有「他自己」的正確觀念。因為，為了要擁有該觀念，該觀念似乎必須是他對之有經驗的某個特殊事物的觀念，而且是對比於其他他對之有經驗、但卻不是他自己的事物的觀念。但是，如果該觀念只是他對之有觀念的經驗**之內**的某個項目，那麼，它如何可能是**擁有**所有他的經驗的事物的觀念呢？而現在我們似乎面臨著某種完全一般性的問題，該問題同時適用於日常的和該聽覺的世界上。似乎，對於日常的世界來說，它一定是能夠解決的。

讓我們現在思考一下我們日常談及自己的一些方式，思考一下我們日常歸屬給自己的一些事物。它們有許多種。我們歸屬給自己的事物有**行動**（actions）和**意圖**（intentions）（我現在正在作、曾經作過、將會作這個）、**感官知覺**（sensations）（我有點熱、在痛苦中）、**思考**（thoughts）和**感覺**（feelings）（我想、懷疑、要這個、生氣、失望、滿意）、**知覺**（perceptions）和**記憶**（memories）（我看到這個、聽到另一個、記得那個）。我們在兩種意義下將位態（position）[1]歸屬給自己：**位置**（location）（我在

1　譯者注："position"和"location"一般都譯作「位置」，但如此譯法無法顯現史陶生對它們的不同用法。我把"location"一字仍譯作「位置」。由於史陶生認

沙發上）和**姿態**（attitude）（我正躺著）。當然，我們不只將這些暫時性的情況、狀態和情境歸屬給自己，還將相對持久的特徵——包括諸如高度、顏色、形狀和重量等的物理特徵——歸屬給自己。換句話說，在我們歸屬給自己的事情當中，有一類的事情是我們也歸屬給物質性物體的；而我們歸屬給自己的其他事情，我們則作夢也不會想去將它們歸屬給物質性物體。我們將歸屬給自己的特殊高度、顏色、物理位置等同樣歸屬給**其他事物**，這個事實似乎沒有什麼需要解釋的地方；因為我們稱為是「自己的身體」的東西至少是一個物體、一個物質性的事物。它能夠從其他事物中被檢選出來，以日常物理的標準加以辨識，並且以日常的物理語詞加以描述。但只要我們到目前為止仍然保持著不可避免的奇異感，那麼，下面這件事就似乎能夠、而且必定需要加以解釋：一個人的意識狀態、一個人的思想和感官知覺等，和這些物理特徵、這個物理情境一起被歸屬於**同一個事物**。換句話說，我們不僅有這一個問題：【89】**為何一個人的意識狀態會被歸屬給任何的事物呢？**我們還有這一個問題：**為什麼它們會和某些肉體的特性、某些物理特性等一起被歸屬給同一個事物呢？**我們並沒有假設說，對這些問題的答案是彼此獨立的。

［2］有人可能會真的認為，對這兩個問題的同一個答案能夠在「每個人的身體在他的經驗——尤其是他的知覺經驗——中的獨特角色」中找到。所有關心這些問題的哲學家都提到這個角色的獨特性。笛卡兒相當清楚其獨特性：「我並非像一艘船艦中的

為“position”包括“location”（**位**置）和“attitude”（姿**態**）兩者，在想不到對“position”一字的更好譯法下，我將之勉強譯為「位態」。幸運的是，這些概念在以下的討論中並不重要。

駕駛般被安放在我的身體中。」這個獨特性究竟何在？當然它在於許多事情上。我們只需想想一個人的**知覺經驗**的特性是如何地依賴於有關於他身體的一些方式就可以了。讓我們考慮他的視覺經驗。該依賴性比乍看之下明顯的依賴性更為複雜，也更為多方面。首先，有一組經驗事實是這樣的：其中最明顯的是，如果那個身體的眼皮閉起來了，那麼，那一個人就看不到東西了。眼科醫生所知道的事實都屬於這一組。其次，有一個事實是這樣的：在任何時刻什麼東西在他的視覺範圍內這件事，部分依賴於其眼睛的**方位**（orientation），亦即依賴於他的頭轉動的方向，以及他的眼球在其眼眶中的**方位**而定。第三，有一個事實是這樣的：**他看出去的地方**（where he sees from）——或者，在任何時刻他的可能視界——依賴於其身體的位置，特別是他的頭坐落的位置。我之所以將這些事實區分為三組，那是因為我想要強調說，「視覺經驗在這三方面都依賴於某個或某些與身體有關的事情」並不蘊涵「在每個情況下這些身體都非得是同一個身體不可」。它們是同一個身體這件事，乃是一個偶然的事實。因為去想像下述的情況乃是可能的。有一個視覺經驗的主體S，並且有三個不同的、相關的身體A、B和C。(1)B和C的眼皮是否打開與S是否看見東西在因果上是無關的；S只有在A的眼皮打開時才看得見東西。而如果我們在A的眼睛上動手術，該結果會影響S的視力，但如果我們在B和C的眼睛上動手術，則不會影響S的視力【90】。(2)然而，A和B在何處與S所看出去的地方，亦即他可能的視界為何，是相當無關的。這僅僅由C在何處來決定。只要C是在畫室中而簾子又是放下的，那麼S就只能看到畫室中的東西。（如果讀者對這個「看出去的地方」的觀念難以捕捉，他可以想想當一個人注視著一張照片，敘述當那張照片被拍攝時攝影機所在的位置。S對該世界的觀點正是如此地由C的位置所給予。）但(3)A和C的頭以及眼球轉動的方向與S所看見的東西並無關聯。給定C的位置，那麼，能夠被S從這個位置上所看到的所有的可能的景象，依賴於B的頭和其眼球所轉動的方向，不論B是在哪裡。現在，我已經描述了一個情境，在其中，S的視覺經驗以三種不同的方式依賴於A、B和C個別的狀態或位置。在每一個情形下，該依賴性將會對A、B、C本身如何能夠是S的視覺經驗對象的方式有所衝擊。因此，S也許永遠也不會看到A和B：但如果S的確看到了A或B，他絕不能看到A的眼皮閉起來的樣子，也絕不能看到B的臉，雖然他或許有時能夠「從他的眼角餘光中」（如我們所說的）掌握住B的側影，並且或許會對B的後腦杓的影像變得相當熟悉。每當S「攬鏡自照」時，亦即當他在鏡前有一個直接的觀點時，他將會看到C的頭；但他或許會得到**任何**那個頭的影像，亦即，他不必然會看到那一張臉。當然，我們實際的情境並不是像這個樣子。當然，事實上，對於任何的視覺經驗主體S來說，都剛好只有一個身體，其狀態和位置是他視覺經驗的特性在這三方面都依賴的；而這三重的依賴性對於那個身體本身成為S的視覺經驗對象的方式來說，有其自己熟悉的影響。我們已經注意到這個依賴性的偶然性與複雜性。如果我們轉向聽覺和嗅覺這些其他「遠距的」感官，該依賴性則較為不複雜，因為方位在相對來說是較不重要的。但此處經驗特性對於同一個身體某些器官的位置和狀態的依賴性仍然是存在的【91】。再一次地，這些依賴性能夠被想像為是分離的。舉例來說，我們能夠以下述的方式對於一個聲音被「聽出」（heard from）的點給予一個獨立的定義：一個由某一給定的音源b所製造的聲音a被主體S在P點所**聽出**，如果，假定除了b的移動之外並沒有任何其他的改變發生，那麼，當b在P點時，S聽到a的聲音是比b在其他點的聲音都來得大，而且當b自任何方向遠離P時，S聽到a的音量是穩定地減小。於是，再一次地，我們可以想像聲音被某一特定聽者「所聽出的點」是依賴於某個身體的位置，而該聽者是否能夠聽見任何聲音則依賴於另一個身體的耳朵和耳鼓的狀況等等。對於某一特定的、被賦予觸覺的主體來說，某個身體的特殊位置和他所有的這些經驗之間的關係，是同樣明顯的。當某一特定主體與其他事物有所接觸或正要接觸時，無數的物質性物體能夠被觀察到；但只有一個身體對下述而言為真：當那個身體是「建立接觸」這樣一個情境的一部分時，那麼，該主體會在正常情況下擁有那些當他**感覺到**某些物質性物體時所提及的經驗。只有當該匕首進入**這個**身體，或者當該羽毛輕輕地摩擦**這個**身體時，該主體才**感覺到**該匕首或該羽毛。

這樣的論點舉例說明了：每一個人的身體相對於那個人的知覺經驗來說，是如何地占據了一個特別的地位。我們也許可以如此摘要這些事實：對於每一個人和他的知覺經驗來說，都有一個身體占據一定的**因果**位置；對於他所擁有的每一個不同種類的知覺經驗來說，該因果位置在許多方式上都是獨一無二的；而且——作為一個進一步的結果——這個身體作為他所擁有的、不同種類的經驗知覺的**對象**來說，也是獨一無二的。我們也注意到，該單一身體的這個複雜唯一性似乎是一件偶然的事情，或者說是一群偶然的事情；因為事實似乎是：我們可以想像許多有關於我們知覺經驗如何依賴和獨立於不同身體的事實的奇特組合。

我們之所以提醒自己有關於一個人的身體在他的經驗中所占據的特殊地位【92】，主要是希望它或許能夠幫忙提供某個答案給兩個問題：亦即，(1)為何一個人的意識狀態會被歸屬給任何的事物呢？以及(2)為什麼它們會和某些肉體特性、一些物理情境等一起被歸屬給同一個事物呢？但現在我必須直接地說，對我而言，我所提醒的那些事實本身似乎並不提供任何的答案給我們的問題。當然，這些事實解釋了一些事情。它們提供了一個好的理由去說，為什麼一個經驗的主體應該特別注重某一個身體，為什麼他應該認為它是獨一無二的，而且或許比其他的身體更重要。它們解釋了——如果我被允許這樣說的話——為什麼我感覺到特別地依戀於我事實上稱為「我的身體」的事物；它們甚至能夠被說成是解釋了為什麼——如果我將說某個身體是**我的**身體的話——我應該說**這個**身體是我的。但它們卻一點也沒有解釋為什麼我應該擁有**我自己**這個概念，為什麼我應該將我的思想和經驗歸屬給**任何的事物**。甚者，即使我們滿意於對為什麼一個人的意識狀態、思想、感覺和知覺等要被歸屬給**某個事物**的某種解釋，並且滿意於問題中的事實足以解釋為什麼我們應該將對於某一特別身體的「擁有」歸給**同一個**事物[2]，(亦即，解釋為什麼某個特定的身體應該被說成是與那個事物[3]具有某個特定的關係——被稱為「被擁有」的關係)，但這些問題中的事實仍然未能解釋為什麼我們應該——如同我們實際上所作的——不僅將某些肉體的特性歸屬給那一個與我們歸屬了思想、感覺的事物具有特殊關係的身體，還應該將之歸屬給我們歸屬了那些思想和感覺的事物。因為，我們不但說「我很冷」，我們還說「我是禿頭」，不但說「我看到一隻蜘蛛在天花板上」，還說「我正躺在爐邊地毯上」。扼要地說，問題中的事實解釋了為什麼一個經驗的主體應該從眾

2 譯者注：亦即，前一句話中粗體部分「**某個事物**」所指的那個事物。

3 譯者注：亦即，前一句話中粗體部分「**某個事物**」所指的那個事物。

多身體中檢選出一個來，給它一個或許是光榮的名稱，並且歸屬給它它所擁有的任何特性；但它們卻一點也沒有解釋說，為什麼這些經驗應該被歸屬給任何的主體；而且它們也沒有解釋說，為什麼，如果這些經驗應該被歸屬給某個事物的話，它們（**以及**那些或許能夠真的被歸屬給那個偏愛的身體的肉體特性）應該被歸屬給【93】同一個事物。所以，問題中的事實並沒有解釋我們對「我」這一個字所作出的用法，也沒有解釋任何與那個字擁有相同用法的字。它們並沒有解釋我們所擁有的個人的概念。

［3］對這個論點的一個可能反應是去說：我們所擁有的那一個概念是錯誤的或混淆的，或者，如果我們定下一個規矩不去說我們所擁有的概念是混淆的，不去說我們藉以將（或似乎藉以將）如此不同類的述詞歸屬給同一個東西的用法是混淆的，那麼，我們便說這個用法遮蔽了所涉及的概念的真正本質或諸如此類的事物。這個反應可以在有關於這些事情的、非常重要的兩類觀點中找到。第一類的觀點是笛卡兒式（Cartesian）的觀點，屬於笛卡兒本身和那些想法像他的人。對於第二類觀點的歸屬，我比較猶豫些；但有些證據顯示，它是維根斯坦（Wittgenstein）在某時期所採取的觀點，而且可能是史力克（Schlick）所採取的觀點。在這兩類觀點中，我們所考慮的問題之一——亦即，「為什麼我們會將我們的意識狀態和某些肉體特徵等一起歸屬給同一個事物呢？」——乃是一個不會被提出的問題；因為，在這兩類的觀點下，「這兩類述詞同樣適合用來歸屬給同一個事物，或這兩類述詞具有共同的擁有者或主詞」這個想法，乃是一個幻象。在這些觀點的第二種當中，我們所考慮的另一個問題——亦即，「為什麼我們會將意識狀態歸屬給任何的事物呢？」——同樣是一個不會被提出的問題；因為，在這類觀點下，「一個人會將他的

意識狀態歸屬給任何事物，或有任何主體是這些表面上歸屬的適當主體，或意識狀態屬於任何事物或者是任何事物的狀態」這些想法，都只是一個語言上的幻象。

笛卡兒抱持這些觀點中的第一種這件事，是一件眾所周知的事[4]。當我們談及一個個人時，我們其實是在指稱兩個不同實體當中的一個或兩者，這兩個實體屬於不同的類型，各自有其不同的狀態和性質；而沒有任何一個實體的性質或狀態可以是另一個實體的性質或狀態。意識狀態屬於這些實體當中的一類，但不屬於另一類。眼前，我將不會再說【94】任何有關於笛卡兒式觀點的事情——我對它必須要說的將會在稍晚時浮現——除了再一次提醒說：雖然它避開了我們問題當中的一個，但它並沒有避開另外一個；實際上它邀請了這樣的問題：「為什麼我們會將一個人的意識狀態**歸屬給任何的**主體呢？」

我將稱這些觀點中的第二類為有關於自我的「無擁有者」（no-ownership）或「無主體」（no-subject）理論。不論是否有任何人曾經明白地主張過這個觀點，它的大要仍然值得建構或重新建構[5]。因為它所落入的錯誤有相當的啟發性。「無擁有者」理論

---

4 或至少廣泛地被知道，以至於足以在假設上證成我們稱呼它為「笛卡兒式的觀點」。

5 維根斯坦在某一時期主張這樣一個觀點的證據，可以在莫爾（Moore）在《心靈》的「維根斯坦1930-1933的演講」一文中找到。（《心靈》，64卷，頁13-14。）他被報導說是去主張：「我」的用法在「我牙痛」或「我看到一個紅色的區塊」中，和它在「我有一顆壞的牙齒」或「我有一個火柴盒」中是十分不同的。他認為「我」有兩種用法，在其中之一，「我」可以被「這個身體」所取代。到目前為止，該觀點或許是笛卡兒式的。但他同樣說，在另一個用法中（由「我牙痛」——相對於「我有一顆壞的牙齒」——所例舉），「我」**並不指稱一個擁有者**，而在思考或牙痛時並沒有自我牽涉在其中；而

家也許可以被假定是從這些事實開始他的解釋：這些事實舉例說明了某個物質性身體在一個人的經驗中所占據的獨特因果地位。該理論家堅持說，這個身體的獨特性足以產生這樣的想法：一個人的經驗能夠被歸屬給某個特殊的個別事物，能夠被說成是被那個事物所持有或擁有。他認為，這個想法雖然是錯誤的，並且以「擁有」這個概念來加以表達時是誤導人的，但只要我們認為這個個別的事物、這個經驗的擁有者【95】乃是該身體自己，那麼，這個想法就仍然有一定的效力，有一定的道理。只要我們以這樣的方式去思考，那麼，將某一個特別的意識狀態歸給這個身體，這個個別的事物，至少會是去說某件可能是錯誤的事情；因為，問題中的經驗可能會是因果地依賴於其他身體的狀態；使用該詞目前被允許的意義，雖然是錯誤的意義，我們可以說它可能會「屬於」某個其他個別事物。但現在，該理論家建議說，一個人

且他似乎贊同地引述了李克騰堡（Lichtenberg）的名言：與其說「我思」，我們（或笛卡兒）應該說「有一個思想存在」（亦即，「有思」）。

將這樣的一個觀點歸給史力克必須根據他的文章「意義和檢證」（Meaning and Verification）（參考《哲學分析讀本》[*Readings in Philosophical Analysis*]一書，由菲哥[Feigl]及瑟樂斯[Sellars]所主編）。像維根斯坦一樣，史力克引述了李克騰堡，然後繼續說著：「於是我們了解了，除非我們選擇去稱呼我們的身體為資料[經驗的直接資料]的擁有者或承載者——這似乎是一個相當誤導人的說法——我們必須說該資料並沒有擁有者或承載者。」然而，史力克文章的完整意涵對我來說卻是相當晦澀的，而引述單單一個句子非常可能給我們一個錯誤的印象。我將只說，在建構我假設上的「無主體」理論家的例子時，我是從史力克的文章中抽繹出相關的看法；我將不會宣稱它代表了他的觀點。

如同以下的論證將會顯示的，如果適當地使用的話，李克騰堡的反笛卡兒式名言將會是我所支持的；但該名言似乎只是被多數笛卡兒的批評者所重述，卻未被了解。（我在這並不是指維根斯坦和史力克。）

變得混淆了：一個人從這些字可被允許的意義——在其中，一個人的經驗也許可以被說成是屬於某個特別的事物，或被後者所擁有——滑到這些表達式完全不被允許的、空泛的意義上去，在其中，該特殊的事物不再被認為是一個身體，而是其他的事物，比方說一個自我，其唯一的功能就在於提供一個經驗的擁有者。假設我們稱呼第一類型的擁有——它實際上是某種的因果依賴性——為「擁有1」，而稱呼第二類型的擁有為「擁有2」；而且稱呼第一類型的個體為「B」，稱呼該假設中的第二類型個體為「E」。那麼，這之間的差異是這樣的：**所有我的經驗被B所擁有**1是一個純正的偶然的事情，但**所有我的經驗被E所擁有**2卻看起來像是一個必然的真理。然而，對於E的信念和對於「擁有2」的信念乃是一個幻象。只有那些其所有權在邏輯上可被轉移的事物才能夠被擁有[6]。所以，經驗並不被任何事物所擁有，除非「擁有」的意思是這個可疑的意思：它們在因果上依賴於某個特殊身體的狀態；這至少是與某個事物之間的真正關係，因為它們可能與另外一個事物有著該關係。由於E的整個功能就在於去擁有——「在邏輯上不可轉移」意義下的擁有——經驗，並且由於經驗在這個意義下並不被任何的事物所擁有——因為「擁有」並沒有這樣的意義——E因而必須從整個的圖像中排除出去。它之所以進入該圖像只是因為一個混淆的緣故。

我想，事情一定很清楚了：這個對於事情的說明雖然包含了若干真理，卻是不融貫的。它之所以是不融貫的，那是因為，抱持它的人在呈現他所否定的情況時，會被迫去使用他所否認存在

6　譯者注：請讀者注意，「只有那些其所有權在邏輯上可被轉移的事物才能夠被擁有」並不是史陶生的看法，而是無擁有者理論家的看法。

的、「擁有」的那個意義。當他試著去陳述該偶然的事實、那一個他認為產生了「自我」幻象的事實時，他必須要以某個這樣的形式去陳述它：「所有**我的**經驗被身體B所擁有1」（亦即，獨一無二地依賴於【96】身體B的狀態）。對於任何排除「我的」一詞或任何具有所有格力量的類似表達式的企圖來說，這樣的企圖都會產生某個完全不是偶然事實的事物。舉例來說，**所有的**經驗都是因果地依賴於某個單一身體B的狀態這個命題，就只是假的命題而已。該理論家想要說「所有**被某個人所擁有的**經驗都是偶然地如此依賴於他的身體」，但他卻不能一致地去論證說，「所有P這個人的經驗」和「所有偶然地依賴於某個身體B的經驗」**有著相同的意義**；因為如此一來，他的命題就不會如他的理論所要求的是偶然命題，而會是分析命題。他一定意圖去提及某一集的經驗，其成員在事實上都是偶然地依賴於身體B。這個集合的界定特徵事實上是：它們都是「**我的**經驗」或「某個人的經驗」，其中被「我的」或「的」這些詞所表達的擁有觀念，乃是他對之表示懷疑的觀念。

當問題是「是否要去否認初步看來似乎是如此的事情」時，這個內部的不一致性乃是一件嚴重的事；這些初步看來似乎是如此的事情乃是：一個人的確由衷地將他的意識狀態歸屬給某個事物（亦即他自己），而這種歸屬正是這樣的理論家認為不滿意的；亦即，似乎沒有道理去建議說——舉例來說——同一個痛在事實上既是某個人自己的痛，又可能是另外一個人的痛。為了要了解這個邏輯上不可被移轉的擁有種類在我們一般性思考架構中的地位，我們並不需要找得太遠。因為，再一次地，如果我們想想在談話中對**特殊**意識狀態，或私有經驗的辨識性指稱的要求時，我們就會看出，除非我們將它們當作是某個被辨識的**個人**的狀態或經驗，否則這樣的殊相就不能夠被辨識性地加以指稱。有些人可能會說，作為殊相的狀態或經驗，其同一性**來自於**擁有這些狀態或經驗的人的同一性。從此我們可以立即推論出，如果它們能夠被辨識為特別的狀態或經驗的話，它們一定得以無擁有者理論家所嘲諷的方式被擁有或可被歸屬；亦即以這樣的方式：一個事實上被某人所擁有的特殊狀態或經驗，在邏輯上是不可能被其他任何人所擁有的。同一性的要求【97】排除了擁有權的邏輯可移轉性。所以，該理論家只有藉著否定我們能夠指稱任何特殊的狀態或經驗，才能夠維持住他的立場；但**這個**立場是荒謬的。

即使是現在，我們也可以注意到一個介於無擁有者理論和笛卡兒式立場之間的關聯。後者非常直接地是兩個主體或兩類主體的二元論。前者也能夠——雖然有點弔詭——被稱為是一個二元論：一個主體——該身體——和一個非主體的二元論。我們可以猜測說，這第二個二元論——雖然這個稱呼很弔詭——是從第一個稱呼上不弔詭的二元論所產生的；換句話說，如果我們將一個人的意識狀態所歸屬的那個事物設想為完全不同於某些肉體特徵所歸屬的事物，那麼，的確，要看出為什麼意識狀態應該被歸屬給，或被認為是屬於任何事物會是一件困難的事。當我們想到這個可能性時，我們也許還會想到另外一個可能性：亦即，笛卡兒式理論家和無擁有者理論家這兩者都深深地、錯誤地抱持著、而且必須抱持著這樣的看法：「我」這個字有兩種用法，一個用法指稱某個另一個用法並不指稱的事物。

[4] 無擁有者理論家不能說明所有的事實。他說明了其中的一些。他正確地意蘊說，某個單一的身體在一個人的經驗中所具有的獨特地位或角色並不構成對下述事實的充分解釋：一個人的經驗或意識狀態被歸屬給某個**擁有**它們的事物，而此處的擁有是

那個特別的、不可轉移的種類，也是我們所探索的問題中的種類。它或許是該解釋的一個必要的部分，但它本身卻不是一個充分的解釋。如同我們已經看過的，該理論家接著暗示說，它或許是對於其他事情的一個充分解釋：亦即，我們混淆而又錯誤地**認為**意識狀態以這種特殊的方式被歸屬給某些事物。但如同我們已經看到的，這是不融貫的：因為它涉及了去否認「某個人的意識狀態是任何人的意識狀態」。我們避免了這個否認的不融貫性，但同時贊成說，「某個單一身體在某個人的經驗中占有特殊的角色」這件事【98】並不足以去解釋為什麼那些經驗應該被歸屬給任何人。這個特殊角色的事實本身並不給予一個充足的理由去解釋：為什麼**我們**認為是經驗主體的事物會認為「他自己作為這樣的一個主體」的概念有任何的用處。

當我說無擁有者理論家的理論不能說明所有的事實時，我所想的是一個非常簡單的、但在這個問題上一個非常核心的想法；亦即，一個人將意識狀態、經驗依其實際的方式歸屬給自己的一個必要條件是：他也應該將它們或準備將它們歸屬給其他不是他自己的人[7]。這個條件所意味的並不比它所說的少。舉例來說，它

7　對於這個陳述未加限制的形式，我能夠想像一個對它的反對；該反對或許可以被表述如下。當然，一個獨一無二可應用的述詞的觀念——亦即，只屬於一個個體的述詞的觀念——並不是荒謬的。而如果它不是荒謬的，那麼，當然，我們能夠宣稱的最多只是：一個人將某一集合的述詞歸屬給某個個體（亦即他自己）的一個必要條件，是他應該準備在適當的時機將它們歸屬給其他的個體，因而他應該對這些適當歸屬它們的時機是什麼有一定的概念；雖然他應該實際上在任何時機如此作是不必然的。

處理該反對的最簡短方式是去承認它，或至少不去反駁它。因為，該論證嚴格要求的僅僅是該較少的宣稱，雖然藉著較多的宣稱去執行它會讓事情稍微簡單一點。但我們最好進一步去指出說，我們並不是在提及一個單一的述詞

意味著，不論主體是他自己還是另一個人，這些歸屬的片語都是被用作相同的意義。當然，對於非哲學家來說，這件事情事實上的確如此這一個想法，一點也不是問題：舉例來說，不管一個人說的是「我很痛」還是「他很痛」，「很痛」在這裡的意思都是一樣的。字典並沒有給出兩組意思給每一個描述意識狀態的表達式：一個第一人稱的意義，和一個第二及第三人稱的意義。但對於哲學家來說，這個想法卻有問題。當這兩種情形的檢證方法是如此不同時，它們的意義怎麼可能會相同呢？【99】——或者，當其中一種情形（其他人的情形）**有**一個檢證的方法，而另一種情形（自己的情形）適當說起來卻沒有時，它們的意義怎麼可能會相同呢？或者，再一次地——而這是更為細緻的狐疑態度——在自己的情形下談論**歸屬**，這怎麼可能會是對的呢？因為，當然只有在辨識歸屬的對象是，或者能夠是一個問題時，歸屬才會是一個問題；當另一個人在痛時，也許會有辨識那個人是誰的問題，但當那個人是自己時，怎麼可能會有這樣的問題呢？不過，一旦我們記得說，我們主要是在對他人**說話**、給他們訊息，那麼，該質詢的答案就在問題當中了。的確，在某個意義下，當我在痛時，要我必須去「**分辨出是誰**在痛」，這並不是一個問題。然而，在另外一個意義下，我也許得**說出他是誰**，亦即，去讓其他

或僅僅是某組的述詞，我們所提及的是一整個巨大的述詞集合，這些述詞或其否定的可應用性定義了一個個體的主要邏輯類型或範疇。在這個層次上，去堅持該較少的和較多的宣稱之間的區分，乃是去將一個在某個層次上顯然是正確的區分，帶到一個可能看起來是愚蠢的或可能沒意義的層次上去。

此處的主要論點是一個純粹邏輯的論點：述詞的觀念與以下的**範圍**觀念是相關的，即：該述詞能夠有意義地（雖不必然是真地）肯定斷說的那些可區別的個體之**範圍**。

人知道他是誰。

我剛剛所說的，或許解釋了：在給定一個人能夠將意識狀態歸屬給其他人的條件下，一個人如何能夠被說成是將意識狀態歸屬給他自己呢？但一個人如何能夠將它們歸屬給其他的人呢？現在，這裡有一件事情是確定的：**如果**在將意識狀態歸屬給其他人時，一個人將它們所歸屬的事物設想成是笛卡兒式自我的一個集合，只有私有經驗能夠（以正確的邏輯文法）被歸屬的事物的集合，**那麼**，這個問題將無法被回答，而這個問題也無法被解決。如果，在辨識意識狀態所歸屬的事物時，私有的經驗是一個人必須賴以進行的所有事物的話，那麼，正如同從一個人自己的觀點來看，要分辨一個私有經驗是否是他自己的並不成問題一樣，基於相同的理由，要分辨一個私有的經驗是否是他人的同樣不成問題。所有的私有經驗、所有的意識狀態都將會是我的，亦即，沒有人的。簡略地說，一個人只有在能夠將意識狀態歸屬給其他人的條件下，才能夠將它們歸屬給自己。一個人只有在能夠辨識其他經驗主體的條件下，才能將它們歸屬給其他人。而如果一個人**只能**將他們辨識為經驗的主體、意識狀態的擁有者，他將無法辨識其他人。

有人可能會反對說，這個處理笛卡兒主義的方式太簡短了。畢竟，要在身體之間作出區分並沒有什麼困難，要辨識身體並沒有什麼困難。這難道沒給我們一個間接的方法去辨識經驗主體，
【100】並同時保存著笛卡兒式的模式嗎？舉例來說，難道我們不能將這樣的一個主體辨識為「與那個身體有著我與這個身體之間的相同特定關係的主體」，或者，換句話說，「（就好像**我的**經驗與身體M之間的關係一樣）那一個與身體N有著同一個獨特因果關係的經驗主體」嗎？但這個建議是沒有用的。它要求我去注意

到，**我的**經驗與身體M有著一定的特殊關係，但現在的問題正是我們有何權利去提及**我的**經驗呢？換句話說，它要求我去注意到，**我的**經驗和身體M之間有著特殊的關係；但它要求我去將這個關係當作是能夠辨識其他經驗主體的一個條件，亦即，作為我擁有「自己作為一個經驗主體」的觀念的一個條件，亦即，作為認為任何經驗是**我的**經驗的一個條件。在這個解釋的模式下，只要我們堅持一方面說到經驗、另一方面說到身體，我最多能夠被允許去注意到的乃是：經驗——**所有的**經驗——與身體M有著一個特別的關係，身體M在這個方式上是獨一無二的，而且這就是讓身體M在所有身體中是獨一無二的緣故。（由於「經驗」這個片語出現的緣故，這裡所說的「最多」也許是過分了一點。）被提出的這一個解釋是這樣進行的：「另一個經驗主體被區別、被辨識為這些經驗的主體，而這些經驗與身體N有著**我的**經驗與身體M所擁有的、相同的獨特因果關係。」而這一個反對是：「但『我的』這個片語在這個解釋中是幹什麼的呢？」該解釋似乎無法不使用這個片語去進行。還有一個進一步的、我們將來還會再提到的反對[8]。它是這樣進行的：「在這個解釋中，我們有什麼權利去提到**那一個**主體，意指唯一的主體呢？為什麼不可以有任意數目的經驗主體——也許它們在特質上是無法區分的——其中的每一個主體和每一集的經驗都與身體N（或身體M）有著相同的獨特關係呢？該身體的唯一性並不保證笛卡兒式靈魂的唯一性。」

為了要讓我們免於這些困難，我們必須要承認個人（person）概念的初基性（primitiveness）。所謂個人的概念【101】，我的意思是這樣一類型元目的概念：歸屬意識狀態的述詞，**以及**歸屬肉體

8　在下一章中。詳見頁【131】-【133】。

特徵、某個特定物理情境等的述詞**這兩者**，都同樣能夠應用在那一個類型的某個單一個體之上。我說這個概念是初基的，這個意思可以被幾種方式來加以說明。一個方式是回到我稍早問的那兩個問題上：亦即，(1)為什麼意識狀態會歸屬給任何的東西呢？以及(2)為什麼它們會和某些肉體特徵、某個特定物理情境等一起歸屬給同一個事物呢？一開始時我評論說，我們不應該假設對這些問題的答案彼此是獨立的。現在，我將說它們是以下面這個方式彼此關聯著：意識狀態被歸屬給任何東西的一個必要條件是：它們應該和某些肉體的特徵、某個特定的物理情境等歸給**同樣的事物**。換句話說，**除非**意識狀態被歸屬給個人，以我所宣稱「個人」這個詞的意義去歸屬給個人，否則的話，它們根本就不能歸屬給任何的事物。我們很容易去將一個個人想成是由兩種主體所組成的複合體：一邊是一個經驗的主體（一個純粹的意識、一個自我），另一邊則是肉體屬性的主體。當我們以這種方式思考時，許多的問題就會產生。特別是，當我們問自己是如何去架構出、如何去使用這個兩個主體的複合體的概念時，該圖像——如果我們誠實而且小心的話——便很容易從兩個主體的圖像轉變成一個主體和一個非主體的圖像。因為，**如果經驗主體的觀念被想成是邏輯上初基的**，被認為是個人這個複合觀念中的一個邏輯成分，而後者係由兩個主體所合成，那麼，我們將不可能看出我們如何得到這一個不同的、可區別的、可被辨識的經驗主體——不同意識——的觀念。因為，如此一來，將永遠不會有將純粹的經驗歸屬給任何自己以外的主體的問題；因而永遠不會有將之歸屬給自己、將之歸屬給某個主體的問題。所以，純粹個體意識——純粹的自我（ego）——的概念是一個不能夠存在的概念；或至少不能以初基的概念存在著，彷彿我們能夠藉著它去解釋或分析一個個人的概念似的。如果它能夠存在的話，它只能作為一種從屬的（secondary）[9]、【102】非初基的概念存在著，它本身要靠一個個人的概念來加以解釋和分析。當休姆內視他自己，並抱怨說他從來沒能發現一個沒有知覺的他自己，而且除了知覺以外就再也沒能發現任何事物的時候，休姆所尋找的，或譏諷地假裝去尋找的，正是這個對應於這個幻象的純粹意識的初基概念的元目，或該自我實體（ego-substance）。更嚴肅一點地說——而這次沒有譏諷，只有混淆：對休姆來說一個致命的混淆——休姆徒勞無功地為統一原則（principle of unity）所尋找的正是這個元目，他坦承自己充滿著困惑和挫折；他徒勞無功地尋找著，因為沒有區別的原則就沒有統一的原則。而這個東西也就是康德比休姆更清楚地歸屬給一個純粹形式的（分析的）統一的東西：伴隨著所有我的知覺（並因而可能不伴隨著任何我的知覺）的「我思」的統一。最後，這個東西也許就是當維根斯坦說到該主體時所提及的東西；維根斯坦認為，首先，並沒有這樣的事物，而其次，它並不是這一個世界的一部分，而是它的極限。

因此，「我」這個字從來就不指稱這個純粹的主體。但這並不意味著——如同無擁有者理論家必然所想的——在某些情況下，「我」這個字一點也不指稱。它指稱；因為我是許多個人當中的一個；而那一些述詞——那些如果該純粹主體能夠被指稱的話，則會屬於該純粹主體的述詞——則會恰當地屬於「我」所指稱的那一個個人。

個人的概念在邏輯上優先於個別的意識的概念。個人的概念

9　譯者注：此處「從屬的」一詞相對於「初基的」一詞，前者指必須被初基詞加以定義的語詞，或必須使用初基概念加以理解的概念。

不能夠被分析成一個具生命的身體（animated body）的概念，或一個具有身體的靈魂（embodied anima）的概念。這並不是說，（如果一個人認為或發現這是可欲的話）「一個純粹的個體意識」的概念不能有一個邏輯上從屬的存在。我們提及某個死去的人——某個身體——而且，以同樣從屬的方式我們至少可以思及一個與身體分離的個人。一個個人並不是一個具有身體的自我，但一個自我可以是一個沒有身體的個人，這樣的自我保持著從作為一個個人而來的個體性上的邏輯優點。

[5] 在承認個人概念的邏輯初基性時，了解該承認的完整範圍是一件重要的事【103】。讓我們簡短地複習一下該論證的各個階段。除非一個人同樣將意識狀態或經驗歸屬給，或準備並且能夠歸屬給其他的個體元目，而後者與他將他的意識狀態所歸屬的事物同屬於一個邏輯的類型，否則的話，將不會有將一個人自己的意識狀態或經驗歸屬給任何事物的問題。將自己算作是這樣的述詞的主詞的條件是：一個人應該同樣將其他事物算作是這樣的述詞的主詞。接下來，這件事之所以可能的條件是：一個人應該能夠去區別出、去選出或辨識出這種述詞的不同的主詞，亦即，所關切的類別中不同的個體。接下來，這件事之所以是可能的，其條件是：我們所關切的個體——包括他自己——應該屬於某一個特定的、獨一無二的類型；亦即，屬於這樣的一個類型：對該類型的每一個個體來說，意識狀態**和**肉體特徵**兩者**都必須被歸屬或可被歸屬。但這個對該類型的刻畫仍然非常晦澀，而且一點也沒有說清楚所涉及的東西。為了要說明這點，我必須要作出一個大致的區分，將適合應用在這個類型個體上的述詞區分成兩類。第一類的述詞由那些同樣可以適當地應用在物質性物體上的述詞所組成，這些物體是我們作夢也不會想將歸屬意識狀態的述詞應用

在它們身上的事物。我將稱這個第一類的述詞M述詞：而它們包括像「有十個石頭這樣重」、「在畫圖室內」等述詞。第二類的述詞由所有我們應用在個人的其他述詞所組成。我將稱這些為P述詞[10]。當然，P述詞的種類將會是非常繁多的。它們包括像「正在微笑」、「要去散步」，以及「很痛」、「努力在想」、「相信上帝」等等這樣的東西。

我之前說過，個人的概念應該被理解為某個類型的元目的概念，而歸屬意識狀態的述詞**以及**歸屬肉體特性、物理情境等的述詞**這兩者**，則都同樣可以應用在那個類型的個別元目之上。當我說這個概念是初基的概念時，我所說的意思是，它不能以某種方式或某些方式去分析。舉例來說，我們不應該【104】將它看作是一種與下述兩種初基類型的元目有關的從屬元目類型：亦即，一個特殊的意識和一個特殊的人類身體。我同時意味著，笛卡兒式的錯誤只不過是某個更一般性錯誤的一個特殊例子，該一般性的錯誤以一種不同的形式呈現在無擁有者類型的理論中；該理論認為，對個人的命名或表面上的命名，其實對於所有歸屬給被命名元目的述詞種類來說，並**不**嚴格地指稱著相同的事物或元目。亦即，如果我們要避免這個錯誤的一般形式，我們必須**不**認為「我」和「史密斯」有著類型的歧義（type-ambiguity）。的確，如果我們想要在某處鎖定類型歧義，我們最好是將它鎖定在一些像「在圖畫室中」、「被一塊石頭打中」這樣的述詞之上，並且說當它們應用在物質性物體時是一個意思，而應用在個人時又是另一個意思。

10 譯者注：為了方便記憶，讀者不妨將「M述詞」讀為「Material-述詞」，而將「P述詞」讀為「Person-述詞」。

關於「個人概念是初基的」這樣的說法之意義，到目前為止，我所說的或我所意味的，就是這麼多了。必須進一步說明的是：這些事情對於我們用來歸屬意識狀態的那些述詞的邏輯特性來說，有何邏輯上的蘊涵？為了這個目的，我們也許可以好好地想想一般的P述詞。因為，雖然並非所有的P述詞都是我們應該稱為「歸給意識狀態的述詞」（舉例來說，「去散步」就不是），但它們或許可以被說成是具有這個共同特性：它們蘊涵說，它們所歸屬的東西擁有意識。

那麼，該觀點有什麼有關於P述詞特性的邏輯結果呢？我認為它們是這樣的。顯然，除非在原則上，對於任何同時擁有（possess）[11] M述詞和P述詞那個類型的個體，以及對於任何的P述詞來說，我們有某種方式去分辨那個個體是否擁有那個P述詞，否則的話，談及該類型的可被辨識的個體就沒有意義可言。而且，至少在某些P述詞的情形下，分辨他是否擁有該述詞的方式必須在某個意義上構成了歸屬該P述詞的邏輯上恰當的標準[12]。因為，假如這些分辨的方式不在任何的情況下構成了邏輯上恰當的標準的話，那麼，我們就必須總是以下述方式去思考這些分辨方式，以及P述詞所歸屬的或部分它所歸屬的事物之間的關係【105】：我們得將這一些分辨方式想成是這個不同的事物——亦即，該意

11 譯者注：說一個個體「擁有」一個述詞，這似乎是一種奇怪的說法。但史陶生在《個體論》中經常將述詞（或主詞）與述詞所指稱的共相（或主詞所指稱的事物）混為一談，因而，讀者也許可以將以下「某個體擁有述詞P」一語理解為「某個體擁有述詞P所指稱的共相」。

12 譯者注：我想，史陶生在此的意思是：這些分辨的方式必須在邏輯上蘊涵一個事物是否擁有該述詞；亦即，滿足該分辨方式中的條件的事物就必然會擁有P，反之亦然。

識狀態——在該個體中出現的**信號**（signs）[13]。但如此一來，我們只能藉著觀察這兩者之間的相互關聯以便於知道：該分辨方式乃是被該P述詞所歸屬的不同事物出現的一個信號。但我們每個人都只能夠在一種情形下作出這個觀察，亦即在我們自己的情形下。而現在我們又回到了笛卡兒主義辯護者的立場上了，他們認為我們處理它的方式是太簡短了。因為，現在，「我們自己的情形」是什麼意思？除非該歸屬者已經知道如何將至少某些意識狀態歸屬給他人，否則的話，將意識狀態歸屬給自己的觀念就沒有任何的意義可言。所以，他不能一般性地「從他自己的情形」論證到如何去作這個的結論；因為，除非他已經知道如何作出這個，否則的話，他就沒有任何**他自己的情形**的概念，或任何情形的概念，亦即，沒有任何經驗主體的概念。相反的，他只有這樣的證據：當某個特定的身體以某種方式受到影響時，痛苦等等或許是可以被期待的，而當其他身體這樣受影響時，則是不可被期待的。如果他推測事情剛好顛倒，他的推測就會立刻被否證。

此處的結論當然不是新的東西。我到目前所說的乃是：一個人是根據他對其他人行為觀察的強度來將P述詞歸給他們；以及：一個人所賴以進行的行為標準，並不只是該P述詞所意指的事物出現的信號，而且還是對該P述詞的歸屬來說在邏輯上更為適當的標準。然而，我為這個結論所作出的宣稱是：這個結論是從對於將任何意識狀態歸屬給任何事物的必要條件的考慮上推論出來的。我的重點並不是說，我們必須接受這個結論，以便避免懷疑論；我的重點是：我們必須要接受它，以便於解釋懷疑論問

13　譯者注：重點是，信號與該信號所指示的事物之間的關係並不是必然的邏輯關係。

題被陳述時所使用的概念架構的存在。但一旦該結論被接受了，懷疑論的問題就不會產生。這一點對於許多懷疑論的問題來說都是如此：它們的陳述涉及了對某一概念架構的假意接受，但同時卻悄悄地拒絕了其存在的某個條件。這就是為什麼對它們所賴以陳述的架構來說，它們是無法被解決的。

但這只是半個有關於P述詞的圖像。因為【106】，當然對於某些重要的P述詞的集合來說，當一個人將它們歸屬給**自己**時，他並不是基於他將它們歸屬給其他人時所根據的那些行為標準的觀察強度而這樣作。這並非對所有的P述詞來說都為真。一般而言，下面這件事對於那些帶著性格評價或能力評價的述詞來說並不為真：當這些述詞被自我歸屬時，它們是一般性地與它們被歸屬給其他人時奠基在同類的基礎上。雖然對於那些一般來說當被歸屬給自己時並不基於將它們歸屬給其他人時所根據的標準的強度的P述詞來說，它們當中仍然有許多是：它們的歸屬容易被自我歸屬者在這個基礎上加以修正；但是，仍然有許多的例子是這樣的：在其中，一個人有一個完全適當的基礎去將此P述詞歸屬給自己，但這個基礎卻相當不同於他將該述詞歸屬給其他人時所根據的基礎。因而，當報告某個當前的心靈狀態或感覺時，一個人說：「我覺得疲累、沮喪和痛苦。」這個事實如何能夠和這一個理論相協調呢：一個人根據其強度而將P述詞歸屬給其他人的標準，乃是一個對這個歸屬來說在邏輯上適當種類的標準？

實現這個協調所面臨的明顯困難，也許會誘使我們走到許多不同的方向去。舉例來說，它可能會誘使我們去否認這些自我歸屬是真正的歸屬，去將意識狀態的第一人稱歸屬**同化為**（assimilate）那些其他的行為形式，後者構成了一個人將P述詞歸給另一個人時所根據的標準。這個設計似乎避免了那一個困難；

它並不是在所有的情形下都是完全不適當的。但它遮蔽了事實；而且是不必要的。它不過是下面這件事的一個複雜形式而已：沒能認識到P述詞或P述詞中一個重要集合的特別特性。因為，就好像——一般說來——並不是先有一個主要的、學習或教導自己對於這個集合中的述詞的內在私有意義的過程，然後再有另一個學習過程，去將這樣的述詞根據其與某些行為形式的關聯——在自己的情形中被注意到的關聯——的強度而應用到其他人一樣，同樣地——一般而言——也不是先有一個主要的學習過程去學習將這樣的述詞根據行為標準的強度應用到其他人，然後再有另一個【107】學習過程去展現某個新的行為形式——亦即第一人稱的P發言——的次要技術。這兩個圖像都拒絕去承認我們所關切的述詞的獨特邏輯特性。假設我們將這樣一個述詞的命題函數的一般形式寫成「Px」。那麼，根據第一個圖像，主要取代這個形式中「x」的表達式是「我」這一個第一人稱單數代名詞：對它的其他取代在使用上是次要的、衍生的和不穩固的。另一方面來說，根據第二個圖像，主要取代這個形式中「x」的表達式是「他」、「那個人」等等，而它對「我」的使用則是次要的、特別的，而且不是真正的歸屬的用法。對這些述詞的特性來說，重要的是它們有第一和第三人稱的歸屬用法兩者；它們既能夠在不對它們的主詞的行為的觀察基礎上作自我歸屬，又能夠在行為標準的基礎上作其他人歸屬。學習它們的用法就是去學習它們用法的這兩個方面。為了要**有**（*have*）這個類型的概念，一個人必須同時是這種述詞的一個自我歸屬者和一個其他人歸屬者，而且必須將每一個其他人看作是一個自我歸屬者。為了要**了解**這個類型的概念，一個人必須承認說，有一類的述詞是不歧義地、而且**既**可以適當地在對該述詞的主詞的觀察基礎上加以歸屬，**又**可以不在這樣的基礎上加以歸屬，亦即，獨立於對該主詞的觀察：這第二類的情形是歸屬者同時是該主詞的情形。如果沒有任何的概念符合我剛給出的特徵，我們便應該的確沒有有關於靈魂的哲學問題；但同樣的，我們也就不應該有我們的個人的概念。

讓我們用這個集合中的某個特殊概念，比方說沮喪的概念，來說明我們的論點——儘管這樣的舉例說明無可避免地會有點粗糙。我們說某人以某種沮喪的方式行為著（沮喪的行為），我們也說某人感到沮喪（沮喪的感覺）。一個人會傾向於去論證說，感覺能夠被感覺但不能被觀察，而行為能夠被觀察卻不能被感覺，因而這其中一定有個可以插入邏輯分歧的空間。但沮喪的概念遍布在一個人想要插入此分歧的地帶。我們也許會說：為了要讓X的沮喪、或X所擁有的沮喪這樣的一個概念能夠存在【108】，該概念必須同樣涵蓋被X所感覺到但未被X所觀察到，以及可以被X之外的其他人所觀察到但不被他們感覺到的情形（對於所有的X來說）。但也許更好的說法是：X的沮喪**是**某個事物、是被X所感覺但未觀察到，而被X之外的其他人所觀察到卻未感覺到的同一個事物。（當然，能夠被觀察到的可以也是假裝的或偽裝的。）拒絕接受這一點，也就是拒絕去接受我們用以談論沮喪的語言的**結構**。在某個意義下，那或許還好。一個人也許會放棄談論它們，或者會設計一個不同的、可以用來自言自語的結構。不好的事情是：同時假裝去接受那個結構，而又拒絕去接受它；亦即，去將他的反對潛藏在那個結構的語言中。

我們必須在這個觀點下檢視在心靈議題中一些熟悉的哲學困難。因為，它們當中有些之所以被提出，只是由於不承認，或未能完全理解我所宣稱是對於至少某些P述詞來說為真的特性。他們沒看出，不論是自我歸屬或非自我歸屬的方面，如果沒有另一個方面的話，這些述詞就不能有它們用法中的任何一個方面。相反地，它們用法中的某一方面被認為是自足的——而這是不可能的——而另一方面則被認為是似乎有問題的。因此，我們便在哲學的懷疑論和哲學的行為主義間徘徊著。當我們將某些P述詞——比方說「沮喪」——用法中的自我歸屬方面當作是主要的方面的時候，一個邏輯的缺口似乎便在我們說另一個人很沮喪時所使用的標準以及實際的沮喪狀態之間打開了[14]。我們沒有了解的是，如果這個邏輯的缺口被允許打開了，那麼，該缺口不僅會吞食了他的沮喪，還會吞食了我們的沮喪。因為，如果該邏輯缺口存在，那麼，沮喪的行為不過是一個沮喪的信號而已，不管該行為還會有什麼特性。但是，它之所以能夠成為一個沮喪的信號，只能是因為某個介於它和沮喪之間的、被觀察到的關聯而已。但是，是誰的沮喪呢？一個人會傾向於說：只能是我的。但如果它**只能**是我的，那麼它便一點也**不是**我的。懷疑論的立場通常是去將對該邏輯缺口的跨越表徵成最多不過是一個不穩固的推論。但重點是，如果該缺口存在的話，那麼，該推論的前提的語法甚至不能夠存在。【109】

自另一方面來說，如果我們把這些述詞的其他人歸屬的用法當作是主要的或自足的，那麼，我們或許會認為說，這些述詞作為述詞所具有的意義，不過是我們將它們歸屬給其他人的標準的強度。難道這不是從對該邏輯缺口的否認而可以推論出來的結論嗎？事實上，它不能從此推論出來。認為它可以，乃是忘了這些

14 譯者注：史陶生的意思是，如果我們把自我歸屬的用法當作是P述詞的主要用法，那麼，從觀察到某些人如何行為或行動這件事，我們就無法邏輯地推論說他一定是實際上處在沮喪的狀態。

述詞的自我歸屬用法，忘了我們必須對某一集述詞所作的事：對該集述詞的意義來說，它們應該可以對同一個個體作出自我歸屬與其他人歸屬，而自我歸屬是在其他的基礎上被作出來的。這些述詞並不是有兩種的意義；對於它們實際擁上有的單一一種意義來說，這件事是重要的：兩種歸屬它們的方法都是完全適當的。

如果一個人是在玩一個紙牌遊戲，那麼，某一張卡片上的特殊記號構成了稱呼它——比方說紅心皇后——的一個邏輯上適當的標準；但是，當一個人在該遊戲的脈絡中這樣稱呼它時，此人乃是歸屬給它一些超越於僅僅是擁有這些記號的性質。該述詞從整個遊戲的結構中得到它的意義。我們在其中歸給P述詞的語言也是如此。說「根據其強度來將P述詞歸給其他人的標準是該歸屬在邏輯上一個適當的種類」，並不是去說這些述詞所擁有的所有的歸屬的意義乃是這些標準。這樣說乃是忘了它們是P述詞，忘了它們所屬的語言結構的其他部分。

[6] 現在，我們的困惑可以採取一個不同的形式，一個問題的形式：「但是，一個人如何可能不根據觀察，而將其他人可能根據某種邏輯上恰當種類的理由——觀察——而歸屬給某個人的相同事物歸屬給自己呢？」這個問題或許可以被吸收在一個更寬廣的問題中，而後者可以被這樣措辭：「P述詞如何可能呢？」或「個人的概念如何可能呢？」我們用這個問題去取代早先的那兩個問題，亦即：「為什麼意識狀態會被歸屬給任何的事物呢？」以及【110】「為什麼它們會和某些肉體特性一起被歸屬給同樣的事物呢？」因為，對這兩個最早的問題的答案，除了承認個人概念的初基性、並因而承認P述詞的獨特性之外，並沒有任何其他地方可以去尋找。所以，其餘的困惑都必須以這種新的方式去陳述。因為，當我們承認個人概念的初基性、並因而承認P述詞的

獨特性時，我們或許仍然想要去問：是什麼樣的自然事實，使得我們應該擁有這個概念這件事變得可理解？並且在發問時還希望對此有一個不瑣碎的答案，亦即，希望一個不**僅僅是**這樣的答案：「喔，因為有人類在這一個世界上。」我不會假裝自己能夠充分滿足這個要求，但我可以提到兩件非常不同的事，它們或許可以算作是某個答覆的開始或片段。

首先，我想，將某個P述詞的集合移到該圖像的中心位置，將可以作為一個開始。大致說來，這些述詞涉及了作出某些事，並且顯然蘊涵了意圖或心靈狀態，或至少一般性地蘊涵了意識，而且它們指出有關於身體運動的某個典型類型，或某些類型的範圍，但卻絲毫沒有嚴格地指出任何非常特定的感覺或經驗。我的意思是像「去散步」、「捲個繩子」、「玩球」、「寫一封信」這樣的述詞。這樣的述詞具有許多P述詞所具有的有趣特性，亦即，一般說來，一個人並不會根據觀察的強度而將它們歸屬給自己，而他卻會根據觀察的強度而將它們歸屬給其他人。但是，在使用這些述詞的情況下，一個人卻會毫不勉強地承認說：在這兩種方式下所歸屬的事物是相同的。這是因為在它們所歸屬的事物當中，有一個相當確定的身體運動的類型在明顯宰制著，並且顯然缺乏任何特定的經驗。它們讓我們從下面這樣的想法中釋放出來：認為我們能夠無需觀察或推論，或兩者皆不需要而知道的，只能是私有經驗這樣的事物；我們能夠無需藉著這些手段當中的任何一個，而知道某個身體當前和未來的運動。但身體的運動，當然也是我們能夠藉著觀察和推論知道的事情。不同於我們無需藉著觀察而知道的事情是：我們觀察的事物當中【111】包括了一些身體的運動，而這些運動類似於那些我們不基於觀察而能知道的身體的運動。我們理解這樣的運動這件事是重要的，因為它們與我們自己的身體運動有著關聯，也制約著後者；而事實上，只有在我們將它們看作是這樣的計畫，或行動架構的成分時——亦即，我們不需要觀察相關的當前運動而知道的當前行動，或未來發展的計畫或行動架構時——我們才了解它們，我們才詮釋它們。而這也就是說，我們將這樣的運動看作是**行動**（actions），我們以意圖（intention）來詮釋它們，我們將它們看作是和下面這些個體運動屬於同一類型：那些我們不靠觀察而能夠知道其當前和未來運動的個體運動；而這也就是說，我們將其他的人也看作是自我歸屬者，他們能夠不基於觀察而將我們基於觀察而歸屬給他們的事物歸屬給自己。

這些評論並非意圖去建議如何能夠解決「其他心靈的問題」，或我們對於其他人的信念如何能夠給予一個一般性的哲學證成的問題。我已經論證說，這樣的一個「解決」或「證成」是不可能的，對它的要求並不能被融貫地加以敘述。這些評論也不是企圖作為先驗的總體心理學。對於這個主題在哲學史的這個階段來說，這些評論只是企圖去幫助我們理解我們實際上所擁有的概念架構。我現在所建議的是，如果我們首先思考「我們行動、我們對彼此行動、並且根據一個共同的人性去行動」這些事實，那麼，我們就會比較容易了解，我們如何能將彼此和自己看作是個人。現在，「將彼此看作是個人」牽涉到一大堆的事，但不是一大堆分離而無關聯的事。我將它們移到該圖像核心的那一個P述詞的集合，並非孤立地在那兒，與其他與它們無關的述詞隔離開來。相反地，它們與其他的述詞是不可解地綑綁在一塊，彼此交織在一起。心靈的論題並不切割成一些無關聯的主題。

我剛才說到一個共同的人性（common human nature）。但在某個意義下，我們實際的概念架構存在的一個條件是：人性不應該是共同的——亦即，不應該是一個社群的本性（community nature）。哲學家們曾經【112】討論過是否有，或是否能夠有「集體心靈」（group mind）這樣的事物。對於某些哲學家來說，該觀念具有一種特別的吸引力；對其他人來說，它似乎是十分的荒謬、無意義，並且是相當奇怪地具有破壞性。我們很容易看出，為什麼後者這些哲學家會發現它具有破壞力；他們在下面這個想法中發現了可怕的事情：人們應該停止對個別的個人採取那一些他們實際上對他們所採取的態度，他們應該對其採取在某一方面來說類似於對群體的態度；他們也許應該停止替他們自己決定個別的行動，而只應該參加團隊的活動。但他們發現它具有破壞性這件事只顯現說，他們對他們所宣稱為荒謬的觀念了解得過分好了。我們發現，去將某一個會移動的自然物體集合中的成員個體化成為個人這件事是很自然的；但這一個事實並不意味說，對於任何並非十分不像我們的生物來說，這樣的一個概念架構是都是無可避免的。我在上一章中使用了一個技術，去決定是否在那一個受到限制的、聽覺的世界中有自我這個概念的容身之處；我們可以使用一個類似於此的技術，去決定是否我們不能夠建構出某個特殊種類的社會世界的觀念：其中個別的個人的觀念被群體的觀念所取代。為了要開始這樣的技術，讓我們想想實際人類存在的某些面向。舉例來說，想想兩個人類團體共同參與某個競爭但合作的活動，而且是他們非常訓練有素的活動，諸如戰鬥。我們甚至可以假設說，命令是多餘的，雖然消息仍然會被傳遞。我們很容易去假設說，當專心於這樣的活動時，這些團體的成員完全不指稱任何個別的個人，個人的名字或代名詞對他們完全沒有用。然而，他們卻指稱這些團體，並且將一定的述詞應用在它們身上，這些述詞類似於我們通常會應用在個人身上、歸屬有目的的行動給他們的述詞。他們或許會在**事實上**在這樣的場合中使用這樣的複數形式：「我們」和「他們」；但這些並不是真正的複數，它們是沒有單數的複數，諸如出現在像下面這樣的句子中的情形：「我們已經攻下了該碉堡」、「我們已經輸了那一場遊戲」。他們或許也會指稱該群體中的分子、該群體中的成員，但這些指稱完全以這些成員在該合作活動中所扮演的角色而得到其意義。因而【113】，我們有時指稱事實上是個人的東西為「打擊部隊」（stroke）或「右前翼」（square-leg）[15]。

當我們思考這樣的情形時，我們會看出，我們自己在我們一部分的社會生活中——還好不是一個非常大的部分——的確運作著這樣一組觀念：在其中，個人的觀念被排除了，個人的觀念被群體的觀念所取代。但難道我們不能將社群或群體想成是這樣的嗎：其成員的這部分生活[16]在其中是宰制的部分，或不僅是一部分，而是全部？人類的群體有時會——如**我們**所說的——發生這樣的事：其成員的思考、感覺和行動就好像「是一個人」一樣。我建議說，個別的個人概念存在的一個條件是：這件事[17]應該只是偶爾發生而已。

此時去反駁說：「但事情還是一樣的，就算它一直發生，該群體的每一個成員還是會**有**一個個別的意識，會具體展現為一個個別的經驗主體」，這樣的反駁會是相當沒有用的。因為，再一次地，說到純粹的個別意識、純粹的個別經驗的主體是沒有意義

15　譯者注："square-leg"也指板球活動中打擊者右前方的地區（或守球員）。

16　譯者注：「這部分生活」指的是只有群體觀念、而沒有個人觀念的部分。

17　譯者注：「這件事」指的是人類社會成員的思考、感覺和行動有時就好像「是一個人」一樣。

的；我們沒有任何方法去辨識這樣的純粹元目。當然，當我提議那一個完全融入群體的故事時，我是以我們的個體概念作為一個出發點。這個事實使得該無用的反應成了一個自然的反應。但假設某個人嚴肅地提出下述的「假設」：人類身體的每一個部分、每一個器官和每一個成分，都有一個個別的意識，都是一個分離的經驗中心。該「假設」會和上述的評論一樣是無用的，只是更明顯如此罷了。讓我們現在假設說，有一個會運動的自然物體的集合，它分成好幾個群體，每一個群體展現出具有相同特徵類型的活動。在每一個群體中，都有某些外貌上的差異，這些差異伴隨著功能上的不同；特別是，每一個群體中都有一個成員有著非常特殊的外貌。難道一個人不能想像有不同組的觀察是這樣的嗎：它們或許會使我們在某個情形下去認為，那一個特別的成員是該群組的發言人，是它的代言人；但在另一個情況下使我們認為，他是它的嘴巴，認為該群組是一個單一的、但**分散的**身體？重要的一點【114】是，一旦我們採取了後者的思考方式，我們就放棄了前者；我們就再也不受到它第一個形式的人類類比的影響，只受到它第二個形式的影響；我們就再也不會被誘惑去說：也許那些成分有意識。記得「一個身體和其成分」這個片語有其驚人的歧義這件事，是有幫助的。

［7］稍早，當我討論一個純粹的個體意識的概念時，我說到，雖然對個人概念的解釋來說，它並不能在其中作為一個主要的概念而存在（因此並沒有傳統上所設想的心物問題存在），但它或許有著邏輯上從屬的存在。因此，在我們實際的概念架構中，我們每一個人都可以非常合理地去設想，他／她在身體死後的個體還繼續存活著。該想像所要花的努力甚至不是很大的。一個人只需要簡單地想像：他／她像目前一樣有著思考和記憶，有

著大致像目前一樣的視覺和聽覺經驗，甚至——雖然這會涉及到一些複雜之處——像目前一樣有著一些準觸覺的，和器官的感覺，但是他／她（a）沒有對某個身體的知覺，而該身體與他／她的經驗相關——如他／她自己的身體，以及（b）沒有能力去發動對這一個世界中的物理情況的任何改變，如他／她現在用他／她的手、肩膀、腳和聲帶能夠作出的改變。條件（a）必須被擴充為：沒有任何其他人展現出這樣的反應指示說，他們知覺到某個身體在某處，而該處是：如果他／她以有身體的狀態在該處看或聽的話，他／她的身體就會占據該處。當然，一個人可以想像條件（a）的兩個部分都被滿足了，但條件（b）卻未被滿足。這將會是一個世俗的想像，屬於那種以熟悉的聲音輕拍桌子的靈魂的那種想像。但假設所謂的身心分離（disembodiment）是我們想像（a）和（b）都滿足的、嚴格意義下的那一種。那麼，兩件事將可從此推論出，其中的一件通常被注意到，另一件則或許並未被充分地被注意。第一件是：該嚴格地無身體的個體是嚴格地孤獨的，而且對他來說，是否還有其他像他這一類的事物的推測，必定是一個相當空泛的推測，儘管不是沒意義的推測【115】。另外一個較少被注意到的重點是，為了要保持他認為自己是個個體的觀念，他必須總是把自己想成是個**沒**身體的、**從前的**（former）個人。換句話說，他必須仍然努力將自己想成是某一個集合或類型元目中的一個，然而他現在對這些元目卻被禁止有任何的交往，儘管這些過去交往的事實是他有任何有關他自己的觀念的條件。自那時以後，他彷彿沒有自己的個人生活可過，他必須生活在他從前的個人生活的記憶當中；或者，當生活於過去失去其吸引力時，他或許會藉著對人類事務感到某種興趣（儘管對這些人類事務而言，他是既啞又不能被看到的證人）而取得某種減弱的、代理性的存在：就好像在一個戲劇演出中對自己說著以下這些話的那種觀眾：「那就是我會去作的（或去說的）」或者「如果我是他，我就會……」。隨著該記憶消退的程度，以及這個代理生命的凋零，他對他自己作為一個個體的概念也就會相對的減弱。**從他繼續存活作為一個個體的角度來看**，在這一個減弱的極限上，將沒有經驗的持續和它的終止之間的差別。從這些角度來看，沒有肉體卻繼續存在這個觀念，的確似乎是非常不吸引人的。無怪乎由於這個理由，正統的思想[18]聰明地堅持著身體的復活。【116】

18 譯者注：史陶生在這裡指的應該是正統的宗教思想，如基督教。

四

單子

我現在想簡短地去考慮某個形上學學說，或某個形上學系統的一些特性；該系統以一種有趣的方式，連接了個體意識的問題以及識別的一般性議題。我指的是萊布尼茲的單子系統，但帶著一些限制。該限制是：雖然我指稱萊布尼茲的系統，但如果我所討論的觀點並非在每一點上都與歷史上有著那個名字的哲學家所抱持的觀點相同，我將不會太在意這件事。我將使用「萊布尼茲」這一個名字去指稱一個可能的哲學家，他至少是在某些學說方面非常相似於萊布尼茲；他們是否在這些方面是無法區別的，則無關緊要。

一開始，我必須提及兩個重要的方面，它們是萊布尼茲的系統與我論證過的主張相牴觸，或似乎相牴觸的方面。我在一開始時討論過一個一般性的、確保對殊相作出獨一無二的指稱的理論性問題。對該問題概括的理論性解決方案建立在以下這樣的一個事實：為了要讓一個說話者作出指稱，他自己當下的環境必須提供共同的參考點；對於其他任何屬於該單一的、空間—時間的、他自己身處其中的架構中的項目來說，對它們獨一無二的指稱都能夠相對於這些參考點而被確保。去接受這個解決方案，也就是去接受下面這一個概括性的理論立場：殊相的識別最終奠基在使用某些具有指示性的，或自我中心的（egocentric），或個例反身性（token-reflexive）[1]力量的表達式。因為，在說話者周遭的、理論上的指稱點的核心位置的重要性在於：相對於這個點來說，指稱的歧義性可以被指示詞以及適當的——雖然不是非常仔細的——描述詞的使用所排除【117】。的確，這個解決方案所解決的理論性問題，似乎是一個非常不自然的問題。但同樣為真的是：該解決方案仍然被顯示出是掌握了我們實際思考結構的一把鎖鑰；殊相識別被顯示出是建立在對直接或間接呈現某種指示力量的表達式的使用之上；因為，這樣的識別是建立在某個統一的、我們自己在其中有一個已知位置的、有關於殊相知識的概念架構之上。不過，對於本章的目的來說，該理論性的解決和我們實際實踐之間的關聯只具有次要的重要性；真正重要的事情是：我們思想的一般性結構允許該問題被提出，並且提供了解決方案。

現在，這個有關於殊相識別的理論性結論，不但適用於我們實際上所擁有的、物質性物體在其中是基本殊相的概念架構，它對於聲音殊相在其中是基本殊相的那一個聽覺世界來說，也是成立的。這是一個無空間的世界，而指示詞的角色對應地受到限

1 譯者注：所謂個例反身性的表達式，指的是像「你」、「我」、「他」這樣的代名詞以及像「這個」、「那個」、「此時」、「此地」這樣的指示詞等。個例反身性的表達式有時又稱為「索引詞」（indexicals）。這些詞的特性是：對它們的解釋依賴於像說話者、聽話者、說話的時間、地點等脈絡因素（又叫做「索引」）。它們之所以被稱為「個例反身性的」的表達式，那是因為這些索引可以透過該語詞的個例本身而加以指稱。比方來說，如果說話者要指稱自己並且說他覺得很冷（「我覺得很冷」），他可以使用「這個語句個例的製造者覺得很冷」這樣的句子。類似地，為了要表達說話的地點很熱（「此地很熱」），一個人可以使用像「這個語句個例被說出的地方很熱」這樣的句子。

制[2]。雖然我們必須以聽覺性的語詞去引介一個空間的類比項，以便於對可再被辨識的殊相的觀念提供容身之地，但在決定該空間類比項中的一個點時，我們似乎不需要指示詞；或者，至少事情是，只要我們將自己限制在該單一的、最初的、具有該獨特主音的聽覺世界模型上，那麼，我們似乎就不需要它們去從事這個目的。因為，只要我們如此限制自己，那麼，該空間類比項中的點，就似乎能夠被描述性地決定為該主音的不同音階；而該主音自身則能夠被辨識為**伴隨著每一個聲音的那一個聲音**。然而，不論該空間類比項中的點是否能夠被描述性地加以決定，指示詞對於殊相的識別來說仍然會是必要的：對時間的指示詞，或者「現在」這一個單一的指示詞。只有藉著指稱【118】它們各自在時間次序中相對於現在時刻的位置，兩個性質上無法區別的、在該主音同一音階上的兩個聲音殊相，才能夠在理論上最終被區分開來。

因此，這建議說：在對於殊相的辨識性思考上，指示性成員在理論上的不可避免性並不只是這個，或那個允許殊相的概念架構的一個特殊特性，而是任何殊相在其中出現的本體論概念架構的一個必然特色。這一個建議是一個我會毫不猶豫會去接受的建議。首先，對於任何容納殊相的系統、任何在其中殊相是空間的、時間的或空間—時間元目的系統來說，它都必然成立。我認為這一點是從那兩個例示的、檢查過的概念系統——亦即我們自己的和該聽覺世界的系統——的一些考慮獲得證實的。因為，該

2 對於這個評論以及以下評論的理解，讀者們應該要參照我對於無空間世界的推測性建構的討論應該如何被理解的一般性說明。將這樣的建構想成是我們日常經驗中的一部分時，我們可以問：我們日常使用的哪些概念和表達模式，是我們發現對於我們經驗中這個部分的顯著特性的說明來說是必要的？詳見第二章，頁【82】等等。

處所提出的論證會同樣適用在其他任何這樣的感官語詞（如果其他任何這樣的語詞是可能的話）：一個純粹時間的，或一個空間—時間的殊相本體論可以使用它而建立起來。該論證的形式普遍適用於每一個情況。對於一個純粹的空間系統來說——該系統或許可以被設想成一個空間—時間世界的瞬間狀態——為了要解決空間—時間世界中的識別問題，指示詞必須要有一個空間的和時間的力量這個事實，似乎在這個情況下也是絕對的。其次，下面這件事（讓我們先作一些預盼）對我來說似乎也是必然為真的：沒有一個不允許空間或時間元目的系統能夠是一個允許任何殊相的系統[3]，或至少是能夠被我們理解成這樣的系統。這一點和康德說空間和時間是我們唯二的直覺形式是一樣的。如果我們將這兩點放在一塊，我們可以推論出：一般而言，對殊相的辨識性指稱，最終是建立在直接或間接呈現某種指示性力量的表達式之上；或者，將它以思想而非語言的語彙來加以表達：對殊相的辨識性思考，必然容納著一個指示性的成員。

現在，萊布尼茲的系統與這個主張相扞格，或似乎與它相扞格，因為，對該系統的基本個體——亦即單子（monads）——來說，某種形式的不可區分者的同一性（the Identity of Indiscernibles）主張[4]被說成是成立的【119】。根據這個學說唯一值得被討論的形式，下面這件事必然為真：對於每一個個體來說，都存在著某個以純粹普遍的，或一般性語詞所構成的描述，是該個體唯一滿足

3 譯者注：換句話說，任何允許殊相存在的系統都必須允許空間或時間元目的存在。

4 譯者注：這個主張有時又被稱為「不可區分者的同一性原則」。該原則說的是：任何兩個事物如果每一個性質都相同，那麼它們必然就是同一個事物；或者：不可能兩個不等同的事物會有完全相同的性質。

的描述。僅僅依靠我剛才所說的學說，並不會直接導出「對殊相的識別不需要指示詞」這個主張。因為，也許有可能——雖然這樣作很奇怪——接受我剛才所說的這一個學說，但卻認為下面這件事在理論上是不可能的：概括性地述明某類「使用純粹一般性語詞的描述」，使得只有一個個體滿足這個類型的一個描述這件事必然為真。換句話說，一個人可能認為，去詳細**指定**任何類型的純粹一般性描述、並保證一個這樣的描述獨一無二地應用到任何殊相這件事是不可能的，但他卻認為，對於任何物體都應該**存在**著一個獨一無二可應用的一般性描述這件事是必然的。在這個情況下，我認為他必須承認說：對殊相識別的理論性問題的解決方案，將會要求我們允許指示性的成分進入特殊的描述中，以作為一個不得以而採用的手段（*pis-aller*）；他必須承認說：只有在這個條件下，一個人才能夠詳細指定某類保證唯一性的描述；而這當然不會是只使用普遍語詞的描述類型。不過，萊布尼茲並不抱持這個相當令人不舒服的半吊子立場。他抱持一個更令人滿意的立場，並且相信自己**能夠**詳細指定某類純粹一般性的描述，使得不多於一個單子或基本個體能夠滿足那個類型的任何描述。他認為他能夠詳細指定問題中那一個類型的描述，但這並不是說他實際上能夠給出任何一個這樣的描述；因為只有上帝才能辦得到那件事。一個這種類型的描述，是他有時稱為一個個體的「完整概念」（complete notion）的東西。一個這種類型的描述的特徵是：它是對某個個體的描述，但在某個意義下，它也是對整個宇宙的描述。它是從某一個特定觀點對整個宇宙所作的描述或表徵。它以這個方式而成為普遍的、窮盡的描述這件事，是它確保了它在應用上唯一性的原因。【120】

待會兒我將會回去考慮這個立場的優點。但首先我必須先提到我所說的、萊布尼茲系統與我所堅持的看法之間扞格不入的兩個方面中的另一個。我堅持說，大致上，沒有任何對於純粹意識的個體化原則可以被架構出來，因而沒有任何事物可以是蘊涵了意識的述詞的主詞，除非它是一個個人——在這個意義下，它同時蘊涵了對肉體屬性的擁有——或至少是一個從前的個人。現在，萊布尼茲系統中的基本個體並不是物質；它們沒有空間的部分；事實上，它們是意識、知覺和統覺的主體。如果我們想要忠實於權威的萊布尼茲[5]的話，那麼，這個陳述將需要作出非常大的限制。但即使我們只要它對於我的可能萊布尼茲來說為真，它也需要一些限制。我們最好不要說單子**是**心靈，我們最好說：在我們所使用的所有範疇中，心靈是最接近單子的東西，也是後者最簡易的模型。舉例來說，對於歷史上的萊布尼茲來說，在單子中只有一個子集合被說成是有意識的，而在有意識的單子的所有狀態中，也只有一個子集合被說成是意識的狀態；而這個說法的最終結果是：單子除了是非空間性的元目之外，也是非時間性的元目。除了列出它們之外，我將大致忽略這些限制。對於我的萊布尼茲來說，一個單子的模型是一個心靈。所以，他的系統中牴觸我所堅持的主張的那一個重要方面是這一個立場：這些類似心靈的元目占據了基本個體的地位；換句話說，它們是這樣的元目：對之，一個個體化的原則可以單單以它們自己的狀態——亦即，以它們的意識狀態或意識狀態的單子類比項——來加以架構，而無需指稱個人或身體。

讓我們看看，個體化如何被說成是被確保了？單子的唯一性是如何地被假設是被某種的描述所保證？我們需要去檢查的學說

---

5 譯者注：指的是真實的萊布尼茲。

是：每一個單子都從它自己的觀點來表徵整個宇宙。這個學說必須一步一步地被展開來。現在，被主張說是對每一個單子來說都是獨一無二的事物，乃是它的觀點。因此，讓我們先純就字面來討論「觀點」（point of view）這個觀念，亦即，讓我們考慮一下下面這樣一個有關於觀點的觀念：從這個觀點出發，一個空間上延展的景象（scene）可以受到它的檢視。假設我們宣稱說【121】，這樣的一個觀點能夠被某個以普遍詞所形成的描述加以個體化，被獨一無二地加以決定，而該描述是在那個觀點下對於存在於視界（visual field）中的事物的特性及它們之間關係的描述。有些人可能會反對說，如果問題中的景象或區域是相對廣泛的，而對於不同的觀點來說，可見的視界是相對地受到限制的話，那麼，這樣一個對於在某一觀點下的視界的描述可能不會獨一無二地適用於該觀點。因為，可能有另外一個與第一個觀點相距甚遠的觀點，而在該處存在著一個完全相似的視界[6]。現在，如果每一個觀點的視界都至少跟整個的景象或區域一樣廣泛，每一個視界都涵蓋了所有要被個體化的觀點，那麼，這個反對似乎能夠被答覆。在那種情形下，似乎不能夠有兩個不同的觀點是這樣的：其視界在性質上是無法區別的。當然，這也就是單子從它的觀點而表徵或反映了整個宇宙這個說法的要義。

然而，進一步的反省顯示說，這種個體化觀點的方式仍然是十分不成功的。為了要看出仍然有可能會有「數目上不同的觀

---

6 譯者注：試考慮下圖的方格43和50。假設它們的視界只包括鄰近的八個方塊，那麼，「相對說來」，問題中的景象或區域（整個棋盤）就會是廣泛的，但方格43和50的視界卻相對地受到限制。在這種情況下，如果我們不使用指示詞去構作該描述的話，對方格43的描述就會同樣適用於方格50。

點，從它們那裡被呈現的景象會是性質上無法區分的，儘管它們涵蓋了整個的宇宙」，我們只需去想像問題中的宇宙在某些方式上是重複的或對稱的，就可以了。哲學家曾經想像過各式各樣這一類的複雜可能性。但一個非常簡單的例子就夠我們用了。想想一個棋盤。我們所考慮的宇宙是被它的邊緣所局限；因此，該宇宙是由一些黑白方塊的有限排列所組成。（見下面的插圖）

我們的問題是要去對每一個方塊提供個體化的描述，而且要從每一個方塊所獲得的、棋盤其他部分的景觀（view）來作出這些描述。顯然，只要每一個方塊的景觀都被限制在該給定方塊鄰近的那些方塊，該問題並不能被解決。舉例來說，在這個限制下，我們將不可能去區分方塊50和方塊43。但幾乎同樣明顯的是【122】，即使每一個方格的景觀被允許去涵蓋整個的板子，該問題仍然不能被解決。舉例來說，去區別方塊43和方塊22仍然是不可能的。從這兩個方格來看，整個棋盤的景觀會是一樣的：在某一對角的方向上，每一個方格都有兩個白色的方格遠離它，而在另一對角的方向上，則有五個白色的方格遠離它等等。

因而，如果我們只從字面上了解萊布尼茲所謂的「對整個宇宙的觀點」，那麼，如果沒有指示詞，他的個體化問題仍然無解。對它作字面的理解，乃是去形成一個由空間上延展的物體所構成的單一世界的圖像，然後去將每一個單子的狀態想成是：在那個單子意識中對這個世界的一個鏡像。它會是去將每一個單子想成在這個單一的空間世界中占據一個位置，而這個位置是由「這個世界被那個單子所看出去的地方」來定義的。當我們形成這個圖像時，我們會看出，由於剛才所考慮的理由，單子不能夠以它們所得到的、對這一個世界的景觀來加以個體化；因為我們能夠想像：從兩個不同位置所得的景觀來看，這個世界是無法區別的。但當然，那一個字面上似乎如此的圖像，並不是萊布尼茲對實在界的圖像。我們可以從這個圖像得到萊布尼茲的圖像，或對我們的目的來說夠近似於此的圖像，只要我們去除掉那一個由空間上延展物體所構成的單一共同世界。在萊布尼茲的系統中，只有單子——亦即意識，或潛能，或準意識——以及其狀態才是真實的。對它們來說，並沒有共同的空間世界去讓它們反映；有的只是在這些意識狀態間的一些符應狀態；【123】而空間特徵或特色則只屬於那些狀態的內容。該世界中有私有的空間，但沒有公共的空間。因此，由於單子並非在空間上彼此關聯著，由於並沒有它們共同屬於的公共空間世界，因而並沒有我們所考慮的那種可能性：這樣的一個世界中無法有兩個不同的單子在兩個不同位置上，而這兩個單子卻有著區分的觀點。共同的**對稱**空間世界所引起的問題被排除了，因為該共同的空間世界被排除了。空間是內在於單子當中。**觀點**實際上仍然存在著，而且彼此以觀點法則所指出的方式符應著；但它們並不是對任何事物的觀點。

所以，如果我們關心的是萊布尼茲的系統的話，對該學說——亦即，我們能夠以不牴觸不可區分者的同一性原則的方式去確保個體化的學說——的一個反對並不成功。但另外還有一個反對。它可以同樣以該系統去回應，但得花非常高的代價：亦即，該回應得承認說，該系統中的個體根本就不是殊相，而是共相、類型或概念。這或許是一個具有數學心靈的形上學家相當樂意去付出的代價。

在這一點上，單子類比於個體意識的教條變得非常重要。我們已經討論過個體意識的觀念，也看過這個概念必須被認為是從屬於個人概念的理由。一旦我們接受個人的概念是主要的，我們就可以很容易地對「區分不同的意識狀態的主體」的觀念給出一定的意義，而且能夠去考慮下面這一個複雜的問題：對於個人以及對於這種狀態的主體來說，它們的個體化原則為何？此刻，有關於這樣的原則的相關要點是：由於一個個人擁有肉體的特性（一個身體），因此，無論兩個個人的意識狀態序列可能會有多**相似**，個體化的理論性問題仍然會允許一個解決方案。這個解決方案，就好像在非生物的物質性物體的情形一樣，最終乃是奠基在對於指示性表達式的使用之上。【124】

但現在考慮一下萊布尼茲的處境。剛才所考慮的反對——亦即，也許會有從不同觀**點**來的、不可區別的景觀——在他的系統中並不能被提出，因為單子並沒有空間的關係或位置。在該系統中，下面這件事是分析上為真的：如果有**觀點**上的不同，就會有**景觀**上的不同。**對於觀點來說**，不可區分者的同一性原則是一個邏輯上必然成立的原則。但假設某個人提出了這一個問題：為什麼不能夠有不確定數目、但數目不小的個體意識或準意識「在」

同一個觀點上或有著**同一個**觀點呢[7]？如果我們嚴肅對待我們所建議的、介於單子和心靈或意識之間的類比，我們並不能阻止這個問題的提出。因為，在我們目前的概念架構中，並沒有任何事情能將下面這一個觀念排除為邏輯上不可能：不同的意識狀態的主體或不同的個人或許會處於性質上無法區別的意識狀態。對萊布尼茲來說，這個問題提出了一個兩難困境，而且讓他面臨一個選擇。去選擇其中的一個選項，乃是去放棄將不可區分者的同一性原則看作是邏輯原則，乃是去放棄這一個觀點：有一個理論上能夠被詳細指定的、由一般性語詞所形成的描述的集合，邏輯上不可能有多於一個單子符合其中的任何一個描述。如果作了這個選擇，那麼，單子和特殊意識之間的類比到此還能夠維持。該系統中的個體是殊相。但它們會是——即使從理論上來說——我們只能藉著上帝的恩寵去辨識性地指稱的殊相。因為，即使對於每一個個體都只有一個獨一無二、可應用的描述這件事**為**真，或者，換個說法，即使沒有任何兩個特殊的意識擁有相同的觀點這件事**為**真，它們之為真**這件事**，也不是一件邏輯上必然的事情，而是出自於一個上帝的自由選擇，該上帝並不在乎無區別的複製。並且，由於指示性的表達式在該無空間、無時間的單子所組成的真實世界中，並不能有任何的應用可言，因而，即使是理論上辨識性指稱的可能性也將會是奠基在這個神學的保證之上。給定這個保證，我們才會知道【125】：真正獨一無二地定義了一個「觀點」

7　比較一下這一個問題。在同一個針尖上能夠站著幾個天使呢？如果天使是無形體的，而且「站著」被賦予了一個適當的天使的意義（譯者注：亦即，一個不占據空間的意義），當然這將會沒有限制的。但是，不可能有多於一個平衡性佳的**個人**可以站在那裡。

的完整述詞集，將會同樣在事實上獨一無二地應用在——如果有的話——那一個有著該觀點的特殊意識之上。因此，這個選擇似乎保存了單子的本體論作為殊相本體論的特性，但它卻摧毀了該系統的邏輯整體性。因為，它使得個體化的可能性奠基在一個**神學的**原則之上。甚者，它只能勉強地被稱作是一個殊相的本體論；因為，類比於一個個體意識、但實際上是非時間性的殊相的觀念，是一個我們幾乎不能理解的觀念。最後——雖然這個可能會被認為是無關於這樣的形上學系統的一個批評——它不可能是任何世俗單子的主要概念架構。因為，為了要被擬想成一個可能的概念架構，它至少要求該擬想者應該給「區別意識狀態的個別主體」這一個觀念賦予意義。我們已經討論過使這個概念成為可能性的條件，而它們顯然不允許這種主體的**主要**概念是萊布尼茲單子的概念。大致說來，該主要的概念架構必須是一個將人類放進世界的架構。而一個將世界放進每一個個人當中的概念架構，一定至少是一個從屬的產品。由於這林林總總的理由，我將不允許將這個選項算作是我的原則的一個例外：亦即，一個不允許空間或時間元目的本體論，將全然不能夠允許任何的殊相這個原則。一個只能被上帝嚴肅看待的本體論，將不會算作是一個可能的本體論。

另外一個開放給萊布尼茲的選項，在許多方面來說是較為吸引人的。它不再宣稱殊相、特殊意識或類比於此的事物具有該系統中基本個體的地位，反倒允許類型、共相或概念具有這樣基本的地位。在這個看法下，我們不再把每一個單子想成是：由於上帝的恩典而不與其他單子擁有或分享某個「完整概念」（complete notion）的事物，亦即，落於某個窮盡而又有唯一可應用性的概念之下的事物。**相反地，我們把該系統中的基本個體想成是**【126】

這些完整的概念，這些概念本身。從該系統的其他要求的角度來看，這個選項有許多立即可見的優點。不可區分者的同一性原則——在它完整的邏輯意義下——立刻被保證成立。如果一個共相與另一個共相是不同的共相，那麼，原則上一定可能以一般性的——亦即普遍的——語詞去**陳述**該差異。兩個共相能夠分享相同的**部分**名稱（partial designations）：紅和藍兩者都是「顏色」。但它們不可能分享相同的**完整**名稱[8]。因為，共相間的差異，**就是**共相語詞意義間的差異。在這個解釋下，不僅以一般性語詞去個體化單子變得立即穩固了，單子應該是非空間和非時間的元目的要求，也一樣立即變得可理解，因為概念是非空間的和非時間的元目；而對於每一個單稱命題來說，述詞是固有在（inhere in）主詞中的學說[9]，也同樣變得立刻為真。一個單子名稱的一般形式將會成為：「那一個如此這般的某個事物 *x* 的概念」（The concept of an *x* which…）。我們得注意有關於這個名稱形式的幾件事。首先，也是最重要的：單子並不是這些 *x*，或該關係代名詞[10]（relative pronoun）讓我們準備去加以描述的事物。單子是這些事物的概念。結果是，這些關係子句[11]或許會包含許多空間和時間的述詞，但去探索單子間的時間和空間關係仍然是沒有意義的。這些

8 譯者注：史陶生的意思是：兩個共相可以在部分性質上相同，但卻不能在所有的性質上都相同。

9 譯者注：亦即，「述詞被包含在主詞的意義中」的學說；也就是「所有的主述句都是分析語句」的學說。

10 譯者注：指的是“The concept of an *x* which …”中的“which”這個字，用來代替之前的*x*。中文中似乎沒有相關的語言設計。

11 譯者注：指的是“which”之後所加上的子句，也就是填入「如此這般」位置的子句。

被稱呼的概念之間或許會有某種**邏輯的**關係；但並不是任何種類的關係都會存在於它們之間。單子之間沒有像物理互動這樣粗糙的關係。其次，並非每一個我所提到的那一個形式的名稱都是一個可能的單子名稱。舉例來說，「那一個殺了某個人的人的概念」這個片語，雖然稱呼一個概念或共相，但它並不稱呼一個可能的單子。因為它並不是一個「完整的」概念。如果某人殺了某人，這不可能是整個故事——我的意思是：整個的歷史。一定還有更多的事可以說，比方來說，當時他們兩個人穿的是什麼、他們的父親長得什麼樣子等等。只有當一開始的關係子句引介了一個——這麼說吧——對某一可能世界的歷史和地理的窮盡描述時，我們才會獲得一個「完整」概念的名稱【127】。此處，「世界」一詞意指空間—時間的世界，而「可能的」一詞意指「能夠不自我矛盾地、窮盡地加以描述」[12]。現在，顯然，給定這些要求，完整的概念將會形成好幾個集合[13]，以至於兩個這樣的概念會屬於同一集合，若且唯若，每一個概念中的關係子句所引介的描述都包含了相同的成員，儘管順序不同。同一集合中的兩個概念之間的區別，只在於一開始的關係代名詞如何對某個可能世界的共同描述作出**配合**的方式。因此，從那些適合實際的可能世界的實際歷史的概念集合中，如果我們選擇凱薩的概念和布魯特斯的概念，

---

12 事實上，一般而言，這一個「窮盡的描述」的觀念是相當沒有意義的；雖然在某一個特殊的討論脈絡下，我們能夠賦予它一定的意義。但這是一個我將不予討論的反對。

13 譯者注：讀者可以將每一個集合想像成一個「可能世界」，其中的每一個概念都是從某「觀點」而對該世界所作的一個完整描述。不同的概念以不同的觀點描述著同一個世界，但每一個概念都指稱了其他的概念。這些集合當中的一個是真實世界，而其中的概念則是所有這個世界中的個體的概念。

那麼，雖然由這兩個概念的關係代名詞所引介的描述大部分會是相同的，但它們卻會在這些方面有著區別：凱薩概念的名稱將會包含「……而且他被一個如此這般的人所刺殺了」這一個片語（其中如此這般是一個對布魯特斯的描述），而布魯特斯的名稱將會包含「……他刺殺了一個如此這般的人」這一個片語（其中如此這般是一個對凱薩的描述）。在目前的解釋下，這賦予了意義給下面這一個學說：每一個單子都從它自己的觀點反映出整個的宇宙。以概念名稱的術語來說，「觀點」大致對應於「一開始的關係代名詞」。它也賦予了意義給預定調和（pre-established harmony）這一個學說。單子彼此調和，因為它們屬於同一個概念集合。最後，我們能夠看出，為什麼每一個真的主述命題的述詞都包含在該主詞中。因為，每一個這樣的命題的主詞都是一個單子，因而是一個完整的概念，而該命體僅僅斷說了：它屬於某一集它在分析上屬於的概念集合。因此，「布魯特斯刺殺了一個人」被分析為「那一個 F、G 等等、並且刺殺了一個如此這般的人的人的概念，是一個刺殺了某個人的人的概念」。【128】

現在，讓我們大致地去完成在這個解釋下的萊布尼茲系統的草圖。完整的概念能夠以某個邏輯面向來加以排序，我們或許可以稱該面向為「豐富性」（richness）。去將完整的概念以這個方面來加以排序，也就等於是將完整概念的**集合**加以排序；因為，任何完整的概念都和其他屬於相同集合的完整概念有著相同程度的豐富性。最豐富的概念集是：在該集的每一個概念的描述中，由每一個可能觀點所描述的那一個可能世界都結合了現象上的最大多樣性，和自然律上的極簡性。單子的集合等同於這一集的概念。這就是「現實世界是最佳的可能世界」這一個學說的意義。

在萊布尼茲的系統中，最歧義和最不確定的是這一個問題：

實際的個體的集合等同於該最豐富的概念的集合這件事，是否被假設為純粹分析上為真？如果它是分析的，那麼，整個的系統會趨近於理想上的邏輯純粹性，而達到了某種可能任何其他形上學系統都無可比擬的程度；因為，它將完全只處理概念之間的關係，而不在任何一點上接觸偶然性。在這個情況下，當「C」是某個完整概念的名稱，說「C是一個真實的個體」——如果它為真的話——將會是去說某個本身在概念上為真的事情；因為，它的**意思**將簡單地是：「C是那一個最豐富的概念集合當中的一員」；而我們或許會允許這樣的一個可能性：去架構一個有關於多樣性和簡單性的標準，使得這個判斷成了一件計算上的事情。然而，雖然這個選擇保存了該系統的純正性，但它或許會讓該系統變得比最純粹的形上學家所希望的系統更遠離於實際。它會讓——這麼說吧——即使是最同情它的人也不禁懷疑：就算在該被提出的標準的意義下，**這個**世界是否**事實上**是那一個最佳的可能世界呢？另一個選擇是去允許說，「C是一個真實的個體」並不與「C是那一個最豐富的概念集合當中的一員」有著相同的意思，而是有著類似於「實際上，C是被個例化的」的意思。但如果我們選擇這個選項，而且如果我們想要得到一個從萊布尼茲的觀點來看是令人滿意的結果，那麼，一大堆的東西將會留給神學、留給上帝的善良旨意。一些重要的命題將變成偶然命題，最多也不過是【129】神學上的命題。假設「S」稱呼該最豐富的概念集。那麼，為了要讓這一個宇宙從萊布尼茲的觀點來看是令人滿意的，所有下列這些命題都一定會是真的，而且沒有一個會是邏輯上有保證的。這些命題是[14]：

14 譯者注：換句話說，

1. 沒有一個完整的概念是被個例化、但卻不是S的一個成員。

2. 沒有一個完整的概念是S的一個成員卻未被個例化。

3. 每一個被個例化的完整概念都被獨一無二地個例化。

就我目前所能看出的，沒有任何少於這個多重要求的要求可以成功。因為，「被個例化」的意義，不能是它在哲學上最經常被使用的意義——亦即，非常大致地：「出現在我們共同的空間—時間架構中的某時或某地」——因為，這個解釋[15]預設了一個概念架構，但其最終的有效性卻被這整個的架構所否定。空間和時間關係、特徵，以及展現它們的事物都只是「有良好基礎的表象」，而非實在界的特色。相反地，為了要給「個例化」一個意義，我們必須回到個體意識和知覺視界的類比去，並把某個完整概念的個例化想成至少是像創造了一個統一的、由知覺和其他意識狀態所構成的序列——一個對於某個可能世界的私有觀點——這樣的東西。邏輯上，對一個對應於某個完整概念的這種序列的創造——亦即，對某個可能世界的私有觀點的創造——並不蘊涵對對應於同一個集合中其他完整概念的其他序列的創造，也不蘊涵它自身未被複製，更不蘊涵對應於屬於不同集合的概念的序列的未被創造。因此，當我們離開概念的領域，前往概念的個例化的領域時，預定調和的原則和不可區分者的同一性的原則必須以不同的意義再度被召喚，它們被當作非邏輯的原則。如果事情要

---

1. 每一個個例化的完整概念都是S中的一個成員。

2. 每一個S中的完整概念都被個例化。

3. 每一個被個例化的完整概念都被獨一無二地個例化。

15　譯者注：指把「被個例化」一詞解釋為哲學上常見的用法。

令人滿意的話，「某個給定的完整概念C在事實上被個例化」這個宣稱，將會等於「C是一個完整概念的集合K中的一員，所有、而且僅有K中的成員在事實上被【130】獨一無二地個例化，而K事實上是最豐富的概念集」這一個宣稱。當萊布尼茲斷說一個有關於這一個世界的單稱命題時，他將會承認這裡所說的一切，也必須承認已經被區分的、涉及在任何主述命題中的分析命題。

結論是，一旦被「為什麼不應該有不確定數目的特殊意識享有相同的觀點、相同集合的狀態呢？」這一個問題所危及，那麼，即使決定將單子看作是概念（或類型或共相）的想法，也不足以去保存該系統的邏輯純粹性。為了要去克服這個危機，把單子當作是概念的這一個決定，還得被補充以這樣的解釋：將所有該系統中關鍵的學說都解釋為完全是關於概念和概念集合之間的關係。但這樣一來，該解釋成了完全柏拉圖式的解釋；雖然它保持了它的魅力的純正性，但它卻和經驗的實在界分離得相當遠。自另一方面來說，如果當單子是共相或概念的決定被採取時，我們還希望該系統就某個意義來說描述了實際上發生的情形，那麼，所有那些在單子是殊相的決定下會被要求的、邏輯之外的不純粹性仍然還會被需要，雖然沒有那麼迫切。我認為，當所有的事情都被列入考慮時，這個允許著不純粹性的混雜系統會是最真於歷史上的萊布尼茲。從忠實於萊布尼茲的角度來看，這個混雜的解釋有很好的優點：它讓單子是非時間和非空間的想法變得可理解，同時允許許多出現在文本中、但在一個純粹柏拉圖式的解釋下將會是多餘的說法。

這就是所有我將對萊布尼茲直接所說的事情了。一開始，我將他的系統當作是提出一個殊相本體論的企圖：在其中，指稱的唯一性在理論上是穩固的，但卻無需指示詞；而我試著去顯示說，儘管其複雜的天才想法，該企圖是如何地失敗了。我現在想要簡短地回到我曾經呈現是對萊布尼來說最重要的困難，並且將它與之前有關個體意識的討論，以比我以前所說的更緊密的方式連接在一塊。本質上，指示詞是在一個有空間—時間特性的世界中作出指稱的設計。【131】萊布尼茲之所以看似能夠暫時地停止使用它們，並且還保存著一個殊相的本體論，那是因為他的最終元目所組成的世界並不具有時空特性；而只要我們告訴自己去將這些最終元目想成是個體意識的類比項，它們還是能夠被想成是至少類似於殊相。然而，即使我們成功地實行這個想法——的確很難去認為說這是真正可能的——萊布尼茲的困難並沒有因此解決，反而更尖銳了。因為，邏輯上——相對於神學上——我們似乎沒有理由去說，為什麼不能有一些不確定數目的、某一單子類型的、無法區分的單子殊相；而由於指示詞對這個非空間、非時間類型的元目並沒有任何應用可言，因而，即使萊布尼茲準備去使用它們，日常用以解決識別問題的手段也無法被使用。現在，有人可能會覺得說，即使當我們回到那一個共同的空間—時間殊相世界，並且擁有指示詞可資運用，我們仍然會有一個類似於萊布尼茲所面對的重要困難。對萊布尼茲來說，該困難是——我再重複一次——也許會有任意數目的、無法區分的、某一給定單子類型的單子殊相。對我們來說，難道以下這個不是困難嗎：也許會有任意數目的、完全相似的特殊意識、以相同的方式連結在某一個單一的特殊身體嗎？

如果我們試著去將特殊意識的概念設想成殊相的主要或基本類型的概念，那麼，這個困難的確會出現，而且會無法解決。所以，我剛才所提出的問題，僅僅是為了給我已經在別的基礎上論證過的主張提供額外的確證[16]：我們並沒有這樣的一個概念，或者並沒有這樣的一個概念作為主要的概念，亦即主要殊相的概念。相反地，我們擁有個人的概念。個人擁有肉體特性，可被知覺，占據空間與時間，能夠被區分和被辨識，就像其他在空間—時間架構中擁有一個物質位置的項目能夠被區別和被辨識一樣。當然，他們也能夠再被辨識；而當所有我到目前為止論證過的主張都被視為理所當然時，我們仍然有著關於個人的再被辨識標準的哲學問題【132】：這些標準究竟為何？它們相對的比重為何？在不尋常的情形下，我們如何能夠調整或進一步地決定我們的概念？直到前一章的主張被清楚地了解和承認之前，沒有任何對這些問題的企圖會有成功的機會；而一旦那個主張被了解和承認了，雖然其餘有關於個人同一性的問題仍然可以被爭論，但那似乎只是一個相對來說較不重要、而且較不困難的問題。我現在將不會討論這個問題。但我或許應該說一件事情。個人同一性的標準當然是多重的。當我說一個人的身體給我們應用這些標準的一個必然應用點時，我並不是在說：個人的再辨識標準與物質性物體的再辨識標準是同一些標準。我並不是在否認：在不尋常的情況下，我們也許準備去說兩個個人交互地分享著同一個身體，或個人會改變身體等。但承認這些事情並不算是反對下面這一個主張：主要的概念是某一類型元目、個人的概念，而一個個人必然地擁有肉體特性以及其他種類的特性。或許我也應該同樣重複說：一旦我們辨識了一個特殊的**個人**，那麼，就再也沒有什麼事情去阻止我們，而且實際上沒有什麼事情的確阻止我們去對某個不同類型的殊相——亦即那個人的意識——作出辨識性的指稱。特殊意識

16　譯者注：見第三章第[4]小節，特別是頁【102】-【103】。

的概念就是在這個方式上能夠存在著，作為非基本的、非主要類型的殊相的概念。而且只能夠在這個方式上存在著。

因而，似乎困擾過休姆的問題，事實上是**不**存在的問題：統一原則的問題、同一性的問題、特殊意識的問題、被認為是主要殊相的特殊「知覺」（經驗）主體的問題。如果有這樣的原則的話，那麼，我們每一個人都必須去應用它，以便於決定任何與他的經驗同時的經驗是否是他自己的或是別人的；而這個建議根本就沒有意義[17]。在休姆犯錯或似乎犯錯的地方，【133】康德和維根斯坦兩者的確有較好的洞見。也許兩者都未能總是以一種最令人高興的方式去表達。因為，康德的學說——「意識的分析性統一」（analytic unity of consciousness）既不要求、亦不允許任何的統一原則——並不是像一個人所期望的那麼清楚。而維根斯坦被認為的說法——該說法的效果是：意識的資料並不被擁有，當「我」這個字被N用來說到他自己的情感等等時，它並不指稱其他人使用「N」時所指稱的事物——似乎是不必要地去嘲諷我們實際上所應用的概念架構。維根斯坦的這個作法是沒有必要地弔詭：去否認或似乎去否認說：當M說「N在痛苦中」而N說「我在痛苦中」時，他們是在談論同一個元目，而且是在對他說同一件事；

17　當然，這並不是去否認：某個**個人**也許會以某種方式而不太確定他自己的同一性，也許會不太確定某個行動的序列是否是由他所作出，或不太確定某個如此這般的歷史是否是他的歷史，也許會完全不確定他的歷史是**什麼**等等。如此一來，他用以解決這一個懷疑的方法，在原則上與其他人用以解決有關他的同一性懷疑的方法是一樣的；而這些方法簡單涉及了對**個人**同一性的日常標準的應用。只有這樣的差異存在於其中：他必須**讓**其他人**能用**一些資料，而這些資料是他不需要同樣讓自己能用的，舉例來說，他必須去報告他所宣稱是他記憶的事情。

去否認說N能夠**確證**他在痛苦中。與其否認自我歸屬的意識狀態是真正的歸屬，以下的說法似乎更與我們實際說話的方式相調和：「對每一個語言的使用者來說，都剛好有一個個人是這樣的：當歸屬意識狀態給他時，他並不需要去使用對那個個人的可觀察的行為標準，雖然他不必然不如此作；而那個個人就是他自己。」這個評論至少尊重我們使用的概念架構的結構，但不排除進一步對它的檢查。我已經指出過這樣一個檢查的一般性原則，不管它有多麼地不恰當。【134】

第二部分

邏輯主詞

五

主詞與述詞（1）——兩個標準

[1] 本書第一部分的討論所關切的，乃是對於殊相的辨識性指稱。但是，可以被辨識性地加以指稱的事物，並不只是殊相而已。不論是什麼事物都可以藉著一個單稱的、確定辨識性的、名詞性的（substantantival）表達式而引入到討論中來。然而，在能夠被指稱的事物當中，亦即，在一般的事物當中，殊相在傳統上被認為是占據了一個特殊的地位。我們現在要去研究的，就是殊相在指稱對象當中的特殊地位這一個學說。

由於不論任何事物都能夠被辨識性地加以指稱，因而，作為辨識性指稱的一個可能對象這件事，並不能將任何一個集合或類型中的項目或元目與其他任何集合或類型中的項目區別開來。無疑，有些事物是實際上被指稱的，而有些則否；但作為一個實際上——相對於可能——被指稱的對象這件事，也不能區分出任何在哲學上有趣的元目集合來。然而，作為一個指稱的對象這件事，的確標誌了某個在哲學上有趣的區分。它並不將某一類型的對象與其他類型的對象區別開來，但它的確將某種出現在言談中的方式與其他種方式區別開來。它區分了作為一個主詞的出現方式，與作為一個述詞的出現方式。我們必須要去研究的傳統學說乃是這一個：殊相在言談中只能夠作為主詞而出現，絕不能作為述詞出現；而共相或一般而言的非殊相，則能夠作為主詞或述詞而出現在言談中。該學說或許可以用下述的方式更充分地加以表達：像約翰這樣的殊相、像婚姻這樣的共相，以及像嫁給約翰這種我們或許可以稱為共相加殊相（universals-cum-particulars）的事物，都可以藉著指稱表達式的使用來加以指稱【137】；但只有共相以及共相加殊相——而非獨自的殊相——能夠藉著謂述性的表達式來加以謂述。我並不希望去暗示說，所有抱持著我心中所想的觀點的人都會支持這些表達它的方式。在目前，我們只是單純地去指出某個傳統的存在：根據這個傳統，在關於殊相與主述區分（subject-predicate distinction）的關係以及共相與主述區分的關係之間，存在著某種的不對稱性。我們或許也應該指出，對於這個不對稱性最有力的否認，來自於這樣的一個哲學家：他完全否認了主述區分的真實性。那個哲學家是雷姆濟（Ramsey）[1]。在評論強森（Johnson）和羅素（Russell）的學說時，他說兩者「都作了一個重要的假設，而該假設在我看來，我們只要詢問它就會懷疑它。他們假設了一個介於主詞和述詞之間的對立，他們假設說，如果一個命題包含了兩個接合的（copulated）項，那麼，那兩個項就一定會以不同的方式作用著，其一作為主詞，另一個則作為述詞。」他稍後說道：「一個命題的主詞和它的述詞之間，並沒有本質上的區別。」

不管是對還是錯，這一個傳統的觀點當然在邏輯的主詞（logical subjects）當中——亦即在指稱的對象中，亦即在一般性的事物中——賦予了一個特殊的地位給殊相。我想要去發現這一個傳統觀點的基本理由，如果它有的話。但在我們直接進攻這個

1　F．P．雷姆濟，「共相」，《數學的基礎》，頁116-117。

問題之前，一大堆有關於主述區分的預備性討論是必要的。這個任務將占據本章的其餘部分。我們將需要去考慮那些在這個或那個名稱下接受了該區分的哲學家們的觀點，但卻不忘記拒絕它的雷姆濟類的懷疑論。我必須再一次強調這一個重點：本章中討論的目的，乃是去豎立一個問題，而非去解決它。解決的任務將會延遲到下一章。最終我希望對指稱和謂述之間的一般性區分達到一個理解，並對這個區分與殊相和共相區分之間的關聯，也達到一個理解。這些事在本章中並不會被加以解釋；但解釋它們的基礎卻會在本章中被預備好。【138】

1.「文法的」標準

［2］我們現在要討論一個介於兩種成員（element）之間的假設上的區分，這兩種成員可以被結合起來，以產生某個基本種類的單稱命題。我之所以選擇「成員」這個詞，係因為它的中立性。因為，還有不同的方式可以用來設想這一個區分，或者說，該區分可以被呈現為不同的面相。首先，它可以被設想成在作出一個陳述時，介於我們所作的事情之間的區分，也就是在斷說問題中那類命題中的某一個時，這種複雜的活動所涉及的、兩個互補**活動**或**功能**間的區分。在下表中，我列出了哲學家曾經用來表達這個功能性區分的一些片語[2]：

2　譯者注：我在此列出這些譯文和原文，以便於有興趣的讀者加以對照。指稱（referring）；命名（naming）；指出（indicating）；稱呼（designating）；提及（mentioning）。描述（describing）；刻畫（characterizing）；歸屬（ascribing）；謂述（predicating）；說（saying）。

I

A_1		B_1
指稱某個事物	以及	描述它
命名某個事物	以及	刻畫它
指出某個事物	以及	歸屬某個事物給它
稱呼某個事物	以及	對它謂述某個事物
提及某個事物	以及	說某個有關它的事物

這一個清單還可以再加以擴展。如果我們從清單A和清單B中各取任何一個表達式，並且將它們並置在一塊，我們就會得到一個表達式——舉例來說，「指稱某個事物並且對它謂述某個事物」、「提及某個事物並且刻畫它」——該表達式或許可以作為對「作出某類陳述」的複雜活動的一個描述，該描述區分了那個活動中的兩個時刻、成員或功能。

一旦清單I中所區分的功能，能夠被分配給在作出一個陳述時所發出的語句當中可以區別的**語言**部分時，我們顯然就會有一個第二份清單的可能性。在第二份清單中，被區別出來的成員是一個陳述中語言的部分。哲學家用以呈現這一個區分面相的片語包括以下這些[3]：【139】

3 譯者注：我在此同樣列出這些譯文和原文，以便於有興趣的讀者加以對照。單稱詞（singular term）；指稱性（referring）；主詞（subject）；專名（proper name）。謂述性（predicative）；述詞（predicate）；歸屬性（ascriptive）。

II

A_2*	B_2
單稱詞	謂述性表達式
指稱性表達式	述詞表達式
主詞	述詞
主詞表達式	歸屬性表達式
專名（弗列格）	

＊此處有細微的差異存在著。一個表達式可以獨立於它在任何特殊斷言中的出現而被歸類為「指稱性表達式」、「單稱詞」，或「專名」，或甚至「主詞表達式」。但我們也許不應該簡單地稱任何的表達式為「一個主詞」，而應稱它為某個特殊斷言**的那一個**主詞（或主詞之一）。

功能的區分和語言部分的區分並未窮盡所有可能的區分。如果我們順著清單I中A欄往下看，我們會看出，在那裡的每一個動作表達式，都將該動作表徵為具有一個對象：命名**某個事物**、指稱**某個事物**等等。如果我們順著B欄中的表達式往下看，將每一個輪流地與A欄中的某個表達式並置在一塊，我們首先會發現，每一個B欄中的動作表達式，都將該動作表徵為指向一個對象，而該對象與A欄中的動作字詞所指向的對象是同一個對象（藉著「它」來指稱）；但我們還會發現，B欄中第三和第四個表達式，將該B動作表徵為具有另外一個對象——對第一個對象「謂述**某個事物**」、「歸屬**某個事物**給」它。（我們可以暫時忽略第五個表達式。）這些表達式因而對於「兩個可以結合起來以產生一個命題的成員」這一個概念，暗示了另外一個我們能夠給出的意義。它們暗示說，在製造出該統一的事物、該命題時，我們是在將兩個不同的非語言項目或**項**（terms）以某種方式放在一塊或關聯起來。這兩個項目是：我們所歸屬的（that which we ascribe）[4]，以及我們對之作歸屬的（to which we ascribe it）[5]，或我們所謂述的（that which we predicate）[6]、以及我們對之作謂述的（to which we predicate it）[7]；而說我們在製造出該命題時「將它們放在一塊」，也不過是在說：我們將其中一個謂述或歸屬給另外一個。這些被如此放在一塊的非語言項目，有時被說是該命題的「組成要素」（constituents）。在這個關聯上，這一個詞的字面蘊涵在邏輯上是古怪的。但我們無需去被那些蘊涵所困擾；因為，即使是似乎在【140】玩弄這些字眼時，一個哲學家所說的事情，都能夠以不依賴它們的說法來加以重新表述。無疑這個進一步的區分是哲學家所承認和使用的區分；而這也是當雷姆濟說：「我們沒有理由去假設，如果一個命題包含兩個接合著的項，那兩個項必定以不同的方式作用著，一個作為主詞，另一個作為述詞」時，他的字眼最明顯適合的意思。所以，我們也許可以作出第三份清單，一個並非將該區分劃定在說話功能之間、亦非劃定在語言的部分之間，而是劃定在命題的「組成要素」之間或項之間的清單：

4 譯者注：這裡指的是謂述性表達式中所提到或涉及的關係或性質。

5 譯者注：這裡指的是指稱性表達式所指稱的事物。

6 譯者注：這裡指的是謂述性表達式中所提到或涉及的關係或性質。

7 譯者注：這裡指的是指稱性表達式所指稱的事物。

III

A_3	B_3
主詞	述詞
主詞項	述詞項
被指稱的項	被謂述的項
被歸屬的項	

但現在，在作出了第三個區分之後，我們必須考慮，我們是否不能再製造出來第四個清單。清單III中的區分，實際上是相對於某個被給定的命題的區分。根據清單III，我們區分出實際上是某一給定命題的主詞的項，和實際上用來謂述那個主詞的項，而當我們這樣作時，我們對這些項當中的任何一個在一個不同的命題中會扮演一個不同角色的這個可能性，並沒有任何的成見。的確，我們最終要研究的傳統明白地說，有些項只能作為主詞出現；但它也允許說，其他的項則能夠以主詞或述詞的方式出現。清單I和II中的區分，並非以這個方式相對於某個給定的命題，雖然它們是相對於一般性的命題的觀念。沒有一個落於這些區分中某一邊的成員可以跑到另外一邊去。我可以在不同的命題中以相同的方式指稱同一個事物，或執行相同的指稱動作；但沒有任何一個命題中這個指稱某事物的動作，能夠是一個謂述那個事物的動作。難道我們不能想像這樣一個區分的可能性嗎：它保存了清單I和II中區分的互斥性，但像清單III中的區分一樣，它並不是一個說話功能或語言部分的區分【141】，而是一個以某種方式符應於這些、但卻是在非語言項目間的區分嗎？清單III中的成員是項，其中的某些至少能夠以兩種角色中的任何一種來出現。我們進一步清單中的成員，將必須把項和其角色合而為一。新的成員

將能夠出現在不同的命題中，但並非以不同的角色出現在不同的命題中。清單III本身對成員的區分預設了介於項本身、和它們出現的角色間的區分，新的區分則不奠基在這樣的先前的區分上，它將會將項和它們的角色一塊區分出來而沒有剩餘[8]。如果我們能夠的話，試著去了解這樣的一個區分會是有價值的；因為它或非常類似於它的某個東西，乃是某位在這件事情上我們不能忽視其觀點的哲學家——亦即弗列格——所使用的區分。借用他的術語，我們記錄這個區分如下：

IV

A_4	B_4
對象（object）	概念（concept）

清單IV中的區分是清單II中區分的非語言副本。就好像沒有指稱片語能夠被單獨用來謂述一樣，也沒有對象能夠被用來謂述；就好像沒有謂述性的表達式能夠被單獨用來作為一個指稱片語一樣，所以也沒有概念能夠是一個對象。這個區別的形式在直覺上是最不清楚的。以下我們將進一步討論它。

［3］到目前為止我所關心的，只是去開展一些在歷史上曾經被哲學家作出或認識到的相關區分，或同一個區分的不同面相。我既沒有試著去評價它們，也完全不試著去完整地闡釋它們。除了命名它們或記錄它們的名稱之外，我作得非常的少。

現在，我必須試著去闡釋它們。有一個論點是那些認定清單

8 譯者注：史陶生的意思是，清單IV的區分既是一個項之間的區分，又是一個不同角色之間的區分，而清單III中的區分則只是一個項之間的區分。

II的作家們將會同意的論點，而我們可以拿它來作為我們的出發點。它是：在一定的限定下，這些清單A和B中的項目是彼此排斥的。沒有一個A表達式能夠是一個B表達式，反之亦然；但一個A表達式能夠是一個B表達式的一部分。因而，弗列格說：「一個專名永遠不能是一個謂述性的表達式【142】，儘管它可以是一個謂述性表達式的一部分。」[9]紀曲（Geach）作了一個較不一般性的宣稱，但卻是一個趨向於相同方向的宣稱。他說：「一個對象的名字能夠……被用來作為一個有關於某對象的斷言的邏輯主詞。……在不極端改變其意義的情況下，它不能作為一個邏輯述詞。」[10]紀曲在此使用「邏輯主詞」、「邏輯述詞」這些片語，就好像弗列格使用「專名」、「謂述性的表達式」一樣，去論及清單II中的項目，亦即，一個陳述中的語言部分。為了要避免不同術語的混淆，我將有時使用衍生自我清單中的編碼名稱，並談及一個A_2、一個B_2等等。

我引自紀曲的陳述比起我引自弗列格的陳述來說，前者在範圍上是比較不一般性的[11]。它的有趣之處在於這一個事實：它被宣稱是某個有關於「主詞」（A_2）和「述詞」（B_2）的定義的一個邏輯結果。所以，我們可以根據它們被宣稱的結果，去評估這些定義的恰當性。去評估它們的恰當性是重要的；因為它們在初步看

9　「論概念與對象」（《哥特羅伯．弗列格的哲學作品》，紀曲及布雷思主編，頁50）。

10「主詞與述詞」（《心靈》，1950，頁463）。

11　譯者注：史陶生並沒有說明為什麼紀曲的看法是「較不一般性的」，但也許他的理由是：紀曲的說明增加了「在不極端改變其意義的情況下」這樣的限制，而這是弗列格的說法中所沒有的。

起來是有吸引力的。這些定義如下[12]：

> 一個 B_2 是這樣的一個表達式：如果我們將它依附給另外一個、**代表**我們作出斷言時**所關於**的事物的表達式的話，它就會給我們一個**有關於**（about）某事物的斷言。
>
> 一個（斷言中的一個）A_2 是這樣的一個表達式：有一個 B_2 被依附給它，以至於這兩者一起形成了一個**有關於** A_2 所**代表**（stands for）的事物的斷言。

我們必須去問說，這些定義是否有這樣的一個結果：一個 A_2 絕不能是一個 B_2；或至少（如果我們限制自己在紀曲較不一般性的宣稱上）它們是否會有這一個結果：一個對象的名稱能夠被當作一個 A_2 來使用，但不能在不極端改變其意義的情形下，當作一個 B_2。我在這些定義中用粗體字標示了重要的表達式。其中之一是「有關於」這個片語。試考慮下面這兩個斷言：

> 勞賴抽菸
> 蘇格拉底是智慧的【143】

在這些斷言的第一個裡，我們希望去將「勞賴」這一個表達式歸類為一個 A_2，而將「抽菸」這一個表達式歸類為一個 B_2。現在，當然我們能夠經常說，某個使用該語句的人是在作**有關於**勞賴的談論，說他作出了一個**有關於**勞賴的**斷言**，說他有關於勞賴所作出的斷說是說他抽菸。至少就此而言，根據這些定義，「勞賴」

12《心靈》，頁461-462。亦見本書頁【140】之注；紀曲的 A_2 字眼是「主詞」。

這一個名字似乎合格作為一個A_2，而「抽菸」這一個字則似乎合格作為一個B_2。但同樣清楚的是，也許在有些情況下，說某個使用該語句的人是在作**有關於**抽菸的談論，說他對於抽菸所斷說的事之一是勞賴抽菸，或是一個菸槍，這也會是正確的。至少就此而言，而且就「有關於」這一個詞來說，「勞賴」這一個名字根據該定義似乎合格作為一個B_2。庫克・威爾森（Cook Wilson）作了差不多同樣的論點，並且據此合併了「主詞」和「述詞」這一對表達式[13]。我不認為這一點對邏輯理論來說有什麼大的重要性，但它至少暗示說，只要紀曲的定義是奠基在「有關於」這一個字的區別力量之上，那麼，他的定義就會是奠基在沙地之上。也許有人會反對說，紀曲對「有關於」的企圖用法，應該要從下述這些情況中抽離（abstract）出來：這些情況引導我們去說：有時候，作出這樣一個斷說的某人是在說一些有關於勞賴的事，而有時候則是在說一些有關於抽菸的事；因此，我們應該區分一個斷說所關於的事物，以及一個作出該斷說的人要它去有關於的事物，前者在像這個斷說的例子中是固定的，而後者則是變動的[14]。但如果我們真要去從這樣的情況作抽離，那麼，是什麼東西告訴我們說，一個斷說所關於的事物是什麼呢？我並非在暗示說，這個問題**不能**被回答；我只是說它**必須**被回答；我只是說，「有關於」這個詞所需要的用法，是一個必須被解釋的用法，而不能拿去解釋A_2和B_2的概念。

13《陳述與推論》，散見其中各處，特別是頁114以及其後。

14 譯者注：熟悉語言哲學的讀者應該不難看出，史陶生在這裡所作的區別，正是語言的意義（linguistic meaning）和「說話者的意義」（speaker's meaning）之間的區別。史陶生在這裡假裝要去辯護的是：紀曲的「有關於」指的是後者，而前述的反對則是關於後者。

紀曲的定義中另一個重要的表達式，是「代表」這一個片語。當這個片語出現在那兒時，它是否防止了我們去說「勞賴」是一個B_2呢？無疑地，如果我們被禁止說「抽菸」這一個表達式**代表**抽菸或抽菸的習慣，那麼，它將會防止我們去說「勞賴」是一個B_2。但我不知道有什麼規則或慣例會讓這樣的說法總是沒意義或不正確，【144】同樣地，我也不知道有任何規則或慣例，會使得當我們說「『勞賴抽菸』這些字所作出的斷說是一個有關於抽菸的斷說」時，這樣的說法總是沒有意義或不正確的[15]。的確，「有關於」這一個片語和「代表」這一個片語之間有一定的連結存在：在一個**有關於**某個事物的斷言中，我們或許會期望去發現某一個**代表**那個事物的表達式。但如果我們堅持這個連結，那麼，「有關於」不足以達到這些定義的目的這一件事，將會連帶地使得「代表」也不足。而如果有鑑於「有關於」之不足，我們打破了該連結，那麼，我們剩下的就只是「代表」的某個意義，而該意義對該定義的目的來說是在另一種方式上無用的：因為它自己需要被解釋，因而不能用來解釋A_2和B_2的概念。

在我們的第二個例子中，我們和紀曲所共同希望去歸類為B_2的表達式擁有第一個例子中相符應的表達式所欠缺的某種複雜性。它由一個動詞和一個形容詞所組成（「是智慧的」），而非單單是一個動詞（「抽菸」）。對該論證來說，這並不會造成重要的差別。沒有什麼絕對的限制去禁止我們說：一個由「蘇格拉底是智慧的」這些字所作出的斷言，是一個有關於智慧或有關於**是智慧的**斷言；而且沒有什麼絕對的限制去禁止我們說，在這樣一個

15 的確，紀曲**必須**說「抽菸」代表某個事物。因為，他自己承認這一個觀點：可以謂述的表達式**代表了**性質（《心靈》，頁473）。

或任何情況下，「是智慧的」這些字代表**是智慧的**或智慧。那些定義在效果上要求我們去將該語句劃分成兩個部分，這兩個部分共同組成了整個的語句；而且它們**允許**我們以我們想要去劃分的方式作出該劃分，亦即介於「蘇格拉底」和「是智慧的」之間的劃分。但它們並沒有因而強迫我們去以我們希望被強迫劃分的方式去劃分它們。

因此，「代表」和「有關於」這些字，將不會擁有紀曲的定義所要求它們擁有的解釋力。為了要讓那些定義產生所欲求的結果，我們必須藉著我們對被定義事物的知識去解釋「代表」和「有關於」這些字。這是一個會讓定義癱瘓的事實。如果，有鑑於這個使上述定義癱瘓的事實，我們忽視「代表」和「有關於」這些表達式，那麼，該定義所說的就不過是【145】：一個B_2是這樣的一個表達式：如果我們將它依附給另一個表達式，這樣的作法將產生一個斷言；而一個A_2則是這樣一個表達式：一個B_2的表達式依附著它，並且它們共同形成了一個斷言。但這個定義並沒有告訴我們任何有關於A_2表達式和B_2表達式之間的差異。

當然，現在事情似乎是：我們應該能夠定義或界定一類的表達式A和另一類的表達式B，以使得：(1)給定任何一類的某個表達式，一個人可以藉著將它依附給另一類的某個適當表達式，而得到一個斷言；(2)「蘇格拉底」和「勞賴」屬於A類，而「抽菸」和「是智慧的」則屬於B類；(3)一個A類的表達式不能夠是一個B類的表達式，雖然它可以是這樣一個表達式的部分。我們已經看到過，由於紀曲的定義依賴於「代表」和「有關於」，因而遠遠不能區分A表達式和B表達式；它們或許能被公平地認為是提到了兩者共同的一個特性。如果我們有另一種方式，去談及在「蘇格拉底是智慧的」這一個論斷中「蘇格拉底」和「是智慧的」的這個共同特性，以及在「勞賴抽菸」這一個論斷中「勞賴」和「抽菸」的這個共同特性，那將會是有用處的。讓我們說，「蘇格拉底」(「勞賴」) 這一個表達式的作用，是在**引介**(introduce) 蘇格拉底 (勞賴) 這一個特殊的個人到我們的論斷中，而「是智慧的」(「抽菸」) 的作用，則在**引介**智慧 (抽菸的習性) 這一個特質到我們的論斷中。讓我們說，任何被一個表達式引介，或能夠被一個表達式引介到一個論斷中的事物為一個**項**。這一個術語與我們早先的某些清單有著明顯的關聯。藉著結合清單I中功能區分的一些項目，我們獲得像「指稱某個事物並對它謂述某個事物」、「提到某個事物並且歸屬某個事物給它」這樣的片語。這些片語產生了清單III中的區分，介於**被指稱的項**和**被謂述的項**之間的區分。現在，我們能夠說，被指稱的項和被謂述的項都一樣是被**引介的**項。所以，在清單II中所區分的兩個表達式集合，亦即A_2和B_2，在項的引介上是一樣的，雖然它們是以不同的方式去引介它們，分別被用來去指稱它們和去謂述它們。紀曲的定義之所以無法區分這些引介項的方式，主要在於這一個事實：視其所在的脈絡，一個斷言可以被說成是【146】**有關於**任何被引介進來的項，而非僅僅是有關於被以指稱方式引進的項而已。

所以，「蘇格拉底」和「是智慧的」(「勞賴」和「抽菸」) 這兩個表達式所共同的事實是：每一個表達式的作用都在引介一個項到「蘇格拉底是智慧的」(「勞賴抽菸」) 這一個論斷中；但這並不意味著，在它們引介的風格或方式之間並沒有差別。

一本針對某個語言的文法書，在某種程度上也就是一本論文，它探討了藉著那個語言的表達式而將項引介到評論的不同風格 (style)。這樣的一本書所處理的不同引介風格比我們現在所關切的還要多得多。但在它所處理的差異當中，有一個提供了我們區分A表達式和B表達式的手段或部分手段：這就是介於名詞的或類名詞的（noun-like）引介風格，以及動詞的或類動詞的引介風格之間的差異。作為一個初步的、不完美的、以明顯是一種文法上的方式去劃分A表達式和B表達式的企圖，我們可以考慮下述的說法：一個A表達式是一個單稱的、文法上名詞的表達式；一個B表達式至少包含了一個指示性（indicative）語氣的動詞的限定形式，而且該動詞在該B表達式的界線內並不形成一個完整的語句或子句的部分；而一個對於A和B表達式的一般性要求是：任何一類的某個表達式當與另一類的某個適當表達式結合起來時，這樣的結合應該能夠產生一個斷說性的語句。這些顯然並非一個表達式作為一個主詞或述詞表達式的充分條件。因為，自一方面來說，「沒有任何一個事物」是一個單稱的名詞，但我們不應該去將它歸類為一個主詞表達式。自另一方面來說，「蘇格拉底是」似乎滿足了對B表達式的描述，因為(1)它包含了一個指示性的動詞，(2)它並不真正是一個完整的語句，而且(3)它能夠藉著增加「一個哲學家」這一個單稱的名詞表達式而被完備為一個斷說的語句；但我們並不想承認說，當「蘇格拉底是」出現在這樣的一個語句中時，它是一個述詞表達式。不過，雖然這些描述並沒有陳述使得某個事物成為一個A或B表達式的充分【147】條件，我們可以暫時認為它們陳述了必要的條件。當這樣認為時，它們至少確保了紀曲的定義所無法確保的結果，亦即，一個A表達式絕不會是一個B表達式。甚者，它們並不排除弗列格所明白允許的，亦即，一個A表達式可以是一個B表達式的部分。最後，在某些簡單的例子下，如果一個語句已經被窮盡地區分為一個A表達式和一個B表達式，這些描述將迫使我們以我們希望被強迫去作出該劃分的方式而去作出該劃分。在「蘇格拉底是智慧的」這一個例子中，它們讓我們沒有選擇餘地地去將「蘇格拉底」算作是A表達式，而將「是智慧的」算作是B表達式；因為，雖然「蘇格拉底是」也許可以被主張是滿足了對B表達式的描述，但「智慧的」卻不滿足對A表達式的描述。

但該區分本身並不是適當的，因為它不能夠給出一個表達式作為一個A或一個B表達式的充分條件。如同我們以後將會看到的，這個不恰當性很容易藉著增加其他的條件來加以矯正。但是，僅看它本身，該區分在一個更重要的方面來說也是不恰當的。由於它依賴「名詞的表達式」和「包含了一個指示性語氣的動詞的表達式」這些文法學上的片語，該區別似乎是既狹隘又未經解釋的：它是狹隘的，因為適合一組語言的文法分類不必然適合於其他或許同樣豐富的語言；它是未經解釋的，因為文法上的分類並不清楚宣稱這些分類在邏輯上的基本理由。換句話說，我們必須去探索介於文法上名詞和文法上類動詞的引介模式之間的區分的重要性。

之前我評論說，一本針對某個語言的文法書，在某種程度上也就是一本論文，它探討了藉著那個語言的表達式而將項引介到評論的不同風格。一個人或許能夠想像，在這樣的一本書中，某一類被提到的表達式的作用**僅僅在於**引介項到我們的評論，但卻不以任何特殊的風格去引介它們。我並沒有說「蘇格拉底」是這樣的一個表達式。我更沒有說，一般性的文法上的名詞是這樣的表達式。但在一個像英文這樣相對來說缺乏字尾變化【148】的語言中，一個像「蘇格拉底」的表達式是最接近這樣的一個表達式了。「蘇格拉底是智慧的」、「蘇格拉底，放聰明點」、「讓蘇格拉底被處死」、「殺了蘇格拉底」、「柏拉圖崇拜蘇格拉底」。這些是非常不同類的評論。然而，在所有這些評論當中，「蘇格拉底」這個表達式是不變的。「蘇格拉底」這一個表達式出現在一個評論當中這一個事實，並不給我們任何理由去期望說，該評論是某一類的評論而非另一類（舉例來說，斷說、告誡、命令、指導等等）。在一個像拉丁文這種有高度字尾變化的語言中，這一個情況在某個方面是不同的，但在另一個更重要的方面卻是相似的。「蘇格拉底」這一個名字在一個評論中出現為一個特殊的文法例子這個事實，告訴了我們有關於蘇格拉底這個項被引介到一個評論中的方式的**一些事情**。但它仍然沒有告訴我們任何有關於該評論是哪一個一般類評論的事情。「蘇格拉底」是呼格的（vocative）這件事，並沒有告訴我們其後的評論是否是一個斷說，或一個請求，或一個允諾；「蘇格拉底」在「讓蘇格拉底被處死吧！」和「蘇格拉底是智慧的」中同樣在主格（nominative）的位置，「蘇格拉底」在「殺了蘇格拉底！」和「柏拉圖崇拜蘇格拉底」中同樣在動詞的直接受格（accusative）的位置，「蘇格拉底」在「讓我們談論有關於蘇格拉底的事吧」和「該談論是有關於蘇格拉底的談論」同樣在介係詞的奪格（ablative）的位置。

「是智慧的」則是另外一回事了。就好像「蘇格拉底」引介了蘇格拉底一樣，這個表達式引介了**是智慧的**這個性質。但它並非**僅僅**引介它的項，或者說，它引介項時，並非像一個名詞的格所給的引介風格一樣**僅僅在**對它的項加以指示。它以一個相當特殊而重要的風格——亦即，以斷說性的或命題性的風格——去引介它的項。現在，當然有人會反對說，「是智慧的」出現在一個評論中這一個事實，並不保證該評論是一個斷說。因為，我可以用一個疑問的語調去發出「蘇格拉底是智慧的」這些字，並因而問了一個問題，而非作出了一個斷說。或者，當問說「誰是智慧的？」時，我或許是在使用「是智慧的」這些字去表達一個不同類的問題。再或者，我可以作出一個以「**如果**蘇格拉底是智慧的……」，或「**如果**勞賴抽菸」這些字開始的評論；而在這些例子中，我當然不是在斷說蘇格拉底是智慧的，或勞賴抽菸，而且可能一點也不是在斷說任何事，而是在——舉例來說——有條件地允許某個人去作某件事。這些論點當然都是【149】正確的。但是我們必須記得：問題要求答案；像「蘇格拉底是智慧的？」這樣的問題，邀請我們去宣布該問題本身所提供的**命題**的真假值；像「誰是智慧的？」這樣的問題，則邀請我們去完成和斷說該命題本身所提供的命題形式和一半內容的**命題**。而且我們必須記得，條件子句的部分功能在於將**命題**帶到我們面前，儘管並不對它們的真假值表態。所以，即使我們不能說「是智慧的」、「抽菸」等在引介它們的項時的特殊風格就簡單地只是斷說性的風格，我們至少可以說它是一個命題的風格、一個適合於將項引進到某個有真假值的事物這一種情形的風格。這就是何以我使用「斷說性的或命題性的風格」這個選取的緣故。但我認為我們能夠論證說，這一個表面上（藉著擴充）對該引介風格在界定上的削弱[16]，其實一點也不是真正的削弱。因為，從斷說一個命題並承認其真假值的作法中孤立出一個命題形式的標準的文字上作法，乃是去**增加**一些字給它，舉例來說，去增加「這件事」（that）[17]這些字。這給我們一個理由去說，指示性動詞的命題標記的**主要**功能是斷說性

16　譯者注：史陶生指的是將「斷說性的風格」削弱為「斷說性的或命題性的風格」。

17　譯者注：我將“that”譯為「這件事」，主要的理由如下。在英文中，將“that”放在一個直述句之前可以形成一個名詞，而哲學家一般認為該名詞指稱一個命題。而在中文中，將「這件事」接在一個直述句之後似乎也有相同的作用。

的；一個理由去說：**主要**用來斷說性地引介項的風格同時也是一個命題性地引介項的風格，一個更廣泛的事物。所以我將繼續**不加分辨地**去談論「斷說的」或「命題的」引介項的風格。

我們應該進一步注意到，在標準的英文中，動詞的指示性語氣是斷說的一個必要記號；但它在英文中並不是命題其他次要的出現的必要記號，而在其他語言中更不是。在條件句的子句中被帶到我們面前的命題，能夠以虛擬性的語氣來說出；文法也許會要求，或允許我們對間接引述的命題使用虛擬的或直接受格並加上不定詞的建構方法；而其他的可能性也存在著。從某一個觀點來看，這些事實似乎只是強化了將B表達式界定為「以**斷說性的**風格引介它們的項的表達式」的想法。【150】從另外一個觀點來看，它們似乎會引起一些困難。因為，如果由於渴望有較大的普遍性，我們因而希望去透過引介項時的**命題性**風格去界定B表達式，那麼，難道我們不應該同意說：一個動詞以指示性語氣出現這件事，並不是一個表達式作為一個B表達式的必要條件嗎？但是，如果我們果真放棄這個假想中的必要條件，那麼，對於B表達式在文法上的描述來說，我們將會在複雜度上付出令人卻步的代價。我想，在實用上對這些困難的答覆是：我們可以妥善地保存該斷說性或命題性風格的想法，卻不會讓自己負擔進一步的文法分類之苦。我們所要堅持的核心事實是：**命題**出現的主要模式是斷說；而這給了我們一個理由去說：在眾多的命題性風格中，最主要的命題性風格也就是主要是斷說性風格的那一個。我們必須承認這兩個事實：斷說性的標記同時也是標記某個更廣泛的事物——亦即某個命題的出現——的方式，而且這個更廣泛的事物並非總是，或僅是藉著斷說性的徵象來加以標記。然而，這兩個事實並不會給我們一個決定性的理由去放棄這樣的一個途徑：該途徑到目前為止相當符合廣泛被接受的，與我們正在考慮中的區分有關的觀點。

所以，使用一個動詞的指示形式，典型地涉及了以這樣的一個方式來引介一個項：它顯示說，它所引介的乃是一個命題。自另一方面來說，名詞形式的使用則沒有這樣的蘊涵；如果我們只是想要去作出一個項的**清單**，它應該是一個很自然會去使用的形式。在「蘇格拉底是智慧的」這一句話中，「蘇格拉底」和「是智慧的」這兩個表達式都引介了項，亦即，蘇格拉底和**是智慧的**。但是——借用強森（W.E. Johnson）的片語——「是智慧的」這一個表達式不只引介了**是智慧的**，它還攜帶著該斷說性的或命題性的聯繫（tie）；或者，用更舊的術語來說，它不只引介了它的項，還接合（copulates）了它。

這個風格上的對比並沒給我們足夠的材料去對「A表達式」和「B表達式」給出一個嚴格的定義。但就像它部分所倚賴的那一個文法描述一樣，它產生了一個刻畫（characterization），而該刻畫足以去確保弗列格的【151】的格言和紀曲所宣稱的他的定義的結果。一個A表達式並不以典型上斷說性的風格去引介它的項，但一個B表達式則是。沒有一個不以這個風格去引介它的項的表達式，能夠是一個以這個風格去引介它的項的表達式，反之亦然。所以，沒有一個A表達式能夠是一個B表達式，反之亦然。但是，一個A表達式能夠是一個B表達式的一部分。「約翰」是一個A表達式，而「嫁給約翰」則是一個B表達式；因為後者以斷說性的風格引介了它的項，亦即，嫁給約翰。

因而，我們有了兩個新的方式去描述介於A表達式和B表達式之間的一個區分。一個方式明顯是文法的。另一個則企圖去得出該文法區分背後的基本理由。這兩個描述都沒能給出一個完全適當的、對該區分的說明。但兩者都產生了紀曲所渴望的和弗列格所斷說的結果。因而，這些劃出該區分的方式，讓我們能夠理解對清單II中的項目所說的一些事情。同樣地，它們也讓我們去理解弗列格對清單IV中的項目所說的一些事情。我們剛剛看到，一個A_2永遠不會是一個B_2，而反之亦然；也看到為何如此。基於相同的理由，弗列格堅持說一個A_4永遠不會是一個B_4，而反之亦然；一個對象永遠不會是一個概念，一個概念也永遠不會是一個對象。為了要將一個概念呈現為一個對象，我們必須藉著一個名詞表達式而去引介該概念；但弗列格希望將一個概念想成是必然地**只能**以一個非名詞表達式、以一個以類動詞的、接合的、命題的風格去引介它的項的表達式所呈現的事物。因而弗列格有這樣一個弔詭的說法：**智慧**這一個概念是一個對象、而不是一個概念[18]。這句話所有的意思是：「**智慧**這一個概念」這一個表達式是一個A表達式，而不是一個B表達式，它並**不**以斷說的風格去引介它所引介的事物。只有將之當成是一個奇怪的、不恰當的、表達A_2和B_2之間區分的方式，我們才能夠——至少到目前為止——理解弗列格對A_4和B_4的學說。

弗列格藉著一個隱喻去刻畫A_4和B_4之間的區分。他說，對象是**完整的**（complete），概念則是**不完整的**（incomplete）或**不飽和的**（unsaturated）。「在一個思想中，不能夠所有的部分都是完整的【152】；至少得有一個部分是『不飽和的』或謂述性的；否則的話，它們就不會維持在一塊。」[19]對於B_2表達式，他說：只因為它們的意義（sense）是不飽和的，因而它們能夠作為一個連

18《心靈》，頁45。

19《心靈》，頁54。

結。羅素同樣使用這個隱喻，雖然他對於它的應用較為狹隘；他主張說，每一個命題中都有一個組成要素是本質上不完整的或連接性的（connective），而且它將該命題的所有組成要素維持在一塊。雷姆濟以這個隱喻來爭論，他說，並沒有任何理由去說，為什麼一個命題的某個部分應該被認為是比其他部分來得更不完整；任何**部分**同樣都不是該整體。但是，我們現在或許可以說一些替該隱喻辯護的事情。回到清單II中的項目，首先我們可以說，「是智慧的」（「抽菸」）這一個表達式之所以似乎比「蘇格拉底」（「勞賴」）這一個表達式來得更不完整，只因為它在某個意義下是更近的完備（nearer completion）。「蘇格拉底」這一個名字，可以被完備到**任何**種類的評論中，不必然是一個命題；但「是智慧的」這一個表達式，則要求某種的完整性，亦即，被完整到一個命題或命題子句中。後一種表達式之所以看似零碎的，只因為它暗示了某個特殊種類的完整性；前一個表達式之所以看似不是零碎的，只因為它不帶著這樣的暗示。如果我們跟隨弗列格的想法，那麼，對清單II的項目成立的事情對清單IV的項目也一樣成立，因為在後者中的區分與在前者中的區分是平行的。

我們只需要認出這個隱喻的基礎；我們是否喜歡它並無關緊要。但雷姆濟對它十分不同情這件事給了我們一個提示，而我們將會再回到這個提示。

[4] 現在，讓我們拋開弗列格和紀曲，而去考慮另一個其觀點在某些方面相似於他們的作者——蒯因（W.V. Quine）——並因而去測試一下這些結論。從對於弗列格和紀曲的考慮中，我所希望拿走的主要事項是這一個事實：這兩個作者都作出了一個介於兩個互斥的表達式集合之間的絕對區分，每一個集合中的成員都能夠與另一個集合的適當成員結合，以產生一個斷說。這兩個

表達式集合中的成員都同樣【153】引介了項；但一個集合中的成員斷說性地引介了它們，而另一個集合中的成員則否。清單IV中非語言項目間的區分，只不過是以一種混淆的方式反映了這個在引介風格上的區分。本質上來說，我們所達到的區分是一個介於引介項的風格上的區分。它並沒有說任何介於項的**類型**或**範疇**之間，或介於事物的**類**之間的區分的事情。因而它並沒有說任何有關於介於殊相和共相之間的區分的事情。

蒯因作了一個區分，在某個程度上，該區分符應了這些作者在清單II中所作的區分，它是一個介於單稱項（singular terms）和通稱項（general terms）之間的區別[20]。該符應並非精確的符應。作為通稱項的例子，蒯因給了像「智慧的」和「人類的」這樣的形容詞，以及像「人」和「房子」這樣的普通名詞；而清單II中相符應的B表達式，則是像「是智慧的」、「是一棟房子」這樣的片語。在蒯因明白地認為是對他的區分的本質的刻畫中，我們能夠找到一個介於他和其他兩位作者之間較為顯著的差異面。它是這樣的：「單稱項可以進入適合於量化變數的位置，但通稱項則否。」然而，當我們看得仔細一點時，這些在途徑上的差別就顯得不是那麼大了。

首先，讓我們注意，蒯因明白地將介於各類事物（非語言的項）之間的區分與介於單稱項和通稱項之間的區分作了對比。因此，「孝順」、「智慧」這樣的名詞——抽象事物的名稱——就像

20《邏輯的方法》，特別是頁203-208。蒯因只將「項」這個表達式應用在語言的項目上，而我卻將它應用在非語言的項目上。在本書的討論中，除了當我實際上談到蒯因的學說、或在「單稱項」這個片語的脈絡中使用它，否則的話，「項」這一個字總是以第二種方式被理解。

「蘇格拉底」和「地球」這樣的名詞——具體事物的名稱——一樣是單稱項。從表面上看，各類事物之間的區分和介於單稱項與通稱項之間的區分之間，並沒有什麼重大的關聯。這吻合於我們剛剛注意到的、我們對其他作者的清單II中的區分所作的解釋的重點。蒯因接著說，「從一個邏輯的角度來看」，介於單稱項與通稱項之間的區分是更重要的【154】。不可否認，他起初對這個重要區分的刻畫是模糊的。他說：單稱項企圖去命名一個、而且僅命名一個事物，而通稱項的目的則一點也不是要去命名，雖然通稱項或許會「真於」許多事物當中的每一個。根據此分類——舉例來說——「哲學家」這一個詞是一個通稱項，而不是一個單稱項，但這顯然不是一個令人滿意的解釋這個分類的方式。因為，雖然如果不進一步說明的話，我們不應該說「哲學家」這一個詞企圖去命名僅僅一個事物，亦即，我們不應該去稱它為這個解釋下的一個單稱項，但同樣地，如果不進一步說明的話，我們似乎也不應該說「哲學家」這個詞是真於許多事物或許多個人當中的每一個，亦即，我們不應該去稱它為在這個解釋下的一個通稱項。當然，我們或許可以理解「『哲學家』這個詞真於許多事物當中的每一個」這一個說法，但我們當然應該將它理解成是在說其他事情的一個縮寫，諸如：**他是一個哲學家**這件事對於許多事物當中的每一個（舉例來說，蘇格拉底）來說都為真。換句話說，**他是一個哲學家**真於蘇格拉底這件事——而非**哲學家**真於蘇格拉底這件事——才是真的。但如果我們被允許這樣去補充說明「哲學家」這一個詞，讓它能夠符合蒯因對通稱項所說的事情，那麼，令人不清楚的是，為什麼我們不能同樣去補充說明它，以至於讓它符合蒯因對單稱項所說的事情呢？因此，「該哲學家」這一個表達式當然可以在一個適當的脈絡下企圖去命名或指稱一個、而且僅僅一個人，而蒯因他自己也會將「該哲學家」分類為一個單稱項。

蒯因自己幫我們解決這些困難，並且顯示我們說，他所真正關心的區分並非介於單稱項和他列為通稱項的表達式之間的區分，而是單稱項和他稱為「述詞」的表達式之間的區分。因此，他說：「被通稱項所占據的位置，其實在邏輯的文法上並沒有任何的地位，因為我們已經發現說，就邏輯的目的來說，該述詞將自己推薦為一個分析的單位；因此，『蘇格拉底是一個人』被看作是由『蘇格拉底』和『是一個人』所複合成，後者是一個不能再加以分解的單位，其中『人』這個字僅僅作為一個組成的音節，類比於『拉』在【155】『蘇格拉底』中的作用。」[21]現在，我們又再一次地回到了清單II中區分的領域了，回到了弗列格—紀曲—羅素的氛圍中。蒯因加了圈的數字，在部分上意味了——雖然不止於此——該述詞表達式的「不完整性」，該述詞要求——舉例來說，藉著增加一個引介項的名詞——被完備成一個命題。而「真於」這一個片語的吸引力現在很容易被理解了；因為，只有命題才是真的，而述詞表達式的特性，就是去以命題性的風格去引介它們的項。

現在，以量化所作出的刻畫又怎麼說呢？顯然，我們不應該期望：僅僅是單稱項或述詞表達式的「組成音節」、「可以進入適合於量化變數的位置」。重要之處一定在於單稱項可以進入，而**述詞表達式**則不行。

但我們要如何去理解這個學說呢？是否如蒯因似乎宣稱的，它是一個比我們所給出的刻畫還要深刻、而且還要重要的刻畫

21《邏輯的方法》，頁207。

呢？或者，相反的，它預設了後者，而且似乎只是它的一個邏輯結果呢？讓我們考慮一下日常語言中，那些被說成是對應了邏輯中的量化詞和拘束變數的表達式的文法特性。這些是像「每一個事物」、「有一個事物」，以及（舉例來說，當存在量化詞前面放了否定符號時）「沒有一個事物」這樣的表達式；或「每一個人」、「有一個人」、「沒有一個人」；或「有一個事物是這樣的……」（There is something which...）、「沒有一個事物是這樣的……它……不是……」（there is nothing which... not...）、「沒有一個人是這樣的……」（There is nobody who...）等等。現在，這些表達式中的每一個都或者是文法上的單稱名詞，或者是以一個沒有伴隨子句的單稱關係代名詞來結束，因而從它們可能被完備成語句的角度來看，它們與文法上的單稱名詞有著相同的特性。因此，它們並不具有B表達式的特性，而且不能在文法上占據B表達式在句子中所能占據的位置。由是，給定了日常量化片語的文法結構，蒯因的學說可以直接地從我們自己早先對A和B表達式所作的刻畫中推論出來；但是，如果我們以這個文法的精神去理解該【156】學說，那麼，它似乎並沒有增加任何事情給早先的那個刻畫，而且事實上是奠基在其上。

也許有人會說，這是個理解這個學說的錯誤方式。我們主要應該去思考的，並不是量化詞片語的文法結構，而是它們所擁有的那一類意義；而且應該根據這個想法而去解釋下面這一個學說：主詞表達式可以、但述詞表達式不可以進入句子中量化詞片語所占據的位置。要採用這個建議，並不是一件容易的事。但讓我們試試。我們可以假設有某類基本的陳述存在，這類當中的每一個陳述都包含兩個成員，每一個成員都屬於兩個不同種類當中的一種，一個A類和一個B類。這些成員是這樣的：能夠有一系列的陳述，其中的每一個分子，都包含的相同A成員但不同的B成員[22]，而且能夠有一系列的陳述，其中的每一個，都包含了相同的B成員但不同的A成員[23]。B成員和A成員之間的差異如下。我們能夠形成下面這一個陳述的觀念：該陳述被有固定的B成員和變動的A成員的陳述系列中的任何一個分子所蘊涵，但它不蘊涵後者，而且該陳述本身包含了相同的B成員但不包含A成員[24]。在這個情況下，我們可以說，該A成員表達式將它的位置讓給了該被蘊涵的陳述中的存在量化詞的變數。然而，我們卻不能融貫地形成這樣一個相對應的陳述的觀念：（將前一個觀念中的「A」全部用「B」來取代，而且將「B」全部用「A」來取代）該陳述被有固定的A成員和變動的B成員的陳述系列中的任何一個分子所蘊涵。

在這樣的思路下，我們可以作出或開始去作出一個嚴肅的嘗試，以解釋在該推薦的精神下的學說。但這樣的一個解釋會立刻讓介於A表達式和B表達式間的區分變得清楚嗎？我確信它不會。這樣的一個學說也許會在我們解釋的終了時有它的地位，但不是在一開始[25]。我們不需要去忽略這樣一個對蒯因觀點解釋的可能性。但在目前，讓我們自己滿足於該表面上的文法上的解釋，

---

22 譯者注：舉例來說，「蘇格拉底是男人」、「蘇格拉底是哲學家」、「蘇格拉底是希臘人」等等。

23 譯者注：舉例來說，「蘇格拉底是男人」、「柏拉圖是男人」、「笛卡兒是男人」等等。

24 譯者注：舉例來說，「有一個東西是男人」就被前一個譯注中的任何一個分子所蘊涵，但它不蘊涵後者，而且該陳述本身包含了相同的B成員但不包含A成員。

25 詳見第八章第［3］小節。

並且僅僅注意到【157】它與我們到目前為止所了解的區分協同一致。

[5] 當我起初以一種明顯是文法的方式去劃分介於A表達式和B表達式之間的區分時，我評論說，對它們的條件所作的陳述絕對是不恰當的。舉例來說，它要求一個A表達式應該是文法上的單稱名詞表達式；而這個描述卻被「沒有一個事物」這個詞所滿足。就某個程度來說，這一個明顯是文法上劃分該區分的模式的缺點，已經暗中被解決了。它要求一個A表達式應該要引介一個項，正如同它對一個B表達式所要求的一樣；而「沒有一個事物」卻不引介任何的項。其他像「有一個事物」和「每一個事物」這樣在文法上是單稱的名詞性量化詞呢？為了這個討論的目的，讓我們說，一個表達式並不引介一個項，除非它（在標準的使用上部分）的目標在於將那個項與其他的項區分開來、在於確定地去辨識出它來。我想，這個要求無疑與我們討論過其觀點的作者們的意圖是一致的：舉例來說，當蒯因面對兩個分別以「彼得打了一個哲學家」和「彼得打了該哲學家」這些字所作出的日常陳述時，他會將「該哲學家」這一個表達式而非「一個哲學家」這一個表達式算作是一個單稱項；而弗列格會類似地應用及保留「專名」這個名稱。因此，我們採取這個限制。顯然，它不僅排除了像「一個哲學家」這樣的不確定描述詞，也排除了剛才所提到的名詞性的量化詞。「每一個事物」並不區分任何事物，而「有一個事物」並不確定地辨識出任何事物。

這個限制同時幫助我們去糾正對B表達式在文法上刻畫的一些缺點。我們注意過，對一個B表達式的要求（亦即，它應該包括一個指示性語氣動詞的限定形式，而且該動詞在B表達式的界線內，並不形成一個引介合取的完整語句或子句的一部分）並不會確定地將「蘇格拉底是」從B表達式的集合中排除出去。對A和B表達式兩者的一個一般性要求是：任何一類當中的一個表達式【158】，當它與另一類當中某個適當的表達式結合起來時，應該要能夠產生一個斷說性的語句。這個要求，當結合了在前一段落中所加上的限制時，會在所有的例子中都將「蘇格拉底是」排除出去，除了那些它無論如何都會被允許的情況之外。因此，雖然「蘇格拉底是」能夠被完備為像「蘇格拉底是智慧的」，或「蘇格拉底是一個哲學家」這樣的斷說，但「智慧的」和「一個哲學家」都不算是一個A表達式。「那一個教導柏拉圖的哲學家」這一個片語的確是一個A表達式，而「蘇格拉底是」能夠被完備為「蘇格拉底是那一個教導柏拉圖的哲學家」這一個斷說。但此處，「是」有著「同一於」或「等同於」這樣的力量，而也許沒有人會反對去將「蘇格拉底是」算作是一個B表達式[26]。

該區分本身要求說，A或B類當中的任何一個表達式，都應該整體地引介一個項。在B表達式的情況中，這個要求或許會導致一些反對的聲浪。因為，像「是一個哲學家」，或「是那一個教導了柏拉圖的哲學家」這樣的表達式，我們要說它們引介了什麼項呢？當然，說它們引介了像**是一個哲學家**或**是那一個教導了柏拉圖的哲學家**這樣的項，是高度勉強且不自然的。對於這個反對，我們有不只一個的答覆。首先，一個人可以簡單地否認說，在這些說法中，事實上有任何勉強或不自然的成分在。是一個哲學家這件事，當然是一個人能夠、而且實際上被談論的事情；至於是那一個教導了柏拉圖的哲學家這件事，則至少是蘇格拉底可以被談論的事情。這兩個項都被我剛剛使用的那兩個名詞表達

26　詳見第八章第［5］小節。

式[27]所確定地加以辨識，因而被相符應的B表達式所加以辨識。其次，即使談論像被B表達式所引介的項這樣的說法，在某些情況下是勉強而不自然的，但從這裡我們並不能立刻推論說它是不合理的或無用的。它是否是不合理的或無用的這件事，只能藉由對它實際用法的檢視來加以決定。最後，也許最後的結果會是：在以下的討論中，對於「項」這個術語，我們並不需要去利用該「勉強而又不自然」的反對所反對作出的任何應用。在使用我們所設計的手段時，如果我們能夠在一個基本的層次上建立起解釋性的關聯，那麼，我們也許【159】也會看出，藉著什麼樣的類比和延伸，我們所關切的區分能夠從簡單涵蓋到複雜的層次；雖然，我們用在簡單例子下的解釋性設計，也許會在該複雜的層次上穿上了一個不自然的外裝。

［6］我們現在有的這一個區分鼓勵了像雷姆濟的懷疑論這樣的一種懷疑論。我們有一個模糊地被表達的對比，一個介於以名詞的風格引介它們的項的A表達式，和以斷說的風格引介了它們的項的B表達式之間的對比。這個對比衍生自、並且部分依賴於我們所熟悉的文法分類，特別是「名詞」這一個分類。除了說這一個類是當我們僅僅想要**列出**項時會很自然去使用的形式之外，我們針對它所說的事情很少。我們現在可以跟著雷姆濟一起問說：這樣的一個區分如何可能在邏輯和哲學上有著根本的重要性呢？由於A表達式和B表達式兩者都引介項，而之間的區別僅在於B表達式同時帶著斷說性的指示或命題性的連結，難道我們不能簡單藉著讓命題性的連結成為語句中某個分離的事物，而不是

27　譯者注：史陶生指的是前一句話中的「是一個哲學家這件事」和「是那一個教導柏拉圖的哲學家這件事」這兩個片語。

一個引介項的表達式的部分，並因而去破壞這整個的區分嗎？難道我們不能想像這樣的簡單語句：其中引介項的表達式僅僅引介項，不以任何特別的形式引介項，而且目前由引介項的風格變化所執行的文法工作被分配給了不是引介項的表達式的語言設計嗎？難道我們不會因而完全破壞了該主述的區分嗎？這樣想時，我們呼應了雷姆濟的評論：為了要懷疑「如果一個命題包含了兩個接合的項，那麼，那兩個項就一定會以不同的方式作用著，其一作為主詞，另一個則作為述詞」這個假設，一個人只需要去詢問它就可以了。而當我們進一步想到我們的區分的文法根源時，我們或許會回想起雷姆濟的另一個評論：「讓我們提醒自己，我們正在從事的工作並不僅僅是英文文法的工作；我們並不是那些將語句分析為主詞、主詞的延伸、補語等等的學校學童。」[28]【160】

待會兒我們將實驗這個懷疑論。在我們這樣作之前，讓我們考慮一下另一邊的一個想法。在否認主詞和述詞之間可以劃出任何基本的區分之後，雷姆濟接著採取一個無可否認是有效的步驟而達到了下面這一個結論：沒有任何基本的、介於殊相和共相的區分可以**奠基在**一個主述詞的區分上——在他的想像中，這樣的一個基礎正是「殊相不像共相，只能夠作為主詞出現，絕不能作為述詞出現」這一個傳統的學說所企圖建立在其上的基礎。但如果事情其實是另一個方式呢[29]？那麼，試著去將殊相—共相的區分**建立**在主述區分上，這將會是一個錯誤。同時，認為主述的區

28《邏輯的方法》，頁116-117。

29 譯者注：史陶生在這裡的意思是：也許殊相—共相的區分並不奠基在主述區分之上，而是——相反地——主述的區分其實是奠基在殊相—共相的區分之上。這個想法引導到下一節中的範疇標準。

分能夠獨立於殊相—共相的區分之上而被解釋，這也會是一個錯誤。正確地去想這一件事的方式也許會是——舉例來說——沿著以下的思路。無疑，有些命題是這樣一類的簡單命題：其中，一個特殊的項和一個普遍的項分別被引介，並且被斷說性地連結在一塊；主述詞區分的基礎就在於被引介到這類命題的項的類型或範疇的差異之上；而該區分以某種類推的方式被延伸到不是這種簡單類的情形，並且與文法上的形式和文法上的區分聯繫在一塊，以至於遮掩了它的基礎，讓它看起來像是一個瑣碎的、而且容易被破壞的事情。如果任何一個像這個的思路是正確的，那麼，整個我們到目前為止的途徑，如果不是錯誤的，也至少是誤導人的。因為，我們一直試著去——而這樣作似乎是在跟隨著我們的權威——闡釋清單II中的區分，但卻不訴諸於項的類型的差異。我們說到過引介項的風格上的差異，但卻沒有說到被引介的項的類型上的差異。弗列格介於不飽和的和完整的組成要素之間的對比，似乎只是介於引介風格的區分的一個隱喻性說法。而蒯因對一個邏輯主詞表達式的表面測試，亦即，可被量化詞和變數取代的可取代性，畢竟似乎奠基在介於名詞和動詞之間的區分之上。

儘管如此，蒯因似乎還是提供了一個更深刻的解釋的可能性【161】；而也許弗列格的隱喻當中也隱藏了比我們已經發現的還要多的東西。雖然我們到目前為止所遵循的途徑似乎與這些權威相一致，但不清楚的事情是：一個不同的途徑是否會和他們相衝突；而我們必須永遠在心裡記著這一個想法：解決我們問題的鑰匙也許不在於任何一個單一的事物，而在於多個事物之間或多或少的複雜互動。

［7］在我們考慮其他的可能途徑之前，讓我們簡短地申論一

下由目前的途徑所引發的懷疑論。我們回到那個對主述區分的界定上；該界定首先發現說，主詞表達式和述詞表達式之間的相似之處在於它們都引介項；而其次，它發現它們之間的主要區別在於下面這一個事實：述詞表達式——而非主詞表達式——攜帶著一個標記，該標記在主要的情況下將一個命題與僅僅是一個項的清單區分開來。回到這個界定，我們也就回到了它所引發的、對該區分的基本重要性的懷疑。就算我們承認有些斷說可以被切割成兩個引介項的部分，但為什麼哪一個引介項的部分帶著該斷說標記這件事會是一件重要的事呢？難道帶著斷說標記的不能在每一個情況下都是另外一個部分嗎？或者，為什麼它應該會是其中的任何一部分呢？為什麼指示該命題的標記不能夠是被該語句中**任何**引介項的表達式**之外的**某個東西所攜帶呢？因此，我們可以將我們所舉例的斷言「蘇格拉底是智慧的」表徵成：僅僅寫下兩個表達式（比方說，「蘇格拉底」和「智慧」這兩個表達式）[30]，每一個都引介一個項，然後藉著一個外在的命題指示標記——比方說，一個在兩個名詞之外的括號——去將這個結果與一個簡單的清單區分開來：

（蘇格拉底　智慧）

到目前為止，這個想法至少看起來沒有什麼不對的地方；項的類型保護我們遠離任何的歧義。現在，從對這個建議有利的角度來

30　當然，我在這裡所使用的表達式事實上是名詞；但在一個具有類似這裡所想像的語句的語言中，我們不能夠以我們所熟悉的方式**同樣**去將其中的詞在文法上分類為名詞、動詞、形容詞等等。

看，我們似乎能夠【162】將它看作是一個替代約定而已，用來替代在日常文法上我們讓某一個引介項的表達式作為該命題連結的攜帶者的技術。日常的約定就彷彿是我們採取了下面這一個規則一樣：與其藉著在**兩個**引介項的表達式之外加上括號以表達我們有一個斷說、而非一個清單或命令，我們應該藉著將其中一個、而非另一個引介項的表達式之外加上括號，來表徵這個事實。我們能夠藉著風格上的變化允許自己在下面這兩者之間作選擇，而任何一個選擇都與這個規則的採取是不牴觸的：

（蘇格拉底）智慧

和

蘇格拉底（智慧）

而

蘇格拉底　智慧

會簡單地只是一個清單，而

（蘇格拉底）（智慧）

則是不合文法的。我們所考慮過的許多學說，都能夠被重新表達為非常明顯的真理；舉例來說，下面這一個學說：被括號括起來的表達式，當與適當地被選擇出的未加括號的表達式放在一塊時，能夠產生一個斷說；或者，下面這一個學說：沒有一個加上括號的表達式是未加括號的，反之亦然。（亦即，沒有一個主詞表達式是一個述詞表達式，反之亦然。）

但沒有一個殊相能夠作為一個述詞出現的傳統學說又怎麼說

呢？初看之下，這個學說會看起來像是提議我們去採取一個完全任意的約定。它會像是某個既使用長括號約定，又使用短括號約定的人會說的：「當使用短括號的約定時，永遠將

（蘇格拉底　智慧）

這一個斷說寫成這樣的一個形式：

蘇格拉底（智慧）

而絕不要將它寫成這樣的一個形式：

（蘇格拉底）智慧，【163】

並且，對於所有引介特殊項的表達式來說，也都必須遵守一個類似的限制；一般而言，斷說的標記，絕不可應用在一個僅僅是在引介某個殊相的表達式上。」現在，當然，一個自身是任意的約定也許會透過長期被遵守而變得有權威性。它或許會逐漸看起來像是事物的次序部分，甚至表達了一個深刻的真理或必然性。所以，人們或許會逐漸覺得，寫下「（蘇格拉底）智慧」似乎是十分沒有意義的；因為，事情或許會看起來是：一個引介某個殊相的表達式就是**不能夠**有斷說性的括號圍繞在它外邊。

注意到這個懷疑論證在思路上的限制是非常重要的。該懷疑論最多顯現：**如果**我們以某種方式去思考主述區分，而且，**如果**我們將我們的注意力限制在一類非常簡單的斷說上，**那麼**——在這兩個條件之下——一個殊相絕不能作為一個述詞出現的學說似

乎缺乏一個基本的理由，並且只表達了一個獨斷的成見。該論證並沒有顯示說，如果這些條件中的某一個未被滿足（舉例來說，如果我們以其他的方式去思考主述詞的區分，或者，如果我們以相同的方式去思考它，但卻開始考慮一些較為複雜的斷說的例子），該學說仍然會看起來是這個樣子。雖然如此，作出這個有限制的論點仍然是有價值的。因為，它至少顯示我們說，我們必須在這些限制之外尋找該傳統學說的基本理由（如果它有的話）。我們之前所考慮過的作家們對主述區分所作的處理，並不能讓我們清楚地看出我們應該如此作。

我現在應該提到一個可能的、對我剛才所遵循的程序的一個反對意見。大致上，該反對是這樣說的：當我們將類動詞部分的斷說性指示功能與引介項的功能分離開來，並因而試著去廢棄一個簡單陳述中介於類名詞的和類動詞的部分之間的區分時，我忽略了類動詞部分的另一個重要功能：亦即，亞理斯多德特別注意的、藉著時態的變化而指示時間的功能。而我們對該反對的答覆是：此處，再一次地，似乎並沒有什麼事情強迫【164】我們去將這個功能與某一特殊範圍、引介項的表達式關聯在一塊。我們剛剛看到過，理論上我們能夠將該斷說功能與某個在文法風格上是引介項的某個表達式分離開來，並將前者與一個分開來的標記關聯在一塊；而且如果我們希望的話，當我們作出從將整個語句放在一對括號內的標誌到該短括號的約定的轉移時，我們還可以將它與該斷說的一個部分（而非整體）重新關聯在一塊。對時間的指示也是類似的。一個在整個語句之上、指向左邊的箭頭可以用來指示一個過去的參考時間，一個指向右邊的箭頭可以用來指示一個未來的參考時間，而沒有箭頭則可以用來指示一個現在的參考時間。因而，對「蘇格拉底過去是智慧的」，我們可以寫成

（$\overleftarrow{\text{蘇格拉底　智慧}}$）

跟之前一樣，採取一個短箭頭的約定將會給我以下的選擇

（$\overleftarrow{\text{蘇格拉底}}$　智慧）和（蘇格拉底　$\overleftarrow{\text{智慧}}$）

而我們甚至可以選擇去利用這個在標誌上的彈性去作出某類差異，而這個差異是在日常書寫的語言中沒有記號的（雖然，如果我們選擇的話，我們可以在日常語言中以數種方式去標記這個差異）。因為，實際的情形是，在蘇格拉底曾經是智慧的而不再是智慧的情況，以及在蘇格拉底死了而非不再智慧的情況，我們都**可能**不分辨地說「蘇格拉底曾經是智慧的」。我們或許會覺得

（蘇格拉底　$\overleftarrow{\text{智慧}}$）

比較適合前一種情形，而

（$\overleftarrow{\text{蘇格拉底}}$　智慧）

則比較適合後一種情形[31]。我們得承認說，如果我們以我剛剛建議的方式去有系統地利用短箭頭約定在符號上的彈性，那麼，無疑地，我們【165】應該較為經常將該短箭頭附屬給引介普遍項的表達

31　值得注意的是，排除該斷說括號並採取一個斷說的**線**——亦即，去將斷說指示標誌與時間指示標誌結合起來——將會是一件多麼自然經濟的事！

式，而非給我們所考慮的那一類斷說中引介特殊項的表達式；因為，一般而言，對特殊個人或事物參與其中的事件，或有關於它們的短期狀態或情況——而非對有關於它們的永久特性——我們有較多的事情可說。如果我們採取一個有著這樣效果的規則：「簡單引介殊相的表達式永遠不應該與時間的指示相聯繫」，**或者**，如果我們採取一個有著這樣效果的規則：「簡單引介共相的表達式永遠不應該與時間的指示相聯繫」，那麼，我剛才所提到的事實，將會是一個將該限制性的規則應用到引介殊相的表達式之上的理由。但顯然，那個事實一點也不是採取這樣一個限制性規則的強迫性理由。

當然，以上的說法並不是想要對時態差異和它們的功能的研究作出貢獻。它們只是被用來指出回答某個對我的程序所作出的可能反對的方式。還有許多其他的方式可以去回答該反對。我們必須承認，清單II中被區分為是B表達式的那些表達式不但常是斷說指示詞，還是時間指示詞。但不管是分開來看還是合起來看，這些有關它們的事實似乎都沒有給我們一個立即強迫性的理由去認為該區分是基本的，或對斷說性的任何標誌來說是必要的；因為，這兩個功能似乎都能夠獨立於任何介於引介項的表達式之間的區分而被執行。結果是，這些事實似乎也都不提供一個堅固的基礎給殊相—共相和主—述這兩個區分之間的傳統聯繫。

現在是對主述區分考慮一個不同途徑的時候了。在鋪陳了一個不訴諸於項的類型或範疇差異、對該區分的說法之後，我們現在要去開展某個直接奠基在項的類型或範疇差異上的區分。【166】

2. 範疇的標準

［8］任何的項——殊相或共相——都必須能夠被斷說性地與其他的項相聯繫，以產生一個有意義的結果、一個命題。一個項可以被想作是收集其他項的一個原則。它或許能夠被說成是剛好**收集了**這樣的項：當它被斷說性地與它們當中的任何一個聯繫起來時，該結果不僅是一個有意義的命題，更是一個真的命題。現在，將不同的名稱給不同類的斷說性聯繫——部分根據項的類型或範疇的差別，部分根據斷說的目的或脈絡的差別——將會是一件方便的事，而我們的確有這樣的名稱。因此，我們說某個說話者將某個事物**刻畫**（characterize）成如此這般，或他**舉了**某個事物**作為**如此這般的事物的**一個例子**，或他將某個事物**歸屬**（attribute）給另外的事物。對應於這些對不同類斷說**性**聯繫的名稱，我們也有名稱給不同的**被**斷說的聯繫的類型。因而，我們使用像「……是……的一個例子」、「……被刻畫為……」、「……對……有……的關係」這樣的形式。我將使用這些表達式當中的一些，用它們作為對不同種的、被斷說的聯繫類型的名稱，而它們之間的差異僅在於被聯繫的項在類型上的差異，與斷說的脈絡或目的毫無關係。有一件事是重要的：我們不應該將這些二位或三位表達式本身當作是某種項——亦即，關係——的名稱。一個類似於布雷德黎反對關係真實性的論證[32]可以用來顯示說，這種介於項之間的可斷說性聯繫不可以被推測成日常的關係（而非用來顯示說關係是不真實的）。讓我們稱它們為非關係的聯繫（non-

32　譯者注：史陶生指的應該是頁【175】最後一個段落中所說的壞的無限後退論證。

relational ties）[33]。

非關係的聯繫可以結合殊相與共相、共相與共相，以及殊相與殊相。在那些應用到殊相或收集殊相的共相中，我將對兩個類型劃出一個大致的區分；因而也在兩類結合殊相與共相的非關係聯繫之間劃出區分。【167】這是介於**分類性**（sortal）和**刻畫性**（characterizing）共相之間的區分，因而是界於分類性的或**例示性**（instantial）的聯繫，以及刻畫性的聯繫之間的區分。一個分類性的共相對它所收集的個體殊相提供了一個區分它們和計數（counting）它們的原則。對它所收集的殊相來說，它並不預設任何之前對它們的個體化原則或方法。自另一方面來說，雖然刻畫性的共相對殊相也提供了組合（grouping）甚至計數的原則，但它們只對之前已經根據某些原則或方法而被區別的，或能夠被區別的殊相提供這樣的原則。大致說來（但帶點保留地說），某些殊相的通名（common nouns）引介了分類性的共相，而能夠應用在殊相上的動詞和形容詞則引介了刻畫性的共相。現在，並非只有刻畫性的共相才有力量去提供組合原則給之前已經根據某些其他原則或方法而能夠被區分的殊相。它們和殊相本身分享著這個力量。因此，就好像在那些已經被區分為歷史性的發言或板球球賽中的接球這些殊相中，我們還可以進一步將那些智慧的發言或困難的接球組合起來一樣，同樣地，在這樣的殊相中，我們也可以進一步將那些蘇格拉底的發言或卡爾的接球組合在一塊。蘇格拉底，就像智慧一樣，可以作為一個組合的原則而去組合那些已

33　請參見頁【174】之後。除了我剛才所暗示的之外，在非關係聯繫和真正的關係之間還有很多的差異存在。舉例來說，比起一般的關係來說，非關係的聯繫對它們所結合的項要求有更高程度的異質性。

經根據某個其他原則或方法而加以區別的殊相。我將因此假定我們有權力去說「介於殊相和殊相之間的非關係聯繫」；而為了去紀念庫克．威爾森，我將把這類聯繫稱為「歸屬性聯繫」（attributive tie）。（當然，由歸屬性聯繫所連結的殊相將會彼此屬於不同的類型。）一般而言，每當一個殊相是經由刻畫性的聯繫而與一個共相結合在一塊時，我們可以形成該殊相與另一個殊相經由歸屬性聯繫而聯繫在一塊的觀念；所以，對於介於蘇格拉底和**死亡**這一共相之間的刻畫性聯繫來說，存在著一個相對應的、介於蘇格拉底和他的死亡這一個殊相之間的歸屬性聯繫[34]。

現在，讓我們比較一下這三種項之間可以彼此收集的方式。

（1）同一個殊相可以被分類性地或例示地聯繫到數個不同的分類性共相：因而，菲多是一隻狗、一個動物、一隻獵犬。一般而言，被同一個殊相所分類性地聯繫到的共相，彼此之間將有某個刻畫性的關係，該關係有時又被描述成從屬（sub-ordination）或統御（super-ordination）的關係[35]。類似地，同一個分類性的共相可以被例示性地聯繫到數個不同的殊相：菲多、可可和來福都是狗。這樣的殊相將會彼此有著某個一般性的或分類性上的相似性。我們可以說，雖然一個殊相可以藉著例示的聯繫而收集數個

34　對於某些我們能夠用這種方式去形成的殊相的觀念，我們有較多的用處。一般說來，我們可能對於如此形成的特殊事件的觀念有著最多的用處，對於特殊的情況或狀態的觀念有著較少的用處，而對於僅僅是特質或性質的例子（譯者注：這些特殊的性質即當代哲學家所謂的「殊質」[trope]。）的殊相的觀念則有著最少的用處。但我們的確會說出像「他的憤怒很快就冷卻了」、「他的感冒比她的感冒還嚴重」、「蘇格拉底的智慧被柏拉圖保存下來給我們」這樣的話。無疑地，有些哲學家過度利用了特殊化的特質的範疇。但我們不必因此就否認說我們的確承認它們。

35　譯者注：獵犬從屬於狗，而狗統御獵犬。

共相，而一個共相也可以藉著例式的聯繫而收集數個殊相，但在它們各自的收集原則是相當不同類的原則。為了要標示這個差異，除了「x是被例示地聯繫到y」（x is instantially tied to y）（其中x或y可以是殊相或共相，只要其中一個是殊相而另一個是共相就可以了）這一個對稱的形式之外，我們還可以再加上「x是y的一個例子」（x is an instance of y）（其中x必須是殊相而y必須是共相）這一個不對稱的形式。

（2）同一個殊相可以藉由某個刻畫性的聯繫而聯繫到許多刻畫性的共相：因而，蘇格拉底是智慧的、是可親的、是冷酷的、他奮鬥、說話、死亡。而同一個刻畫性的共相，可以藉由某個刻畫性的聯繫而聯繫到許多不同的殊相：蘇格拉底、柏拉圖、亞理斯多德都是智慧的、都死了。再度地，**透過**刻畫性的聯繫，同一個殊相在不同的時間收集了許多共相，而一個共相也在不同時間收集了許多殊相。但是，再一次地，它們各自的收集原則是不同的。一個殊相在不同時間收集不同刻畫性共相的原則係由該殊相的持續同一性所提供的，其中最廣泛和最一般性的——雖然不是普遍性的——可區分因素是被模糊地指稱為空間—時間【169】連續性的因素；一個刻畫性的共相在同一個或不同時間收集不同殊相的原則，則涉及到在那些時間中那些殊相之間某種特徵上的相似性。為了要標示這個差異，除了「x和y是藉著一個刻畫性的連結而結合在一塊」（x is joined by a characterizing tie to y）這一個對稱的形式之外，我們還可以再加上「x被y所刻畫」（x is characterized by y）（其中x必須是殊相、而y必須是共相）這一個不對稱的形式。

（3）當我們考慮歸屬性的聯繫時，情況便有所不同。一個給定的殊相，比方說蘇格拉底，可以藉著刻畫性的連結而收集很多刻畫性共相；對應地，它也可以藉著歸屬性的聯繫而收集很多殊相。因而，蘇格拉底藉著刻畫性的聯繫而收集了，比方說，**微笑**和**演說**，而對應地，他藉著歸屬性的聯繫而收集了一個特殊的微笑和一個特殊的演說。但是，當**微笑**和**演說**這些共相能夠藉著刻畫性的聯繫而收集到任意多個與蘇格拉底屬於同一類的殊相時，該特殊的微笑和該特殊的演說卻不能藉著歸屬性的聯繫而收集到任何其他與蘇格拉底屬於同一類的殊相。讓我們藉著提及任何這樣聯繫的依賴性成員（dependent member）與獨立性成員（independent member）而去表達歸屬性聯繫的上述特色：一般而言，獨立性的成員[36]可以收集許多相似於依賴性成員的殊相，但依賴性成員則不能收集任何其他相似於該獨立性成員的殊相。除了「x被歸屬地聯繫到y」（x is attributively tied to y）這一個對稱的形式之外，我們還可以使用「y被歸屬給x」（y is attributed to x）（其中y必須是依賴性的成員）這一個不對稱的形式[37]。【170】

［9］這個對於不同類非關係性聯繫討論的目的，乃在於鋪陳

36　譯者注：獨立性成員指的是像蘇格拉底這樣的殊相，依賴性成員指的是像蘇格拉底的微笑、蘇格拉底的演說之類的殊相。

37　有些殊相在它們所進入的所有歸屬性聯繫中都是其中的獨立性成員。這些殊相可以簡單地被稱為獨立殊相。亞理斯多德似乎認為，只有像馬和人這種相當實體性的事物才是（屬於熟悉類的）獨立殊相。但我們似乎沒有理由去否認說，有些比這些事物來得較不實體的現象或發生的事件，也可以被列為是獨立殊相。無疑地，我們將會有些邊界的例子，亦即，我們將會有些讓我們遲疑去說，究竟某個殊相是依賴地被歸屬給另一個殊相呢，還是它是被真正地（舉例來說，因果地）與另一個關聯在一塊的例子。但像亞理斯多德所希望地去將該邊界朝著該令人滿意的實體殊相的方向上推得那麼遠，這似乎有些困難，除非我們將目前有關於獨立殊相的觀念，以那些在本書第一部分中被用來作為**基本**殊相地位測試的標準來進一步加以強化。

另外一個建立主述區分標準的基礎。現在，在分類性和刻畫性的共相分別收集它們所收集的殊相的方式之間，有著一個明顯的類比存在。這個類比並不延伸到殊相藉著例示性或刻畫性的連結而收集共相的方式上；它也不延伸到殊相藉著歸屬性的連結而收集其他殊相的方式上。假設現在在這些類比和反比的力量下，我們採取了下面這一個規則：「y被謂述到x上」（y is predicated of x）的主要意義是「x被斷說成以這樣的方式非關係性地聯繫到y：它或者是y的一個例子或者是被y所刻畫」。有鑑於我們對「……是……的一個例子」以及「……被……所刻畫」所已經賦予的意義，這等於是在**規定**說：共相能夠被謂述到殊相上，但殊相不能夠被謂述到共相上。下一個步驟乃是去延伸「y被謂述到x上」的意義，同時保存該主要意義所奠基的類比。因而，為了要允許共相能夠被謂述在共相上，我們必須要顯示說，共相和共相之間有著非關係性的聯繫，而且該聯繫是類比於共相和殊相間的刻畫性或分類性聯繫。當然，去發現這樣的類比是一件容易的事。將不同的物種（species）想成是同一物屬（genus）之下的物種，與將不同的殊相想成是同一個物種之下的樣本之間，難道不是有著類比嗎？再一次地，介於不同的音樂曲子（它們本身不是殊相的類型）和它們的共同形式——比方說奏鳴曲或交響樂——之間的聯繫，乃是類比於介於一個殊相和一個共相間的分類性聯繫。或者，再一次地，將顏色的不同色調想成是明亮的或灰暗的，將不同的人類特質想成是可親的和不可親的，乃是類比於將不同的殊相想成是以如此這般的方式來加以刻畫。在所有這樣的例子中，我們都將共相想成是在收集其他的共相，而其收集的方式則類比於共相收集那些是它們的例子或被它們刻畫的殊相的方式。但我們一點也不能將殊相想成是在以類比於這些方式的方式去收集共相或殊相。我們還需要進一步對「y被謂述到x上」的意義稍加擴充，以便於允許【171】這一個學說：殊相雖然不能簡單地用來謂述，但卻可以是我們所謂述的部分。而或許最容易確保這個學說的方式，乃是去稍微修正「……是……的一個例子」和「……被……所刻畫」的規則。當我引介「……是……的一個例子」和「……被……所刻畫」這些片語時，適合放入第二個「……」部分的，分別是一個分類性共相的名字和一個刻畫性共相的名字。我們現在規定說，只要適當的共項名稱在第二個「……」之後出現，那麼，它們所引介的組合原則就可以進一步地以任何的方式去修正，而不會傷及「……是……的一個例子」和「……被……所刻畫」的恰當性。因而，一個殊相不僅可以是一個微笑的例子，還可以是蘇格拉底的微笑的一個例子，而另一個殊相不僅可以被刻畫為是已經嫁人的，還可以被刻畫為是已經嫁個約翰這個人的。所以，蘇格拉底和約翰可以是我們所謂述的部分，雖然它們本身不能拿來謂述。

藉著將y被謂述到x上的情形——亦即，x（某個殊相）被斷說為是y（某個共相）的一個例子，或是被y所刻畫的事物——當作是基本的情形，然後從此透過類比或延伸而發展到其他的情形，以這樣的方式，我們就能夠建立起「去謂述」的某個意義：在該意義下，共相既能夠簡單地被用來謂述，也能夠有其他的事物對它們加以謂述（也就是成為主詞），而殊相絕不能夠簡單地被用來謂述，雖然它們能夠有事物去謂述它們（也就是成為主詞），而且能夠成為我們所謂述的部分。

因而，這個程序給了我們對主述區分的第二個或「範疇的」標準。在發展第一個或「文法的」標準時，我並沒有使用任何介於項的類型之間的區分，而只是專注在命題標記的出現或不出現，亦即，引介項的命題風格的出現或不出現。從另一方面來說，在發展這一個範疇的標準時，我並沒有提到斷說標記的位置，我將該標準建立在項的類型之間的某個區分之上。因此，表面上看起來，這兩個標準是彼此獨立的。我們現在必須探討：實際上，在第一個標準下我們所謂述的和在第二個標準下我們所謂述的之間，究竟有多少的符應存在；然後試著去解釋【172】我們所發現到的符應程度。如果我們能夠既發現某個符應關係，又能夠解釋它，那麼，我們就將會發現該傳統學說背後的基本理由。

3. 這些標準之間的緊張和密切關係

［10］夠明顯的事情是：一般而言，述詞的文法要求和範疇要求之間符應得相當不錯。但更有指導性的作法是去考慮某些這樣的特殊情形：在其中，這些要求之間發生了緊張的關係，而我們發現某個相當好的、在語言上解消該緊張的方法。藉著先檢視一些沒有這種緊張關係存在的例子，我們將間接地趨向於這些有緊張關係存在的例子。

文法上是謂述性表達式的典型語言形式包括下列這些：動詞的指示形式、前面有著「是」這一個動詞之指示形式的形容詞、前面有著一個不定冠詞而且不定冠詞之前有著「是」這一個動詞之指示形式的名詞。因而我們有「蘇格拉底微笑」、「蘇格拉底是智慧的」、「蘇格拉底是一個哲學家」。在每一個這樣的例子中，都有一個被謂述的共相是被某個典型的語言形式所引介的。對「被謂述的」的範疇測試和文法測試兩者都產生了相同的答案。只要這兩個測試總是產生相同的答案，我們或許會期望說，殊相的專名將永遠不會被允許出現在任何這些簡單的形式中。當然，實際上，我們發現，殊相的名字相當自由地被允許採取前面接著「是」這一個動詞的形容詞形式：舉例來說，「是英國的、是維多利亞時期的、是拿破崙式的、是美國的、是羅素式的、是基督教的、是亞理斯多德式的」等等；它們也相當自由地被允許在「是」動詞和不確定冠詞之後作為名詞使用：舉例來說，「是一個希特勒、是一個法西斯」等等；它們甚至有時被允許採取一個動詞的形式：舉例來說，有人或許會打趣地說到某個哲學家，說他非常地柏拉圖化。然而，這些例子對於一個希望去堅持介於述詞的範疇要求與文法要求之間的符應性的人來說，並不會呈現任何的困難。假設「N」是與某個殊相相關的專名。那麼，一般而言，我們似乎不會使用「x是N的（N式的）」、「x是一個N」、「x N化」這樣的形式去斷說一個介於x和N之間的非關係性聯繫。在【173】這樣的例子中，文法上的述詞表達式所引介和斷說性地連結到x的，並非該殊相N，而是一些刻畫性或分類性的共相，而這些共相或者是因為歷史因素而被賦予該名稱（舉例來說，**是拿破崙式的**）、或者是那些由關係性的共相和殊相所組成的複合體中的一個，而延伸的範疇標準允許我們將之算作是可謂述的（舉例來說，在某些脈絡中，「是美國的」具有「在美國製造」這樣的力量，而「是大布列顛的」意指「隸屬於大布列顛帝國的主權之下」）。

這裡的重點是，我們的語言只有在下述的情況下，才會自由地允許在文法上簡單的謂述形式中使用殊相的專名：當這些形式的使用並不會讓我們傾向於說我們是在謂述該殊相時，或事實上當我們能夠說由該文法上的謂述性表達式所引介的項是一個共相或一個共相加殊相時。如果任何人反對「共相」這一個詞在此處的用法，我們也可以這樣說：在這樣的一個情況下，由（舉例來說）拿破崙所提供的收集原則與由共相所提供的原則是相似的一類，而與由一個殊相的持續同一性所提供的原則屬於不同的類。由「該姿勢是拿破崙式的」所斷說的非關係性聯繫是一個刻畫性的聯繫，而非一個歸屬性的聯繫：被斷說是由該聯繫所結合的事物並非該姿勢與拿破崙，而是該姿勢與由拿破崙所提供的、收集的相似性原則。一般而言，只有當我們能夠將拿破崙看作是提供了一個至少類比於由共相所提供的收集原則時，我們才會準備去使用像「是拿破崙式的」這樣的述詞形式。如此一來，我們將謂述的範疇概念建立在其上的類比便得以保存下來。

但現在，讓我們比較一下我們準備去使用這些形式[38]的例子和我們顯然不準備去使用它們的例子。讓我們首先看看雷姆濟的對句：

(1) 蘇格拉底是智慧的

(2) 智慧是蘇格拉底的一個特性

首先我們應該注意到，如果我們以「智慧」這一個名詞作為句首去表達(1)所說的，那麼，我們並**不會**接著說「是【174】蘇格拉底的」或「蘇格拉底化」，而會接著說某些類似於(2)中所說的。現在，範疇的測試和文法的測試同樣要求我們說，智慧在(1)中被謂述給蘇格拉底，也就是該謂述的主詞。範疇的測試似乎要求我們對(2)說完全一樣的事。因為，這兩個句子都斷說了：有某個刻畫性的聯繫結合了蘇格拉底這一個殊相和智慧這一個共相。

38 譯者注：史陶生指的是「……蘇格拉底化」或「是美國的」等這樣的形式。比方來說，以下的(2)就會是我們「顯然不準備去使用」這種形式的例子。

文法上的測試並不要求我們對(2)說一樣的事情。但是，藉著實際上引介一個假代的（dummy）共相[39] ——亦即，**是……的一個特性**——在這個測試上，語言阻止了我們必須去說出**相反的**事情(亦即，蘇格拉底被謂述在智慧上)。如果我們採取這個看法的字面意義，那麼，在堅持該文法測試的同時，我們還可以避免去說「被謂述在智慧上的是蘇格拉底」；我們可以說：對智慧所謂述的乃是共相和殊相的複合體，亦即，**是蘇格拉底的一個特性**。實際上，我們在這裡所發現的，彷彿是「為了替範疇上可被謂述的事物保存其文法述詞地位」所產生的焦慮，即使其代價是去假裝有共相，以便裝裝門面。因為，如果我們將(2)寫成諸如「智慧是蘇格拉底的（蘇格拉底化）」這樣一個形式，類動詞加上名詞成分的一般性文法要求將會被滿足；但由於它並沒有加入任何的假代共相，因而在文法的標準上，它將會要求我們說蘇格拉底是被謂述的，並因而會導致文法標準與範疇標準之間一個明顯的衝突。

為什麼我提到**假裝**有共相以避免該明顯的衝突呢？該問題的答案在前一節中已經被預告過了。如果我們問說，為什麼我們不類似地去堅持說

蘇格拉底被智慧所刻畫

而要說

39　譯者注：史陶生認為非關係性的聯繫關係並不是一種真正的關係共相。由於說「X是a的一個特性」與說「a是X的」有一樣的意思，因此，**是……的一個特性**並不是一個真正的關係共相，它最多只是一個假代的共相。

蘇格拉底是智慧的

該答案就會變得夠清楚了。對於任何這樣的堅持，我們都能夠提出一個反對。任何一個項——殊相，或共相，或殊相加共相——的一個必然特性是：它能夠與（某些）其他的項進入非關係性的聯繫，而且任何的主述命題都是一個對項之間非關係性聯繫的一個斷說。如果我們對某個項或某個項的一部分推銷（promote）該連結[40]，那麼，我們就得認為該【175】命題是在斷說介於這些新項——舉例來說，**蘇格拉底**和**被智慧所刻畫**——之間的非關係性聯繫。但如果我們在第一個階段就**堅持**推銷該連結，為什麼我們不在第二個階段也這樣作呢？因而：蘇格拉底是被**被智慧所刻畫**所刻畫……等等。如果我們要有一個命題的話，我們一定得停在某個點上。所以，為什麼一開始就要堅持呢？

但是，同一個反對難道不會適用於這樣的作法嗎：堅持把(2)當作是「智慧蘇格拉底化」的替代說法？如果我們不考慮該偏好的理由或該偏好的動機，這一個反對當然會同樣適用於其上。但我們不能不考慮它：如何證成或解釋保持這些表象的驅策力量，這還是一個懸而未解的問題。除此之外，我們還有另一個文法標準所允許的替代方式去看待這一件事。我們可以將「智慧是…….的一個特性」推測為述詞表達式而將「蘇格拉底」當作主詞表達式，並且不將整個的句子當作是「智慧蘇格拉底化」的替代說法，而當作是「蘇格拉底是智慧的」一個被允許的迂迴說

40　譯者注：史陶生的意思是，如果我們將該非關係性聯繫（亦即，「刻畫」這一個非關係性聯繫）當作是與——比方說——智慧共同組成一個複雜的共相。

法。但如果我們作出這個選擇，那麼，我們必須清楚地知道：文法標準所開放的另一個分析（亦即，主詞：「智慧」；述詞：「是蘇格拉底的一個特性」）就再也不是一個開放的選項了。那也就是說，儘管合乎文法，我們仍然必須放棄去設計智慧在其中出現作為主詞的命題的野心。

因而，面對(2)時，或者我們可以採取該文法標準的字面意義，稱「智慧」為一個主詞表達式，然後注意說，為了要與範疇的標準保持一致，我們必須假裝有**是……的一個特性**這一個假代的共相；或者，我們能夠不必假裝任何事情，而仍然能夠與範疇的標準保持一致——但在那個情況下，我們必須以範疇的標準直接去強化文法的標準，並且說：不論表面上看起來如何，任何對(2)的分析，只要將「智慧」當作是主詞表達式，都是不能被允許的分析方式。

［11］讓我們現在考慮另一組例子，在某些方面，這些例子類比於之前的例子，但在其他方面則較為複雜。有時候，當我們問說：「在我所區分的那幾類非關係的聯繫中，那一個才是實際上被一個命題所斷說的？」時，對該問題的自然答覆是【176】「歸屬性的聯繫」。但這似乎會產生一些困難。因為，該歸屬性的聯繫只結合殊相與殊相。因此，事情似乎是：在歸屬性聯繫的斷說中，或者沒有任何事物出現作為一個述詞，或者有某個殊相作為一個述詞而出現。但是，「沒有任何事物出現作為一個述詞」的想法與文法上的要求相違背，而「有某個殊相出現作為述詞」的想法則與範疇的要求相違背。語言如何處理這個情況呢？必須記得的是，我們所關心的是這樣的斷說：其中某個殊相被斷說是歸屬性地聯繫於另一個殊相；如同我們有時候實際上所說的：某個殊相被歸屬給另一個殊相。

這類語句的例子有：

弄瞎約翰的一擊**是**彼得**打的**。

讓康普頓出局的接殺**是**卡爾**接的**。[41]

在第一個例子中被斷說是歸屬性地聯繫起來的殊相是該打擊和彼得，在第二個例子中的則是該接殺和卡爾。而這次這個聯繫的表象，則是藉著將介於該特殊行動和該特殊行動者間的聯繫推銷成一個準關係共相（quasi-relational-universal）的方式而得以保存。這樣的句子的一般性架構大致是：

該特殊行動——被實施／被執行／被作出——該特殊的行動者。

我們很容易看出來，其實並沒有該號稱的關係共相這種事物，它並不是真正的項。舉例來說，我們並不能夠結合該特殊行動與該準共相而形成另一個項。該行動者和他的行動是兩個不同的殊相；但他的行動和他行動的作為並不是兩個不同的殊相。就跟以前一樣，如果，為了它本身的緣故，我們堅持在某個階段建立起項的聯繫，那麼，為什麼我們不在另一個階段也這樣作呢，亦即，為什麼我們不堅持繼續說「該行動的作為——被實施——該行動者」等等呢？

再一次像以前一樣，我們似乎有另一種可用的方式去看待這

41 有時候，屬格的（genitive）變化被用在這樣的語句中：因而，「那一擊是彼得的」、「那一接是卡爾的」。

些語句。我們必須將它們看作是提供了假代的共相，以便去保持介於對一個述詞的文法要求和範疇要求之間的表面一致性嗎【177】？難道我們不能將它們看作是不引起這種問題的語句——亦即，那些一點都不會很自然地被看成有關歸屬性聯繫的斷說的語句——的可被允許的迂迴說法嗎？在某些簡單的例子中，這個選擇很明顯是開放的：舉例來說，「他展開了他的逃亡」只不過是「他逃亡了」的一個迂迴說法而已。而廣義上，的確有些語句可以被說成是我們問題中語句的變化。因此，我們能夠說：「康普頓被卡爾接殺了。」以及「約翰由於被彼得打到，而弄瞎了眼睛。」

但這些語句真的和問題中的語句有著相同的作用嗎？我們能夠**說出**它們，因此它們的確有著相同的功能——但必須藉著強調一個句子中的「卡爾」和另一個句子中的「彼得」。重點是：問題中的語句的文法結構適合於其對應的斷說中帶著特定預設（presupposition）的例子[42]：亦即，有一個接球封殺了康普頓，有一個打擊把約翰弄瞎了這樣的預設。那些變化的語句[43]的結構並不同樣適用於這些情況，儘管預設的力量可以藉著適度強調在變化語句中的成分而被保存下來。這意味著，將問題中的語句設想為其他語句——亦即，「弄瞎約翰的一擊」和「讓康普頓出局的接殺」並不出現在主詞表達式位置的語句——的可被允許的迂迴

42　譯者注：問題中的語句是以某個確定描述詞——如「弄瞎約翰的一擊」和「讓康普頓出局的接殺」等等——開始的語句。根據史陶生早期對確定描述詞的理論，這些語句分別預設了「有一個接球封殺了康普頓」和「有一個打擊把約翰弄瞎了」。

43　譯者注：指的是「他逃亡了」、「康普頓被卡爾接殺了」，以及「約翰由於被彼得打到，而弄瞎了眼睛」等等。史陶生似乎認為這些語句缺乏了前一個譯注中所提到的預設。

說法，這樣的想法是有些勉強的。我們並非因為突發奇想，而讓這些片語所引介的項去扮演著謂述的主詞角色。在這個事實中，我們可以發現另一個對於主述詞區分標準的根源，該標準或許最後會形成另外兩個、我們考慮過其真實或虛假對應的標準之間的一座橋梁。我將在下一章發展這個想法。

我對我的例子所給的描述，是既粗糙又很有問題的；我認為，這裡有一個相當豐富的、有趣的事情的領域，是我只約略點出來的。但是，我認為，這些例子無疑顯示出——打個譬喻——語言在這一部分中所作出的某種努力：語言努力去讓，或似乎去讓兩個對於某事物作為被謂述的，或出現作為一個述詞的標準相一致。文法的標準：根據該標準，我們所謂述的乃是攜帶著斷說標誌的語句部分所引介的事物【178】；範疇的標準：根據該標準，只有共相，或包含了共相的複合體才能夠被謂述，單純的殊相絕不能夠被謂述。這就好像是：我們感覺到在這兩個標準的對應之間有著一定的恰當性，產生了相同的結果。就是由於這個傾向，所以我才會隱喻性地說到努力或感覺，而我們現在必須試著去解釋它。【179】

六

主詞與述詞(2)——邏輯主詞與特殊事物

我認為，對文法標準與範疇標準之間似乎有的這個聯合——或者這麼說吧，這一個密切關係——給出完整的、理論上的解釋是可能的。我甚至認為該解釋大體上的思路是清楚而無可爭辯的。然而，對我來說，對它的詳細說明似乎是一件非常困難的事情，其中錯誤容易產生，而清晰性也難以被保持。我所給出的整個解釋將會以在本章第一和第二部分中分別開展的兩個理論的形式來提出。這兩個理論是彼此獨立的，因為它們在不同的層次上運作，並且每一個都能夠在另一個不被接受的情況下被接受。第一個理論包含了我要提供的解釋的要點；但這兩個理論在以下這個意義下是相關聯的：如果兩者都被接受了，那麼，第二個理論可以被看作是增強了第一個理論所給出的解釋。第二個理論也有一個獨立的有趣之處，而這將會在接下來的那一章中加以發展。在作完這些解釋之後，下面這件事將會變得清楚：如同一個人會期盼的，主述區分的「文法標準」只有理論上次要的重要性，它主要是一個用來標記另一類更為基本的完整性之出現或不出現的記號罷了。

1. 殊相之被引介到命題中

［1］對於我們的問題的部分答案，可以在一個對比中找到：介於引介殊相到命題中的條件以及引介共相到命題中的條件之間的對比。我從頭到尾都在使用「項之引介」【180】這一個概念，該概念當然是中立於將一個項引介為謂述的一個主詞，以及將一個項引介為被謂述者之間的概念。**但是，不論在那一個模式中，項之引介必然涉及到識別的觀念**。引介項的表達式指出，或被意圖去指出被它的方法所引介的項是什麼（**哪一個**殊相、**哪一個**共相）。當我們說「約翰抽菸」時，第一個表達式「約翰」指出什麼殊相是它所指稱的殊相，而第二個表達式「抽菸」則指示出什麼特徵被歸屬給他。

讓我們首先考慮引介一個殊相到一個命題中的條件；在此處，為了熟悉性的緣故，我將轉回去使用「指稱」這一個並非中立性的術語。我們要探討的是：為了要讓一個說話者作出對某個殊相的辨識性指稱，而且為了要讓一個聽話者正確地了解它，有什麼樣的條件必須被滿足？顯然，一個條件是：應該要有一個殊相是該說話者所指稱的；另一個條件是：應該要有一個殊相是該聽話者認為是說話者所指稱的；第三個條件是：該說話者的殊相和該聽話者的殊相應該是同一個。讓我們注意這些條件中的第一個。它涉及了什麼？什麼是「他所指稱的」這一個片語所隱藏的？唔，它至少涉及了這個要求：在標準的情況下——我們不需要考慮其他的情況——如果他使用一個描述的話，那麼，應該要有一個殊相符合該說話者所使用的描述。但如果他使用一個專名呢？除非一個人知道他用那個名字所指稱的是誰或是什麼，否則的話，他就不能夠有意義地使用一個名字去指稱某個人或某個事物。換句話說，一個人必須準備去使用一個描述去替換該專名。所以，使用專名的情況只需要對所陳述的條件作些微修正。必須要有一個殊相符合該說話者所使用的描述，或者，如果他使用一個專名的話，必須要有一個殊相符合他準備用來替換他所使用的專名的描述。但這個條件並不足夠。他只指稱一個殊相。如果我們將所給定的說話情境中的定冠詞力量抽離出來的話，也許會有許多的殊相適合於該說話者所使用的描述，或者適合於他準備用來替換他所使用的專名的描述。當然【181】，說話者非常依重於說話情境的脈絡，而這樣的依重是正確的。他不會說不必要說的話。但是，我們現在所考慮的，並非僅僅是他所說的，而且是他藉著他所說的話去作他所作的事情的條件。為了要讓他僅僅指稱一個殊相，光是應該至少有一個殊相符合他的描述是不夠的。還必須**最多**只有一個這樣的殊相**在他的心目中**。但他不能夠藉著該殊相是他心目中的殊相這個事實，去為他自己區別出那一個在他心目中的殊相來。所以，一定還有某個他能夠給出、雖然不需要是實際上他所給出的描述是這樣的：它獨一無二地適用在他心目中的殊相，並且不包括「我心目中的那一個殊相」這一個片語[1]。

1　當然，這樣的一個描述——讓我們稱之為「辨識性的描述」——也許包括指示性（demonstrative）的成員，亦即，它並不需要以純粹一般性的語詞來加以說出。的確，一般而言，它不能夠如此被說出；一般而言，我們不可能讓所有對殊相的識別都不依賴於指稱情境中可被指示性地加以指出的特性。甚者，我們應該補充說，雖然該辨識性的描述一定不能夠包括一個說話者自己對問題中的殊相所作的指稱，但它可以包括一個其他人對那個殊相所作的指稱。如果某個想像中的辨識性指稱是屬於後面這一種，那麼，的確，它是否是一個純正的辨識性描述這個問題，得看它所指稱的指稱本身是否是一個純正的辨識性指稱而定。所以，一個指稱也許會從另一個純正的辨識性指稱那裡借來它的純正指稱的證書，而後者又從另一個那裡借來等等。但這個後退

有人可能會堅持說，這個評論需要在「獨一無二地」之前加上像「就他所知」這樣的片語來加以限制；而這樣限制的基礎是：該說話者後來的知識也許會包含第二個、可區別的殊相是這樣的：它同樣符合任何他在該想像中的、原始的指稱時刻所能給出的任何想像中的辨識性描述。但這個論證是錯誤的。如果上述描述的情況果真出現（它會是相當希罕，但並非不可能的情況），那麼，我們將可以推論說，該說話者在該想像中的、原始的指稱時刻，並不是真正知道他所談及的殊相是哪一個【182】，他並非真正滿足作出一個純正的辨識性指稱的條件，雖然他認為他滿足了該條件；因為，現在我們將無法回答「**哪一個**殊相是他當時所指稱的殊相」這一個問題。自另一方面來說，如果他能夠現在回答這個問題，那麼，他一定能夠在那時補充一些細節，而這些細節將會將他所指稱的殊相與他之後的知識所包括的那一個殊相區別開來，亦即，以上所描述的情況將不會真正出現。

我們可以這樣摘要這裡所說的一切：為了要作出一個對某殊相的辨識性指稱，一定要有某個被該說話者所「知道」——在該字某個不太精確的意義下——的經驗性真命題具有這樣的效果：

並不是無限的後退。

也許我們應該小心地明白作出一些其他的限制。舉例來說，如同在其他的地方，我在此是以一種延伸的、雖然是在哲學上熟悉的意義下去使用「描述」這一個詞。一個對事物的某個「描述」，並不需要告訴一個人該事物**像**什麼樣子；「我去年待的那一個都市」也可以是對芝加哥的一個辨識性描述。

再一次地，當我說到「準備使用一個描述去替換一個專名」時，這個要求一定不要太從字面來看待。它並沒有要求人們能夠非常迅速地說明他們所知道的事物。

當然，在本質上，此處所展開的要求和在第一章第1節第［3］小節，頁【23】中所展開的「聽話者的識別」的要求是一樣的。

剛好有一個殊相回應於符合某個特定的描述。稍加修正，我們同樣可以說：為了要在實際上有某個殊相是該聽話者認為是該說話者所指稱的殊相，聽話者也一定要滿足一個類似的條件。（我所列的那些條件當中的第三個，並不真正要求該說話者和該聽話者的描述應該是相同的，而是要求說，每一個人的描述都應該獨一無二地適用在一個、而且是相同的殊相上。）

我到目前為止使用「辨識性指稱」這個術語，乃是因為它的熟悉性和方便性。我們可以用「項之引介」這一個中立的術語去替代它，而不至於在任何方面改變我所說的實質內容。

讓我們現在探索：為了要讓一個共相（如殊相能夠藉以被刻畫，或者是它的例子的共相）成功地被引介到一個命題中，什麼樣的類似的條件——如果有的話——必須被滿足。**我們發現說，並沒有像這樣的平行條件是我們可以一般性地去強烈要求的**。假設有一個形容詞形式的表達式「ϕ」是問題中的共相的表達式。我們要去尋找某種這樣的經驗性命題（如果找得到的話）：為了要讓那一個在假設上能夠被「ϕ」所引介的共相真正被引介，該命題一定要為真。共相可被引介的一個充分條件是：該說話者知道**這個或那個事物是**ϕ這一個一般性經驗命題的真。但是，我們不能一般性地強烈要求它作為一個必要的條件。因為，另一個同樣充分的條件——事實上被某些共相所滿足的條件——將會是**沒有事物是**ϕ這一個經驗命題的真【183】。如果我們形成這兩個充分條件的選取句，我們或許可以真的被說成是獲得了一個必要的條件：亦即，**或者有些事物是**ϕ，**或者沒有事物是**ϕ。但現在我們再也沒有一個經驗性的命題、一個有關於這一個世界的事實了。我們有的是一個套套邏輯。

也許有人會反對說：我們能夠藉著「ϕ」這一個表達式去發

現成功引介共相的經驗性條件，亦即這一個條件：「有些事物是ϕ」這些字所表達的命題——不管它是真還是假——是一個有意義的經驗命題，並且是被說話者和聽話者所共同而又不歧義地理解的命題。但現在，這一個條件在任何的意義下都和我們所發現的、引介一個殊相的必要條件不在平行的或同一個層次上。在所要求的意義上，該被要求的事實並非一個有關於這一個世界的事實。它是一個有關於語言的事實。平行於此的事實，亦即，有關於所使用的字的意義與理解，也可以在引介殊相的情況中被提到；但是，在引介共相的情況中，沒有一個平行於引介殊相情況中的額外經驗性要求能夠在前者中被一般性地發現。

再一次地，有人可能會反對說：實際上，除非「有些東西是ϕ」這種形式的經驗性命題當中絕大部分為真，否則的話，它們並不會獲得它們的意義。他們或許會論證說，因此，引介殊相的條件和引介共相的條件間的對比並不像我所宣稱的那樣。真正的情況乃是：對一個殊相的引介普遍地預設了某些經驗性命題的真，而對一個共相的引介則只是一般性地預設了某些經驗性命題的真。對於這個反對看法，除了對於該論證結構吹毛求疵的挑剔之外，我們還有兩個回應，而其中的第二個至少是決定性的。

第一個回應在於強調所預設的經驗性命題種類上的差異。引介一個殊相所普遍需要的那一類真命題，乃是陳述了有關於這一個世界中某個相當確定的事實的那一類命題，陳述了某個【184】事實上或許屬於歷史的那一類命題。但是，為了要讓引介一個共相成為可能，一般——雖然不是普遍——所需要的那一類真命題乃是一種相當不確定種類的命題，它們所陳述的事實是一個相當不確定種類的事實。某個事物、某個地方，或某個時間是，或曾經是紅的、圓的，或智慧的等等，都不是一個能夠屬於歷史的事實[2]。

第二個回應則會完全使得該反對意見的效果蕩然無存。為了要對一個殊相的引介實際上被作出來，不僅某個屬於十分確定類的經驗命題為真這件事是普遍上必要的，那個類中的某個命題被知道為真這件事也是必要的。因為，唯有如此，對唯一一個殊相的辨識性指稱的條件才會被滿足；唯有如此，在說話者或聽話者部分的識別條件才會被滿足。現在，想想這對於共相的引介來說是多麼地不同。事情也許是：用來引介共相的字詞，只有在它們當中的大多數所引介的共相實際上被例化時，才能夠獲得它們的意義。但是，一旦那些字獲得了它們的意義——不管它們是如何獲得的——下面這件事就再也不是必要的了：為了要讓它們去執行辨識出由它們所引介的共相這個功能，它們的使用者應該要知道或相信一些具有「問題中的共相事實上是被例化的」這樣效果的經驗性命題。一般說來，使用者**將會**知道這件事或如此認為。但**他們應該如此**這件事，並不是一個讓問題中的表達式去執行它們辨識性功能的一個必要條件。必要的只是：那些使用者應該知道那些表達式意指**什麼**，而非知道它們是由於某些經驗性命題之真而獲得它們的意義。

於是乎，那一個重要的對比可以被簡短地陳述如下。對一個殊相或共相引介到討論中的辨識性引介，蘊涵了說話者知道該引介的表達式所意指，或意圖去引介的殊相或共相是什麼。知道所意指的殊相是什麼，蘊涵了從所使用的引介性表達式而知道某個經驗性的事實（除了【185】它是目前所引介的殊相這個事實之

2　譯者注：顯然，史陶生認為，「某個事物是這樣的……」這樣的陳述並不表達一個（確定的）歷史事實。

外），或有時——在聽話者的情況下——學會該事實，而且該事實足以辨識出那個殊相。但是，知道所意指的共相是什麼，並不以同樣的方式蘊涵知道任何的經驗性的事實：它只蘊涵知道該語言。（這是一個**非常**摘要性的陳述；它不應該被當作是它所摘要的討論的一個替代物。）

但現在我們一定要再加上一個限制。我曾經說過，應該存在著一個被知道的、某種非常確定類的真經驗命題這件事，對於任何將殊相引介到討論來說都是一個普遍的必要條件；而應該存在著一個被知道的、任何平行種類的經驗性真命題這件事，則對於引介一個共相到討論來說並非一個必要的條件。該限制所關切的是共相被引介的方式。因為，如果一個共相並不是藉著某個由於其意義而辨識出該共相的表達式所引介，而是藉著給出某個對該共相加以描述的表達式所引介，那麼，的確，為了要讓該引介成功地如此被執行，或許必然要有某個經驗性的命題為真。因此，智慧這一個共相或許會被類似於「在哲學的例子中最經常被歸屬給蘇格拉底的特性」這樣的一個描述來加以引介，而非藉著「智慧的」這一個形容詞或「智慧」這一個名詞來加以引介。或者，再一次地，某種類型的疾病可能被引介為「讓約翰上週不能工作的疾病」，而非被引介為，比方說，「流行性感冒」。為了要讓這個引介方法成功，必須實際上有一種疾病、而且只有一種疾病讓約翰上週不能工作。這個限制的重要性將會很快地出現。它顯然並不牴觸那一個主要的論點，該論點在共相的情況中有著一個普遍命題的否定的形式。

［2］讓我們暫時停止去提到殊相和共相，讓我們一般性地代之以介於下列兩種表達式之間的這個區分：(1) 一個人如果不知道（或無法從它們的使用中學會）某個有關於它們所引介的事物

的區別性經驗事實（distinguishing empirical fact）時，就無法知道它們所引介的事物的表達式；(2) 一個人可以在不知道任何有關於它們所引介的事物的區別性經驗事實時，仍然可以非常好地知道它們所引介的事物的表達式【186】。這兩種表達式在某一個特定的意義下都是不完整的。因為，引介一個項並不是在作出一個陳述；它只是作出一個陳述的**部分**而已。但是，第一類的表達式顯然有種完整性或某種自我充分性（self-sufficiency）是第二類表達式所欠缺的。對於第一個集合中的表達式，一個人或許會說：雖然它們並不明白地陳述事實，但只因為它們呈現（present）或表徵（represent）事實，只因為它們預設（presuppose）或體現（embody）或暗中攜帶（covertly carry）了它們並不明白地聲稱的命題，所以它們才執行它們的角色。它們必然地在引介它們的項時攜帶著一定分量的事實。但第二個集合中的表達式在引介它們的項時並不攜帶任何分量的事實。它們只能夠**幫忙**去攜帶一個事實；而即使在這一點上，它們也只能藉著與某個其他種類的表達式接合成一個**明晰的**斷言時，才能夠辦得到——除非它們形成第一個集合中的表達式的一個部分。

現在，讓我們回憶一下對一個述詞表達式的文法標準。述詞表達式以接合的或命題的風格，以明白是不完整的風格去引介它的項，而該風格要求被完備為一個斷言。現在，當然，該引介的斷說性風格所呈現的明顯不完整性——被完備為一個斷言的要求——精確地符應了我剛才區別的第二類表達式的不完整性；它精確地符應了這類表達式不能靠它本身去呈現一個事實這件事。我們有了一個介於在任何意義下都不能靠其本身呈現一個事實、但可以成為一個事實陳述的部分的事物，以及一個已經在某個意義下本身呈現了一個事實、而且也能夠成為一個事實陳述的部分的事物之間的對比。在由這兩者放在一塊所組成的明白斷言中，應該由前者攜帶命題標記或要求被完備為一個斷言的標記這件事，是相當恰當的。

在實際效果上，我們在這裡所提議的乃是一個新的或協調性的（mediating）主述區分的標準。一個主詞表達式，乃是一個在某個意義上由其本身呈現出一個事實、並且就此而言是完整的一個表達式。一個述詞表達式，是一個在任何意義下都不由其本身呈現一個事實、並且就此而言是【187】不完整的一個表達式。我們發現，這個新的標準非常完美地與文法上的標準協調一致。在這一個新的標準下，一個述詞表達式是一個只能藉著明白與其他表達式接合在一塊才能夠完整的表達式。在文法的標準下，一個述詞表達式正是那一個帶著要求被完備成一個明晰斷言標記的表達式。我們強調這兩個標準間的協調一致性和親密性；而藉著將兩者融合在一塊，我們回到了並且豐富了介於語句的「完整」成分及「不完整」成分間的對比，而這個對比是我們在闡釋主述區分的「文法的」意義時所討論的。我們在弗列格有關飽和的和不飽和的組成要素的隱喻中發現了一個額外的深度。

這一個新標準不僅非常完美地與該文法的區分協調一致。如同前面那一整個小節所顯示的，它也與範疇的標準協調一致。因為，首先，那一小節的整個負擔是：在該新的標準的意義下，引介殊相的表達式永遠不可能是不完整的，**因而在那個標準下，永遠不可能是述詞表達式**。這是該範疇標準部分上所要求的。其次，我們在那一小節中顯示，在這一個新的標準的意義下，許多引介共相的表達式是不完整的，因而在那個標準下合格作為述詞表達式；但是，有些引介共相的表達式，舉例來說，那些藉著描述來辨識它們所引介的共相的表達式，在這一個新的標準的意義下是完整的，因而在那個標準下合格作為主詞表達式。這兩個結果都與範疇的標準相一致。

對我來說，這些考慮似乎部分解釋了對主詞和述詞的文法標準與範疇標準之間的親密性。它們解釋了或有助於去解釋在我們哲學中那一個傳統的、介於殊相—共相區分和主述（指稱—謂述）區分間的持續連結。一旦那個連結被穩固地建立起來，而且在一個根本的層次上被解釋了，那麼，我們就能夠允許一定的彈性進入到我們在一個更複雜層次上的分類。因此，在「慷慨是比謹慎更令人可親近的德行」這一個陳述中【188】，難道我們不想說：慷慨和謹慎是出現作為主詞，而**是（比……）更令人可親近的德行**這一個刻畫共相的共相（universal-characterizing universal）則出現作為一個述詞嗎？但「慷慨」和「謹慎」這兩個表達式並不擁有我們協調性的標準對主詞表達式所要求的那一種完整性；它們並不暗中呈現任何事實。對這個問題的解決是：一旦該根本的連結被建立起來了，我在之前提到的那些類比[3]，就可以被允許去負擔起對問題中的區分作出更進一步的延伸和修正的責任。在這個情況下，我所意指的那些類比，是那些一方面在結合殊相與共相的非關係性或刻畫性聯繫上成立的事情，而另一方面則是在結合共相與共相的非關係性聯繫上成立的事情。

這只不過是一個例子，而且是一個簡單的例子。還有其他的例子需要不同的處理，而我將不會現在討論它們。但是，還有一個進一步的解釋是我們一定得給出的。傳統理論中另一個持續的成分是這一個學說：那些我稱之為「共相加殊相」的、引介複雜項的表達式（舉例來說，「嫁給約翰」）可以被分類為述詞表達

3　詳見第五章，頁【171】。

式。但是，這樣的表達式，難道不會由於包含了一個引介了某個殊相的部分的緣故，因而擁有該完整性嗎？而在作出了所有被允許的彈性之下，我難道不應該在假設上堅持將之算作是對述詞地位的一個限制嗎？對這個問題的答覆是：這樣的表達式整體來說並不擁有這個完整性，雖然每一個這樣的表達式都包含了一個擁有這個完整性的部分。**整個地來說**，「嫁給約翰」這一個表達式並不呈現任何的事實；因為，如果沒有人嫁給約翰，和如果有人嫁給約翰，它都一樣成功地執行它對於項的辨識性功能。在使用時，「約翰」這一個表達式攜帶著它自己對事實的預設；但「嫁給約翰」這一個表達式並不攜帶任何**它自己**對事實的進一步預設。所有**它**所預設的事情只是：或者有人嫁給約翰或者沒人嫁給約翰這一個套套邏輯。所以，整個地來看，所有這樣的複雜表達式都具有使它們合格被列為述詞的不完整性。【189】

[3] 我所概略給出的一般性說明引起許多問題。首先，完整性這一個重要的觀念仍然是模糊的。我說過，在相關的意義下是完整的、引介項的表達式會呈現或表徵事實，會預設，或具體化，或暗中攜帶命題。這麼多種的術語也許會令人起疑。對於介於在該相關意義下是完整的引介項的表達式與給予它們完整性的事實或命題之間的關係，我們能夠給出什麼樣嚴格的說明呢？這些事實或命題的內容，是如何被實際上所使用的引介項的表達式所決定呢？或它們是如何地關聯著呢？

各種例子所呈現的多樣性實在是太大了，以至於對這個問題不能給出一個單一的答覆。在某些簡單的例子中，其答覆是夠簡單的了。假設我指指點點地說：「那個在那兒的人能夠指引你。」「那個在那兒的人」這一個表達式引介或辨識了一個殊相。該引介項的表達式所依靠的事實為何，以及該事實與那些所用的字詞之間的關係為何這兩件事，都是夠清楚的了。該區分出項的事實是：剛好有一個人在那兒；如果沒有一個人是我能夠被認為在指指點點的，那麼，我在假設上引介項的表達式就會沒有一個指稱，而且我的陳述將沒有真假值。因此，在這樣的例子中，我們有一個夠清楚的有關於預設的意義，以及一個夠清楚的指示去指出什麼事情是被引介項的表達式的使用所預設的。但是，現在讓我們考慮一個較為複雜的例子。如果我們引介項的表達式是某一個殊相的（平常所謂的）專名呢？為了要藉著這樣的方法去引介項，顯然，剛好有一個物體或人具有那個名字這件事並不是必要的。我們也不能滿足於下面這樣的答覆說：該被預設的事實是「剛好有一個物體或人具有該名字，而且他現在正被它的工具所指稱著」。因為——讓我們只考慮該說話者的情況——之前的論證要求說，該「被預設的」事實必須是某個被說話者所知道的經驗性的真命題，而且他要能夠引述它以便於去指示出**哪一個**殊相才是他心目中的殊相；而且這不能夠是「剛好有一個事物在他心目中」這個事實。但如果我們現在發現一個符合這個要求的事實，亦即，一個能夠用來區分出他心目中的那一個事物的事實【190】，那麼，就再也不會有任何的事情可以保證說，我們所發現的那一個事實能夠被說成是包含該引介項的表達式的陳述所預設的事實，此處「預設」具有我們剛剛看到過的、以「那個在那兒的人」開始的陳述的例子中所闡明的最簡單的意義。舉例來說，也許情況是：剛好有一個小孩是我在昨天早餐前見過的，而這個小孩也許就是我目前指稱為「約翰」的人。但事情當然不會是：這個存在的事實就是被我目前所作出的、有關於約翰的陳述所預設——在所闡明的意義下——的事實。

然而，如果我們結論說，在專名的情況下，預設的概念與我們的問題無關，這個結論將會是一個錯誤。試考慮一個蘇格拉底在其中被專名指稱的情境。根據前一小節中的論證，在這個情境中，如果說話者和聽話者都知道某個或某些有關於蘇格拉底的區別性事實（不必然是同一些事實），知道一些每個人都準備去引述以指示他現在藉著「蘇格拉底」所意味或所了解的事實，那麼，兩者就都滿足了成功引介一個項的條件。但這些事實和這一個專名的關係為何？或者，以另一個實際上是同一個問題的方式去問：當我使用（use）——而非提指（mention）——「蘇格拉底」這一個專名時，我正確地描述某些事實為「有關於蘇格拉底的事實」的條件為何？正是在對於這個問題的關係上，預設的概念是再一次相關的。假設我們認為某一群說話者在使用，或他們認為他們在使用「蘇格拉底」這個專名去指稱相同的事物。假設我們接著要求那一群人中的每一個成員寫下他認為是有關於蘇格拉底的最顯著事實，然後從這些事實的清單中形成一個包含最經常被提到的事實的複合描述。現在，下面的說法將會是太過分了：「該群體藉著專名去成功地引介項這件事，要求應該剛好存在著一個人是這樣的：所有在該複合描述中的命題對他來說都為真。」但下面的說法卻不會太過分：「它要求應該剛好有一個人是這樣的：這些命題中的某個合理部分對他來說為真。」舉例來說，如果我們發現剛好有一個人是這樣的：一半的命題對他來說是【191】共同為真；而且剛好有另一個不同的人是這樣的：另一半的命題對他來說是共同為真；那麼，除非有些指示被給出來以指示說哪一個蘇格拉底才是所意指的，否則的話，去給出一個直接的答案給下面這個問題就會變得不可能：是否有任何特殊的「有關於蘇格拉底的命題」會是真的或假的？它也許會對於蘇格拉底一號為真。而對於蘇格拉底二號為假。但它既非簡單地真於蘇格拉底，亦非簡單地假於蘇格拉底；因為，事實證明：並沒有這樣的人。

我們不需要因此放棄預設的觀念，而是應該去改良它。為了要給我剛才舉例說明的改良一個名稱，我們可以稱它為命題的一個預設集合（a presupposition-set of propositions）。組成蘇格拉底複合描述的那些命題將會形成這樣的一個集合。一般而言，這樣的一個集合的界線為何，以及哪些構成了其成員中一個合理的或充分的部分等等這些問題，對於任何在假設上是引介項的專名來說都不會是精確地固定的。但這並不是預設集這一個概念的一項缺點；它是專名效能的一個部分。

顯然，實際例子的範圍絕不會被我所選擇的那兩個例子所窮盡：一邊是一個簡單的、指示詞加上描述詞的指示的例子，另一邊則是諸如「蘇格拉底」這樣一個專名的例子。我們甚至不能宣稱說，在我所討論的使用專名的例子中，該專名是它的集合當中相當典型的一個例子；我們也不能宣稱說，我們所給的說明能夠相當簡單地延伸到其他使用名稱的例子。據此，對「完整的」引介項的表達式和那一些（必須被知道才能夠讓項之引介藉著它們的使用而被執行的）區別項的事實之間的關係給出一個簡單的、一般性說明是沒有希望的。但是，我的主張中並沒有任何一個部分說，這樣的一個說明能夠被給出來。

在說完這個之後，為了要給出一個名稱，我們可以保險地稱這些區別項的事實或命題為被那些引介項的表達式所「預設的」事實或命題；並且在結論時轉而考慮另一個重點。我曾經說過，對於任何在假設上是引介項的表達式來說，它在引介一個**殊相**上是否成功，得依賴說話者對某個區別項的事實的知識。通常，如果我們寫下這樣的事實，這個【192】寫下的陳述本身將包含著引介殊相的表達式。這並不需要讓我們充滿對無限後退的恐懼。因為我們總是能夠仰賴在最終時達到某個存在命題：該命題或許會包含指示性的成員，但卻不會包含任何引介或確定地辨識某個殊相的**部分**，儘管該命題**整體而言**可以被說是**呈現**了一個殊相。（這樣一個命題的最簡單形式是：「剛好有一個如此這般的事物在那兒。」）但是，雖然「大部分引介殊相的表達式的直接預設本身包含引介殊相的表達式」這個事實並不是我們需要對之有著無限後退的恐懼的事實，但它或許是個會讓我們對之充滿戒慎恐懼的事實。它應該引起我們擔心的乃是下面這個想法：由於採取了我所給的解釋，我們無論如何得去考慮那些其中沒有任何部分包含任何引介殊相表達式的被預設命題，並將它們當作是對我們的理論來說**唯一**相關的被預設命題。但情況當然不是如此。該理論所要求的只是：引介殊相的表達式（不同於引介共相的表達式）應該**總是**在某個特定的意義下是完整的；而當我們顯示說，這些表達式是如何總是得攜帶著一個經驗性的預設時，那個意義就被解釋了。無論是在被預設的命題本身包含著引介殊相的表達式的情況，還是在它們不包含的情況，「它們應該攜帶這樣的一個預設」這一個條件都同樣完全地被滿足了。知道「如果我們穿過連續的預設去開展我們的旅程，我們確定可以達到一個終點」無疑是令人欣慰的，但我們不要去假設這樣的一個終點必須或能夠一步就達成。

然而，或許有人仍然會認為，理論上來說，我們所達到的立場是以下述的方式而令人不滿意的。我曾經宣稱要去考察：藉著某個確定的辨識性表達式而將某個殊相引介到一個命題中的條件。我曾經斷言說，這種項之引介的可能性乃是奠基在我們對某個區別項的事實的知識之上。如果我們寫下表達這種知識的命題，我們將會發現，它們或者包含了【193】引介其他殊相的表達式，或者至少涉及到對殊相的量限；而我們能夠可信地論證說，涉及到對殊相作出量限的語句（舉例來說，「剛好有一個如此這般的事物在那兒」），在語言中並不能有任何的地位，除非對殊相的確定辨識性的表達式（例如「那個如此這般」）已經在語言中有著一個地位。但如果事實的確如此，我怎麼能夠宣稱說，我已經陳述了一個引介項的表達式去引介一個殊相必須滿足的條件呢？因為，如果我不暗中假設語言包含著引介殊相的表達式，那麼，我就根本不能夠寫下我對這些條件的陳述。所以，這一個說明有著循環性的問題。

這個反對是失敗的。它之所以失敗，是因為它未區分（1）一個對於在語言中使用引介殊相的表達式的一般性條件之說明，以及（2）一個關於在任何時機下使用引介殊相的表達式的條件的學說。換另一種說法，被那一個反對所忽略的區別，可以被描述為介於（1）一個對於引介殊相到**討論**中的一般性條件的說明，以及（2）一個對於辨識性地引介一個殊相到**某個**給定的討論中的說明。當然，我所主張的是這些當中的第二個，而非第一個。從第一個方式來看，我的說明真的會是循環的；從第二個方式來看，它並非如此。然而，有人可能會覺得說，一個屬於第二類的學說應該被補充以某個有關於第一類的說明；而我企圖在本章的第二部分給出這樣的一個說明。

[4] 不過，在我們轉向這個進一步的問題之前，考慮某個在目前的關聯下有著非常大吸引力的哲學提議，這會是一件有價值的事情。雖然它之所以被提出的動機不同於觸發目前研究的動機，但它似乎提供了一個誘人的方法去簡化前三節的結果。我不認為該提議是可被接受的；但重要的是，我們得看出為什麼它不

可以被接受。

問題中的提議可以將它自己呈現為這樣的一個形式：它是對於包含了引介殊相的表達式的命題的**分析**【194】；或者它可以將自己呈現為這樣的一個面貌：它是對某個理想語言的描述，其中對殊相的指稱性表達式並不出現，它們的地位被存在量化的拘束變數所取代。這樣的一個語言——使用蒯因的描述來說——將會是一個所有的單稱詞都被排除的語言[4]。單稱詞出現在其中的語句，都被帶著唯一性條件的存在量化語句所取代。根據本章前一小節中的理論，如果我們選擇去追求該後退到其盡頭，我們應該真的會發現這樣的語句出現在那些預設的後退的盡頭。另一方面來說，根據蒯因的提議，這樣的語句是那些容納了理想語句的語言中的**一個部分**，用來替代平常包含單稱詞的語句。

我認為，我們得承認說，在目前的關聯中，這個想法的確很有力，也很吸引人。不像前一小節中模糊而又有限制性的討論，它讓我們對引介殊相的表達式所必然擁有的「完整」與「不完整」的混雜想法，給出了一個絕對精確的意義。這樣的表達式之所以是完整的，在於它們攜帶了對事實的預設；它們之所以不完整的，在於它們單獨本身並非斷言，而是斷言的部分。當我們在理想的語言中檢視它們的副本時，我們首先會發現由一個具有下列形式的充分明晰斷言所代表的完整性：

4 見其《邏輯的方法》，頁220-224，亦見其《從一個邏輯的觀點》，頁7注13、頁146、頁166。蒯因的計畫是羅素確定描述詞理論的延伸，我們可以說，該計畫在於將這個理論推到極致，同時捨棄真正的主詞表達式或邏輯的專名這一個概念。我希望在之前的討論中我已經保存了這個理論為真的部分，但避免了它最終自我摧毀、過度簡化事情的部分。

有一個事物是這樣的，它獨一無二地F

然後會發現由一個附加的、進一步的關係代名詞所代表的不完整性：

有一個事物是這樣的，它獨一無二地F**並且是這樣的**……。

第二個關係代名詞後面接著的是完備了整個斷言的述詞表達式，而且該述詞在【195】日常的、負載著單稱詞的語言中是跟在單稱詞之後。日常語言中的一個指稱表達式或一個邏輯的主詞表達式，乃是任何一個在理想的語言中會被如此分解成一個量化斷說加上一個關係代名詞的東西。一個述詞表達式則是不會被如此分解的東西，因而具有絕對的不完整性，亦即，不能夠簡單地以去掉一個關係代名詞來移除的命題不完整性。現在，所有引介殊相的表達式都以所描述的方式分解了，因而無法不是邏輯上的主詞表達式。有些引介共相的表達式或許會以此種方式分解，但許多不會。所以，共相可以出現為主詞或述詞[5]。

不過，儘管這個分析有其吸引人的簡單性，以及其與前一小節的精神相協調的特性，我認為，它被呈現的形式使得它無法被接受；而如果該分析的形式被駁斥了，那麼，該分析整體作為一個特殊的和可理解的說明也因而被駁斥了。因為，使得該理論有別於——比方說——前一小節中所給出的說明的，正在於下面這一個宣稱：嚴格說來，所有的主詞表達式都是多餘的，因為它們

5　蒯因所關注的事情是去確保——當可能的時候——共相只出現作為述詞。他稱此為「唯名論」。詳見以下的第八章。

可以被量化詞、量化變數和述詞來加以排除。但是，如果要以我們被邀請的方式去理解它們，那麼該分析所使用的語言的項預設了主詞表達式或語言中單稱項的存在。日常的言談中有各種不同的形式去不確定地指稱殊相，也有各種不同的方式去為殊相作出接著一個關係代名詞的存在宣稱。對殊相的存在量化的設計，應該被理解為大致符應於日常言談中的這些形式。這些形式在一個語言中有一定的地位、一個角色，該角色要對照於語言中單稱項所擁有的地位或角色才能被顯現出來或被闡明。沒有任何的意義可以賦予下面這一個想法：即使沒有這樣的地位[6]，它們[7]也能夠有它們所擁有的地位。但這正是當我們被邀請去將所有的主詞表達式都看作是分解成這樣的形式，或能夠被這樣的形式所取代時，我們被邀請去接受的想法【196】。我們被邀請去將這個分解看作是解釋了主詞表達式在語言中所具有的地位！或者，再一次地，考慮一下我們被邀請去將在量化語句中取代「F」和「G」的表達式看作是日常的述詞表達式這件事。這個邀請本身是完全適當的；因為日常的述詞表達式當然能夠與那些出現在日常語言中不同的、不確定指稱的形式，以及後面接著一個關係代名詞的量化宣稱相接合。但是，再一次地，這些形式之所以在日常語言中有它們所擁有的地位，那是因為單稱項或主詞表達式擁有**它們**在那兒所擁有的地位的緣故。所以，我們不能**既**接受該邀請，去將那些取代量化語句中「F」、「G」的表達式看作是日常的述詞表達式，**而且**同時默認說，主詞表達式完全地分解到量化語句的形式

6　譯者注：史陶生在這裡指的是單稱項或主詞表達式所擁有的地位。

7　譯者注：這裡的「它們」指的是量限的語句。史陶生的意思是：如果沒有單稱語句的話，量限語句在語言中將沒有地位可言。

中。簡短地說，該學說正好暴露在我在辯護前幾小節中的理論時所面對的循環性控訴。因為，正因為它設想將語言中殊相的單稱項完全排除出去，它必然將自己當作是使用這些表達式的一般性條件的一個說明，而非僅僅是在某個特別的時機使用這樣一個表達式的條件的說明；但它依賴著本身預設了使用這些表達式的形式。

對於這些反對，也許會有人作出下述的答覆。他也許會說：以我們被邀請去讀量化語句的方式，去關切我們實際使用這些表達式的方式，這樣的作法未免太過狹隘。即使是邀請我們這樣去讀它們的邀請本身，都不應該看得太嚴肅。該分析其實必須被看作是一個企圖，企圖去讓我們看到什麼是有關於引介殊相的表達式最基本的情況，而該企圖常常被脫離日常言談形式的困難所拘絆。在我們對它的解釋上，我們一定得更自由而且更富於想像力。對於這樣的論點，一個人可能深感同情。但如果事情真是如此，他也有義務去問說：什麼**是**一個在表面上不可被接受的學說所要傳達的？在下一章中，我們將考慮一些這樣的可能性：如果我們的確非常自由和【197】富有想像力，那麼它們或許會指示出對此處問題中的學說的一些可能解釋，或至少會是處於那個學說的精神之上。但我們現在並不需要去探索這件事。因為，的確，任何這樣的解釋都和該學說的明顯意義相去甚遠，並且對於我們企圖在前幾小節中所要回答的問題來說，它也與那些問題的某個可能的替代答覆相去甚遠。

2. 殊相之被引介到言談中

[5] 如果一個人對於某個命題中的某個殊相作出了一個辨識

性的指稱，那麼，他便「引介了該殊相」到該命題中。在本章的第一部分中，我曾經討論了引介殊相到命題中的條件。摘要地來說，這個討論的結果是下面這一個學說：每一個對殊相的引介都攜帶了一個對經驗性事實的預設。如此被預設的事實的命題能夠被想成是：本身不循環但卻後退地涉及了對殊相的引介（辨識性的指稱）以及對殊相的量化；而最終的、對事實命題的預設則能夠被想成是：不循環且不後退地涉及了對殊相的量化，儘管不涉及對殊相的引介（辨識性的指稱）。

現在，「對殊相的引介」這一個片語，或許還能夠合理地有著一個非常不同的意思。在這第二個意義下，對殊相的引介將會是去引介在第一個意義下引介殊相的**慣例**（custom）。個體的殊相是在第一個意義下被引介的。而至少是殊相的**類**或一般性的殊相才是在第二個意義下被引介的。當必要的時候，我們可以藉著使用下標去註明這一個意義上的差別。個體的殊相被引介1到命題中，殊相的類則被引介2到言談中。

在本章第[3]小節結束時，我評論說：我們可能會覺得，一個有關於引介1殊相的條件的學說，應該被補充以一個有關於引介2殊相的條件的學說。除了這樣一個理論本身的重要性之外，它難道不會【198】增強第[1]至第[3]小節中的「完整性」理論，或使得它更圓滿嗎？我們用以辯護那個理論以反駁循環性指控的基礎，正在於它不是一個有關於引介2殊相的理論；而這個辯護指出了一個引介2殊相的理論必須滿足的一些要求。舉例來說，如果該理論將引介2某個特定集合的殊相表徵為預設了或奠基在某個特定的、事實的集合的存在之上，那麼，這些事實必須是這樣的：對它們的陳述既不引介1殊相，亦不量化那個集合中的殊相。在這些思路下，如果一個**一般性的**、有關於引介2殊相的理論被提倡，那麼，至少那些最終被預設的事實必須是這樣的：對它們的陳述既不引介1任何的殊相，也不量化到任何的殊相。

當必要時，讓我們藉著下標去區分兩種對「預設」的用法，這個區分平行於我們對「引介」的兩種用法已經作出來的區分。某個被預設1的命題之真，乃是成功地引介1某個特定殊相的一個條件，因而是預設[8]它的陳述有一個真假值的一個條件。存在著一些被預設2的事實，乃是引介2某一特定殊項類的一個條件，亦即，是存在著那類殊相被引介1到任何命題的一個條件。

現在，有人可能會問說，姑且不論一個有關於預設2的理論有什麼獨立的重要性，它如何能夠以任何方式去增強或補足一個有關於預設1的理論呢？因為，對被預設2的事實來說，下述這是必要的：對它們的陳述不涉及引介1或量限它們提供作為其基礎的那一類殊相。但這個要求的一個直接結果是：對這些事實的陳述並不涉及到引介任何那些殊相是其例子的分類性共相。因此，只要被預設2的事實提供了一個基礎去引介2某類的殊相，那麼，這些事實就同樣提供了一個基礎去引介2某類的共相。此處，介於殊相和共相間的不對稱性——而這個不對稱性是預設1理論的特色——何在呢？

我們可以首先在此回答說，該反對說得過分誇張了，因為，存在著一些引介2某一【199】類的殊相所預設2的事實這件事，並沒有因而被展現為是引介2那類殊相是其例子的分類性共相的一個必要條件。這樣想將會是對人類的想像力作出了太多的限制。但是，這個回答並沒有作出任何的事情去顯示說，在事實上，一個有關於預設2的理論如何能夠以任何的方式去增補或補足一個

8　譯者注：史陶生對這個「預設」未加上下標1，可能是忽略的緣故。

預設1的理論。

當我們考慮某些特殊類型的例子時，我們或許就會開始看出，一個理論如何深化或增強另一個理論。某個依賴性的殊相被引介為——諸如「蘇格拉底的死亡」、「彼得對約翰所作的打擊」、「讓康普頓出局的接球」這樣的片語——歸屬性地聯繫到某個相對獨立殊相的例子便是這種例子。如果這種片語當中的任何一個引介了一個殊相，那麼，便會有一個真的命題是這樣的：其中並沒有任何相關類的殊相被引介或被量限，但它卻作為引介那個殊相的基礎。因此，**蘇格拉底死了、彼得打中了約翰、康普頓被出局了**。此處，被預設的命題並不包含著特殊的死亡、接球和打擊等是其例子的分類性共相；但它們的確包含了**死了、打中了、被接殺了**這些刻畫性的共相，它們所刻畫的殊相是與那些它們用來作為其引介基礎的殊相不同類型的殊相。因此，這些命題所陳述的事實不僅被引介1了該特殊的死亡，或打擊，或接球的命題所預設1，它們還屬於引介2這類殊相所預設2的那一類事實。這些例子顯示說，至少在有些時候，一個有關於預設1的理論的要求，和一個有關於預設2的理論也許能夠同時被滿足。它們顯示說，在某些情況中，被某個引介殊相的表達式所預設1的命題，如何本身並不預設了問題中那一類被引介1的殊相所進入的其他命題的存在。

這類的例子提供了一個介於這兩種理論之間一個非典型的便橋。我們當然不能總是期望一個被預設1的命題（或某個被預設1的命題集中的一個成員）屬於被預設2的命題的恰當集合【200】。**這兩個理論間的關聯的一般性本質是：如果我們接受該預設1理論，那麼，說某一特定的、引介殊相的表達式集合的存在預設2了某一特定事實集合的存在這件事，涉及了宣稱說：我們**

能夠將某些對該相關集合中某個殊相的引介1想成是預設1了一個屬於被預設2集合中的事實。我們並不需要去假設說，我們必須或能夠藉此去看待**每一個**對某殊相的引介1。使得我們剛才所考慮的例子是如此容易而又非典型的事實，乃是我們能夠以這樣的方式去看待每一個這樣的引介1。我們能夠如此作的部分理由是：從被預設的命題所包含的刻畫性共相過渡到那些特殊的死亡、打擊等等是其例子的分類性共相，其實是一個非常容易的、概念上的過渡。

於是乎，如果該預設2的理論能夠被一般性地成功作出來，那麼，它與該預設1理論間的關聯就能夠自行處理了。但是，它能夠成功地被作出來嗎？當然，有許多類型的殊相並不會引起太大的困難。我心中所想的是這一些項目：它們在一個相對複雜的思想階段中被引介，諸如科學理論中的特殊元目或特殊的社會制度。哲學家們正確地放棄了下面這一個希望：將這樣的項目在其中被引介或被量限的命題「化約」到它們在其中並不出現的命題去。但並沒有理由說，他們應該放棄下面這一個較為適度的渴望：在只有較為初基種類的殊相出現、但卻提供了一個基礎給這些較為複雜的元目的引介的陳述中，去發現出事實的集合來。舉例來說，有關於國家的命題並不能被化約為有關於個人的命題；但有關於個人的命題卻被有關於國家的命題所預設2。這個渴望是如此明顯地合理，以至於不需要概括性的論證去支持它；而我也將不會提供一個這樣的論證。

當我們趨近於預設2的後退的盡頭時，亦即，當我們開始尋找那一些提供了一個基礎給那些殊相之引介——它們是對於所有其他殊相之引介的直接或間接基礎——的事實集合時，我們的困難才真正開始。我剛才對下面這一個【201】要求作過評論：陳述事實並且對引介2某類殊相提供基礎的命題，不能夠包含那些殊相是其例子的共相。這個負面的要求在所有預設2的後退階段都成立。在最後的階段中，它意味著：被預設2的命題中所包含的共相絕不能夠有分類性的或刻畫的共相的功能。這似乎真正是一個嚴格的要求。我們到哪裡去找到那些既具有這個特性、又適合提供一個基礎給對基本類殊相之引介的命題呢？

［6］我們最好以探索這一個問題開始：是否有我們所熟悉的**任何**共相類，或**任何**引介這種共相的陳述類至少展現了被要求的特性，即使：它們本身並不在被要求的標準上提供了引介殊相的一個適當基礎？現在，當然有這樣的一類共相，而且當然有這樣的一類陳述。我心目中所想的這類命題和陳述，我將分別稱它們為**特色共相**（feature-universals）或**特色概念**（feature-concepts），以及**特色定位的陳述**（feature-placing statements）。以下的陳述是這類陳述的例子：

現在正在下雨。
下雪了。
此處有煤炭。
此處有黃金。
此處有水。

在上述的命題中，被引介到這些命題裡的共相並不是刻畫性的共相。舉例來說，雖然**由雪作成的**、**由黃金作成的**是殊相的特徵，但**雪**、**水**、**煤炭**、**黃金**都是物質的一般類，而非殊相的性質或特徵。被引介到這些命題中的共相也不是分類性的共相。它們當中沒有任何一個提供了一個區別、列舉和再識別某類殊相的原則。但它們每一個都能夠非常容易被修正，以便於產生數個這樣的原則：我們能夠區別、計算和再識別煤炭的**礦脈**（veins）煤炭**粒**（grains）、煤炭**塊**（lumps）或煤炭**堆**（dumps），以及雪的**雪片**（flakes）、降雪（*falls*）、雪堆（drifts）或積雪的區域（expanses）。「煤炭塊」【202】或「降雪」這樣的片語引介了分類性的共相，但單純的「煤炭」和「雪」則否。因而，這些陳述既不包含任何引介了一個殊相的部分，也不包含任何以下述方式而被使用的表達式：其使用預設了對引介殊相的表達式的使用。當然，當這些語句被使用時，使用它們的環境以及它們所包含的動詞時態和指示性副詞——如果有的話——的結合，將會產生一個指示了它們所引介的普遍特色發生了的陳述。因為，下面這一點至少對於任何單稱經驗性的陳述能夠在其中被作出的語言來說都是必要的：亦即，對一般性概念的引介以及對它們發生了的指示。但是，我們能夠藉著既不將殊相帶入到我們的言談中、又不預設其他能夠將殊相帶入到言談的陳述而這樣作，這是一個重要的事實。

在類似這樣的語言模型下，我們所想像的語言有時被稱作是「性質—位置」（property-location）的語言。但這是一個不幸的名稱：在我的例子中出現的共相並不是性質；的確，性質的概念屬於一個我們試著在它底下挖掘的、一個在邏輯上較為複雜的層次。這就是何以我選擇去使用「特色」這一個在哲學上較不預設立場的詞，以及我選擇去提及「特色定位」語句的原因。

雖然特色定位的語句並不引介殊相到我們的討論中，但它們卻提供一個基礎給這個引介。對於某類殊相的引介在被要求的意義下預設了它們所陳述的事實。應該存在著一些藉著像「此處有水」、「下雪了」這樣的語句所能夠陳述的事實這件事，乃是存在著一些藉著像「這一池水」、「這次的降雪」這樣的表達式而引介1殊相的命題的一個條件。一般而言，從被預設的那一類事實過渡到它們提供作為其基礎的殊相之引介之間，涉及了某種概念上的複雜性：它涉及了對區別標準的採取、對——如果能夠應用的話——問題中那一類殊相的再識別標準的採取，以及對能夠被聯繫到某個那類殊相的刻畫性共相的使用。區別標準的一個**基礎**或許已經存在於【203】特色定位的層次。因為，在我們能夠說「此處有雪」或「此處有黃金」的場合中，我們也許也能夠說「**此處**——**此處**——和**此處**有雪（黃金）」。當我們引介殊相時，決定定位多重性的因素也許會變成區別這一個殊相與那一個殊相的標準。稍後，我將說更多有關於再識別標準的事情。

現在，我們或許可以合理地說，對於預設的一般性理論來講，下面這件事是絕對不充分的：只去發現某個被預設的事實的集合，而這些事實合格作為該後退的最終階段，並且在該階段中沒有任何的殊相被引介。因為，如果該理論想要有一般性的應用的話，那麼，任何穿過該後退的途徑——而不僅僅是某些特別被選出來的途徑——都應該在最終引導到這樣一個集合中的事實。我們可以合理地宣稱剛才所例示的事實集合提供了引介某些類殊相的一個基礎，但下面這個宣稱將會是高度不可信的：這些類型的殊相和附屬給它們的共相合共同提供了一個基礎給所有其他不管是什麼類的殊相之引介。我們在本書的第一章中論證說，從識別的觀點來看，某些類的殊相是我們概念架構中的基本殊相。大致說來，這些是那些直接可定位的殊相，是物質性的物體或擁有物質性物體的殊相。對於在這個集合中的殊相的一些合理選擇來說，如果我們能夠在那些殊相沒被引介的陳述中發現被預設的事實，那麼，我們或許能夠認為該一般性的理論是被證實了。因為，涉及基本殊相的事實，可以被假設是直接或間接地提供了一個基礎給大多數非基本殊相類型的引介。明顯的例外是那些非基本的殊相，諸如閃光和響聲這類公共聽覺或視覺現象；它們是直接可定位的，但它們並不是被我們設想為（舉例來說）必然會發生在其他類型殊相上的事件，或其他類型殊相上的狀態。但如果這些事物引起任何問題的話，它們所引起的問題非常可能只是一個次要的問題。

然而，基本的殊相本身似乎引起了一個嚴重的問題。因為，雖然像水池、金塊這樣的殊相的確屬於基本殊相的集合，【204】但它們卻幾乎不會被說成是構成了一個相當不錯的或合理的、從那個集合中的選擇。以它們作為例子的分類性共相（水池、金塊）在下面這一點上是相似的：它們的名稱容納了物質類的名稱（水、黃金）作為一部分，而這些物質似乎是超級地、甚至是獨一無二地適合去被引介到特色定位的語句中作為共相。那就是何以在日常語言中如此容易發現這些可信的例子的緣故：在這些例子中，我們所運作的並非是——舉例來說——黃金或雪的特殊例子的概念，而是該普遍特色本身和定位的觀念。但是，基本殊相典型上是這樣的：它們所例示的分類性共相（舉例來說：人、山岳、蘋果、貓、樹）並不如此恰當地分成：一邊是對某個特殊化的區分的指示，諸如**池**或**塊**，而另一邊則是一般性的特色，諸如**水**或**黃金**。要看出這個差異的基礎是很容易的。因為，諸如雪堆這樣的殊相能夠在物理上被堆在一塊兒以產生出某個特殊的大雪堆；但我們卻不能夠將貓殊相堆在一塊以產生出某個巨大的貓。因此，去設想一個下面這樣的情形一定會是比較困難的：在其中，我們並不運作**貓**或**蘋果**這些分類性共相的概念，因而不操作特殊的貓或特殊的蘋果的概念，而是去操作某個相關特色和其定位的概念。（比方說）在貓的例子中，日常的語言似乎並不提供我們一個名字給能夠被看作是該被要求的特色的共相。現在，下面這會不會是介於（舉例來說）貓和雪之間的主要區別呢：不**能夠**有一個如該理論所要求的「貓特色」的概念；任何一般性對貓的觀念都**必須**是**某個**貓的觀念，亦即，必須已經涉及了對作為殊相的貓的區別性和再辨識性的標準呢？

雖然這些困難很重要，但它們卻不是決定性的。因為，它們並沒有顯示出下面的假設是邏輯上荒謬的：也許在某個思想的層次上，我們辨識了貓的出現或貓的過去或未來出現的信號，但卻沒有辨識性地去思考特殊的貓。讓我們假設，這樣一個思想層次的想法是融貫的，並且讓我們引介這樣的一個想法：某個語言活動的形式是其語言上的副本【205】，而如果我們要提到語言遊戲的話，它或許可以被稱為「命名遊戲」（naming-game）。這個命名遊戲或許可以拿來與兒童對於語言最早所作的事情之一來作比較——當他們在某個某類事物出現時，說出那類事物的一般性名稱；當有一隻鴨時說「鴨」，或有一顆球時說「球」等等。現在，有人可能會說，這些發言有「有一顆球」、「有一隻鴨」等的力量，亦即，它們之所以具有它們在語言中實際有的地位的力量，只是因為用來對殊相作出辨識性指稱的表達式具有**它們**在語言中的地位。但是，對於任何認為這些發言具有這個力量的人來說，他都不是在玩命名的遊戲。這個評論的確剝奪了我訴諸「該命名遊戲被玩了」這一個被聲稱的事實的權利。但這樣的訴求是不必要的。所有必要的事情只是去承認說：命名遊戲這一個概念是融貫的；去承認說：對像球和鴨子這樣的事物作出辨識性指稱的能力包括了認識相關特色的能力，而一個人在邏輯上有可能認識出該特色、但卻不具備對相關的殊相作出辨識性指稱的概念性資源。承認了這一點，命名遊戲的發言或一般性的特色定位發言是否普遍或平常就不重要了。我們可以欣然地去承認說，對殊相的引介是一個如此基本的概念上的步驟，以至於讓原始的、先於殊相層次的思想最多不過是語言上的遺跡罷了。

但命名遊戲的想法是不是一個融貫的和不同的想法呢——亦即，不同於將某個殊相帶到某個分類性共相之下的想法呢？為了要回答這個問題，我們必須對區別的標準和涉及殊相的概念活動中的再識別標準說得更多一些。我剛才提到過一個具有這樣效果的可能論證：**雪**這一個一般性的特色既不同於**小雪塊**或**降雪**這些分類性共相又產生一個基礎給後者時，但不可能有一個貓特色的概念是既不同於**貓**這一個分類性共相又產生一個基礎給後者；因為，在貓的情況下，並沒有任何一般性的特色可以被想為是以不同的方式被劃分，並用以產生不同的分類共相，然而【206】雪的一般性特色卻可以被想成是以不同的方式被劃分，並用以產生不同的分類共相。然而，這個論證所顯示的，並不是說我們所需要的貓的一般性概念的類型是不可能的，而是說該概念本身必須已經包含了我們在應用到特殊的貓時的**區別性**標準的**基礎**。大致說來，貓特性的概念並不像雪的概念，前者必須包括某個特有的形狀的概念、某個占據空間的特有型態。

但再識別的標準現在又如何了？貓特性的概念是否包含了這個標準的一個**基礎**呢？如果是的話，「該標準的一個基礎」這一個片語的實質為何？它難道不是下面這樣的一個企圖而已嗎：企圖去說服我們說，介於貓特色的概念和貓這一個分類性共相之間有一個差異存在，儘管實際上並沒有？這是個非常重要的問題。我認為對它的答覆如下。貓特色的概念的確提供了一個基礎給對特殊的貓的再識別的概念。因為，那個概念包括了一個特有的形狀的概念、一個占據空間的特有型態的概念；而這個概念自然地引導到由這樣一個特有型態穿越空間和時間時所留下的連續軌跡的概念；而後一個概念則提供了對基本殊相的殊相識別概念的核心。但這並不是說，擁有貓特色的概念蘊涵擁有這個概念。藉著對可再被識別的、特殊的貓的概念之運作，我們區分了某個特殊的貓的出現、離開，及再出現的情況，和某個特殊的貓出現、離開、而另一隻不同的貓出現的情況。但一個人可以在不作出這個區分的情況下玩著該命名遊戲。某個玩著該命名遊戲的人可以在這兩種情形下都正確地說出「更多的貓」、「又是貓」；但對於操作著特殊的貓的概念的人來說，如果他在第一個情形中說「另一隻貓」而在第二個情形中說「又是同一隻貓」，他將會是錯誤的。**當「更多的貓」或「又是貓」的情形被劃分為「另一隻貓」的情形和「又是同一隻貓」的情形時，對貓殊相的決定性概念步驟就被採取了。**

有人可能會反對說，即使貓特色的概念並不等同於貓的分類性共相的概念，但是，前者【207】與另一個分類性共相的概念卻是等同的，亦即一隻貓的某個時間切片的概念；當一個人玩著命名遊戲說出「貓！」時，他至少是說出了某個具有「此處有**一個**貓的切片」這樣力量的事情。這個反對必須小心地加以考慮，因為實體性事物的時間切片這一個觀念是一個特別的哲學觀念，很少被適當地加以解釋過。我們必須問說：一個貓切片的時間界線為何？什麼時候我們才能說我們仍然有**同一個**貓切片呢？當我們平常所謂的貓的**姿態**改變時，我們應該說我們有一個不同的貓切片嗎？或者，它的**位置**改變呢？或者，兩者都改變了呢？或者我們應該說，貓切片的界線乃是對該貓特色的連續觀察期間的時間界線所給出的呢？貓特色的概念看起來不像是決定了對這些問題的答覆。如果它不是，那麼，對該貓特色概念的擁有，並不蘊涵著對這些特殊的哲學殊相的概念的擁有。甚者，我們還可以注意到，最後一個建議的答覆將會對所產生的殊相剝奪了其客觀殊相的地位，它們最好被稱作是「貓視相」（cat-sights）而非「貓切片」。我們已經看夠了像這樣的殊相在我們的概念架構中所占據的從屬位置。

然而，我認為，我們必須承認，我們的理論在普遍性上有一些限制。舉例來說，當我們正在尋求其基礎的殊相是清楚定義的短期事件時——諸如我們在第一章中所提到的閃光和響聲——那麼，堅持一個類似於擁有特色概念和擁有分類性共相概念之間的概念上區別，這似乎是很困難的。在談及特殊的響聲或閃光和談及——舉例來說——響聲的次數或閃光的次數之間，仍然有一個**形式上的**區別。但在對於響聲所採取的等同標準之下，對於特殊響聲的引介2，似乎不會涉及在其他的例子中所討論的那一類概念上的創新。該特色概念將不會僅僅提供一個**基礎**給那些標準；它會完全地決定它們。然而，我們能夠平靜地接受這一個對於我們理論普遍性的限制【208】；因為，作為一般可被辨識的殊相來說，像閃光和響聲這樣短暫的事物在我們的概念架構中所占據的位置，乃是——如同我在這本書的第一章中所顯示的——依賴於基本殊相的一般可辨識性之上。如果這一個理論對基本殊相本身來說是成立的，那就夠了。在**它們的**引介2中涉及了多大和多簡化的一個概念上的步驟，乃是我在下一章中試著去弄清楚的問題。

因此，我建議，在特色定位的命題中、在指示性地指引著某個不是或還不是分類性共相的一般特色發生的命題中，我們可以發現我們一直在尋找的最終的命題層次。我們並不需要另外去讓下面這一個想法看來可信：特色定位的命題對應於我們所提到的每一個特定類的基本殊相。如果我們能夠對非常廣泛的基本殊相範疇中的一些樣本這樣作，那就夠了。同一個廣大範疇中的其他非分類性共相的概念，則能夠被想成是架構在這些被選出的例子的模型之上。

我從頭到尾都在談概念的**引介**、概念的**步驟**和概念的**過渡**，好像我在談論時間中的某個發展、談論具有時間順序的步驟似的。也許在個別的個人概念發展史中的確有著這樣的階段存在，也許沒有。我不知道，而它也不重要。重要的問題並非時間發展上的順序，而是解釋上的順序；在作出論證之後，最後顯示給我們這些概念架構使用者的，似乎是一個既融貫、又能讓人理解、該解釋中的成員的順序。當然，論證必須最終結束在某一點上，而在該點上的訴求只不過是：我們了解我們所作的事。但是，對於一個有關於我們概念架構結構的看法來說，沒有什麼是比下面這一個事實來得更好的一類證據了：我們最終發現，如此這般的論證是很令人信服的。從這個標準來判斷，我必須承認，本小節中的理論有一個推測性的和不確定性的特性，而我認為這是本章第一部分中「完整性」理論所沒有的。幸運的是，對於後者的可接受性並不依賴於前者的健全性（soundness）之上。【209】

［7］預設1的理論和預設2的理論是彼此獨立的。但如果它們都被接受，它們就可以合織起來已產生一定的邏輯—形上學圖像。藉著摘述本章所說的，我將在以下勾繪這個圖像的概要。

我要發展出這樣的一個看法，在某個意義下，對於一個殊相的思想是一個完整的思想，而對於一個共相的思想則不是或不需要是；我想要顯示出殊相是如何地有著某種邏輯上的複雜性、某種思想上的完整性，而這是共相所沒有或不需要有的。我們或許會試圖說下面這樣的事情以表達這個想法：「殊相乃是從事實而來的一個建構物，而共相則是從事實抽象出來的一個事物。」但這樣的說法畢竟太模糊。所以，我們試圖藉著解析它而達到殊相的複雜性。但是，試著去解析它的方式卻有很多種[9]。

我是從展現下面這件事開始的：每一個將某殊相引介1到命題中的引介都奠基在有關於這一個世界的某個確定事實之上，而該事實不是它被引介進入的命題所陳述的事實；但將某個共相引介1到命題中則不需要奠基在這樣之前的確定事實上。此處，對該確定被辨識的殊相的思想被解析成對某個命題的思想，該命題的**整體**個體化了該殊相，但卻不包含任何的部分引介該殊相。這樣的一個命題個體化了該殊相，並藉著將它描述為下述兩者之一而為該殊相的引介提供了一個基礎：（a）將它描述為獨一無二地與某個其他確定被辨識的殊相相關的事物，或（b）將它描述為獨一無二地展現出某個共相與指示性成員的複合體的事物。但這樣的命題本身至少涉及了對殊相的量化，因而或許也涉及了對殊相的引介1。這並不是該方法的邏輯缺點，因為它是一個有關於殊相之引介1的理論，而非有關於引介2的理論。但它留給我們某種意義下的不完整性。

因此，我們四處尋找某種我們能夠在某一點上——我們不需要在每一點上都應用它——應用的方法【210】，以便於對第一種解析殊相的複雜方法作出補充。此處，在認識到存在著許多不同類

9　其中一個方式是非常錯誤的：企圖去將對殊相的思想解析成一邊是對該殊相本身的思考，而另一邊則是對它所例示的分類性共相的思想。我曾經描述過這個方式，以使得它的錯誤或它的自我矛盾性變得相當明顯。它是導致不可知的基底（substratum）的方式。（譯者注：所謂不可知的基底，指的是一個沒有任何性質的事物，也是構成一個殊相之所以是該殊相的事物。）

型的殊相時，特別是在認識到介於依賴性殊相和獨立性殊相之間的區分時，我們有了一個線索。因為，這給了我們這樣一類解析的想法：其中，沒有一個被解析的殊相所例示的分類性共相會出現在這一個解析中，儘管某個以某種方式對應於這樣一個分類性共相的共相也許會出現。我們要去發現的是某一類型的事實，該事實能夠被看成是構成了該殊相的基礎，但是該殊相所例示的任何分類性共相都不是其中的一個組成要素。在依賴性殊相的例子中，要看出這如何被作出來在相對上是容易的。一定會有一個相對獨立的殊相構成了對一個依賴性殊相的思考基礎。但如果我們要將這一個方法推到極致，似乎我們得在最終發現一些對某些殊相來說提供了某個基礎的事實，而這些事實卻不包含任何種類殊相，或任何種類殊相所例示的分類性共相作為其組成要素。對我們的目的來說，我們**能夠**發現相當廣泛範圍的這類事實，或能夠讓這類事實的想法對我們自己來說聽起來是可理解的。這些事實是那些對它們的陳述涉及了對非分類性共相的普遍特色作出指示性定位的事實；而對於這類特色定位的事實，我們則能夠將它們看作是我們對於基本殊相的言談的最終基礎。

所以，我所提供的根本圖像或譬喻，就是殊相奠基在某個事實或展開成某個事實的圖像。就是在這個意義下，我們對於某個特定殊相的思想是不完整的，儘管在另一個意義下是完整的。因為，當我們作出了從對該殊相所展開的事實的思想到對該殊相本身的思想之間的轉移時，我們便是在將它想成是某個進一步事實的組成要素。正如同殊相奠基於或展開成某個事實一樣，非一般性的事實或許會被包裝成一個殊相或提供基礎給一個殊相，只要我們已經有對於那集殊相的等同標準以及它們的一序列刻畫性共相，亦即，它們作為其中組成要素的一序列可能事實。【211】

以這個圖像來說，如果有任何的事實值得被稱作是最終的或原子的事實，它將會是被那些指示性地指出某個一般性特色發生的命題所陳述的事實。這些最終的事實並不包含殊相作為其組成要素，但它們提供了概念步驟上的基礎給殊相。陳述它們的命題並不是主述命題，但它們提供了進入主述命題的步驟的基礎。為什麼我們應該採取這個步驟呢？我將在稍後考慮這一個問題。

因此，讓我作個總結。我們的目標是以某種基本的、介於「完整性」與「不完整性」之間的對立去對主述的區分發現一個基礎。這個對立是要去解釋傳統上將主述區分連結到殊相—共相區分的作法。藉著實際上對殊相的觀念賦予壓力直到它讓位給一個事實的觀念為止，我們發現了這個對立。在這個壓力的極限上，我們發現了沒有殊相在其中作為組成要素、但有共相在其中作為組成要素的特色定位性事實。於是，在這個極限上，對於思想來說，共相仍然出現為一個不完整的事物，仍然是某個事實的組成要素，但殊相則完全不出現；而且，在這個極限上，我們說該主述的對立消失了。所以，我們建立起了對引介一個殊相——亦即，某個對思想來說既是完整的（因為它開展成為一個事實）又是不完整的（因為在如此引介之下，它被想成是某個進一步的事實的一個組成要素）的事物的引介——的表達式的用法，將之當作是指稱的一個典範，當作是對某個主詞引介的典範；而且對於述詞的引介來說，我們也建立起了引介一個共相——亦即，某個與殊相有同類的不完整性但缺乏後者的完整性的事物的引介——的表達式的用法，將之當作是描述的一個典範。那兩個被引介的項是這樣的：對它們之間的非關係性聯繫的斷說再次構成了一個完整的事物、一個完整的思想；而我們看到過，這個斷說與共相（而非殊相）之間的連結標記，到頭來只不過是去註記共

相所缺乏、但殊相所具有的完整性罷了。【212】

一旦這一個根本的連結被作出來了，我們就可以有不只一種的方式去解釋那一些對該問題中的區分的進一步延伸，其中——舉例來說——共相似乎也被允許出現為邏輯上的主詞。不過，在這件事情上，我在第八章中將有更多的話要說。【213】

七

沒有殊相的語言

[1] 前一章結尾中的討論提出了一些問題。藉著企圖去回答它們，我們對於殊相和邏輯主詞的概念可以得到更緊密的掌握。首先，我們可以問說，從特色定位的語句到對殊相的引介2的步驟中所涉及的究竟是什麼？我曾經說，對殊相的引介涉及了我們準備去操作區別性的標準，和對被引介的元目的再辨識性標準。但這究竟是什麼意思？如果前一章結尾的理論是正確的，那麼，對那個根本類型的日常言談——在其中，經驗性事實的單稱陳述被作出——就包含了**某種**不涉及對殊相的引介1或量化的形式。我們或許會好奇：理論上，不指稱殊相的經驗性討論能夠被持續到什麼地步？至少在理論上，我們能夠設計方法去說我們想說的事情——特別是有關基本殊相的討論的層次——但卻在事實上不引介**基本**殊相到什麼地步？藉著考慮我們在如此企圖去省略殊相時應該使用什麼樣的手段這件事，我們將更能夠理解對它們的引介的概念效果。有一件事至少是明顯的：為了要盡可能貫徹這一個從言談中排除殊相的計畫，我們必須把所有對殊相的述詞、所有刻畫性的和分類性的共相都排除出去，而只使用相對應的特色概念。但是，顯然我們還需要作比這個更多的事情。

另一個可能被提出的問題是下面這一個。我們有什麼權利去規定說，特色定位的語句不是主述句呢？這樣的規定對上一章的「完整性」理論來說，難道不是犯了丐題的毛病嗎【214】？當然，這樣的規定有一些來自日常文法上的支持。舉例來說，「下雪了」這一個語句並沒有文法上的主詞；問說「什麼東西在下雪？」將會是沒有意義的。但是，除了日常的文法並不是一個可靠的支持之外——因為，舉例來說，我們也能夠說「雪在下」——我們還可以說這個訴求是非常膚淺的。當「下雪了」在一個適當的脈絡中被說出來時，它有著「此時此地下雪了」這樣的力量。有什麼東西可以阻止我們去將「此時」和「此地」算作是指稱了一個時間和一個地點的主詞表達式，而將該語句的其他部分算作是歸屬了一個特性給這一對主詞的述詞表達式呢？如果我們記得我們早先考慮過的、某個對於邏輯主詞表達式的描述，亦即蒯因所給的描述，那麼，這個問題就變得更緊迫了。因為，副詞指示詞在這些語句中可占據的位置難道不也是量化的變數可以占據的位置嗎？至少下面這一點是真的：在我們能夠藉著指示詞去定位一個特色而說出「此時」或「此地」的位置，我們也經常能夠說「有些地方」、「沒有地方」、「每一個地方」，以及「有些時候」、「從來不」、「總是」、「每當」。我們難道不說「只要下雨，總是下著傾盆大雨」是一個涉及了量化的語句嗎？我們能夠將它寫成「不論何時何地下雨，該時該地總是下著傾盆大雨」，或者，使用「p」和「t」分別作為地點和時間變數，而將它寫成「對於每一個p和t，如果在p和t下雨，那麼，在p和t下著傾盆大雨」。同樣地，我們能夠將「不論昨天何地下雨，該地今天也下雨」寫成「對於每一個p，如果有一個t是這樣的：t在昨天當中，而且在p和t下著雨，那麼，就有一個t是這樣的：t在今天當中，而且在p和t下著雨」。因此，如果我們要去接受那或許可以被稱作「量化測試」的東西作為最終的測試方法，那麼，似乎至少有一種情況可以讓我們說：對於地點和時間的指示性副詞是主詞表達式，而對應地，像「下雨了」這樣的片語則是述詞表達式。那麼，前一章中的理論會變成什麼樣子呢？

但我們必須在此作出一個區分。我從頭到尾都認為一個表達式要作為一個單稱的、邏輯上的主詞表達式的一個條件是：它應該要引介一個項，亦即，應該要確定地辨識出一個【215】項。主述區分的文法標準奠基在區分不同的、引介項的模式，而範疇的標準則奠基在區分不同的、被引介的項的類型。現在，事先排除地點和時間作為邏輯主詞位置候選人的作法的確不行。因為，在語言中確定地去辨識時間和地點是可能的；它們能夠被名稱或確定描述詞所指稱。但是，雖然時間和地點**能夠**被當作是項而引介到命題中，但它們卻不是這樣地被問題中的指示性副詞所引介。這些指示詞完全不引介任何的項。實際上，它們的作用在於指出：被一個特色定位語句的其他部分所引介的一般性特色的出現；但我們無法堅持說：「此時」和「此地」獨立地辨識了一個時間和地點。「此時」和「此地」本身完全不設下任何界線；它們的功能也不在引介無延展性的點，或無持久性的瞬間。它們只是在指出一定範圍的空間和時間，而它們本身對這些時間和空間並不設下界線。所以，它們可以通過該「量化測試」這一個事實，並不能被接受為決定性的理由。由於它們並不引介項，它們並不是邏輯上的主詞表達式。

但有些人可能仍然會說，這並沒有解決「特色定位的陳述是否要被算作是主述陳述？」這一個問題。指示性的副詞並不夠格作為主詞表達式，因為它們並不引介項。但是，引介被定位的普遍特色的表達式怎麼樣啊？它引介了一個項。為什麼我們不應該把它算作是主詞表達式，而要去把該指示性的指示加上該命題性的標記當作是述詞表達式呢？去調整文法、使用一個名詞指稱該特色、並且排除掉無人稱的動詞是相當容易的一件事。一般說來，我們可以說「ϕ在這裡」，而不說「這裡ϕ」或「有ϕ在這裡」。

我們對這個建議的回應必須依賴於——這麼說吧——它被作出的精神。獨斷地去解釋的話，它等於是在提議我們完全忽略前兩章所有的討論【216】，去忽略所有在那兒出現的、有關於我們對主述區分的概念的說法。但它能夠被解釋成不如此地具有挑戰性。我們能夠將它看作是下面這樣一個建議的偽裝：建議如何將該主述區分從典型的例子向下延伸到特色定位語句的特殊例子。在典型的例子中，我們有兩個表達式，兩者都引介項，而其中的一個——帶著一個對事實的預設的那一個——具有另一個所缺乏的完整性。前者是主詞表達式的典範，後者是述詞表達式的典範。在特色定位的語句中，並沒有這種介於完整性與不完整性的對立；但其中有兩個可以區別的成員共同產生了一個命題，而如果我們選擇去將該區分延伸到這個情形，那麼，類比的力量將會站在目前這一個建議這一邊。畢竟，特色共相能夠在一個不同類的命題中出現作為主詞，這些命題是我們藉著某個早先從典範例子所作的類比延伸而已經承認為主述命題的命題（亦即，像「雪是白的」這樣的命題）；但是，我們卻沒有任何已經承認的例子的類是這樣的：其中指示性的副詞具有主詞表達式的角色。

當如此詮釋時，我們或許可以承認該提議；但是，當如此承認時，它並不牴觸下面這一個斷言：如果我們將自己**限制**在特色定位層次的陳述，那麼，主述的區此並沒有地位。

［2］讓我們現在轉來短暫地考慮，在企圖去設計一個沒有殊

相——或至少沒有類似於日常分類性共相的例子的殊相——的語言時，我們將會面臨到的一些問題。在這樣的一個語言中去設計語句的企圖——這些語句將會在力量上多少對應於我們正常希望對基本殊相能夠說出的事情——不但會要求對引介特色概念的表達式的集合作出巨大的擴充，它似乎還很可能會迫使我們去使用一些極端迂迴的建構。對日常的殊相來說，在它們所例示的分類性共相的本質裡，存在著一些用來區別某個殊相和其他殊相的原則【217】，以及用來再辨識某個殊相為再度是同一個殊相的原則。殊相存在在我們概念架構中的一個條件，乃是存在著這樣的原則。現在，如果我們要在我們的新語言中設計與有關殊相的陳述有著大約相同力量的陳述，我們就必須在我們被允許的概念材料中，去發現這些特色的一些替代品給那些我們不被允許的概念材料。我們必須以某種方式去將區分和再識別殊相的基礎弄得明晰，而這些基礎都是隱含在對殊相所例示的分類性共相的使用當中。我們沒有理由認為這是不可能的；但我們也沒有理由認為它會很容易。我們或許會期望說，在試圖去完成這個任務時，我們會發現去對時間和地點的範圍作出限制、去引介和量限空間和時間的項，是一件很方便的事。然而，顯然我們對這樣赤裸的問題並沒有答案：某個空間區域的界線為何？什麼時間是某段時間的結束，並且是另一段時間的開始？如果我們想要不依賴日常的殊相而去區分這樣的區域和空間與其他的區域和空間，那麼，我們就得依賴於占據或出現在空間和時間中的特色，以便給出我們所要的界線和持續性。當然，存在著一些空間或時間的量的共相，諸如一尺立方或一小時；而我們也可能發現這些共相的用處。但是，如果我們想要去辨識這樣的共相的特殊例子，那麼，我們似乎得再一次地依賴占據這樣形狀空間區域的特色，以及占據這樣時間綿亙的特色。

在某個早期的階段中，我們所會面臨的問題之一是去決定某個陳述的精確力量，該陳述的效果是：某個特色於某時在某地。這個問題並不存在於特色定位語句本身的層次上；因為，如同我們已經評論過的，該指示性的副詞並不引介空間或時間的項。但是，一旦我們承認我們必須去指稱和量限作為空間的和時間的項的地點和時間時，我們就會面臨這個問題。一個初步的建議或許是：一個特色是在某個時間在某個地點上，如果那個地點沒有一個部分不被那個特色在那個時間所占據。但我們很快就會看出，至少對於【218】包括了某個刻畫形狀的觀念的特性概念來說、對於包括了某個占據特徵型態空間的觀念的特色概念來說，這個建議是歧義的。當我們說某個地點在某個特定的瞬間或經過某段時間是「被某個特色所占據」時，我們是什麼意思？假設「ϕ」和「ψ」是對於日常分類性共相的表達式，而且「ϕ了」和「ψ了」是引介相對應的特色概念的表達式。那麼，那一個剛剛提到的歧義的建議可能的意思是：「在t時p地ϕ了」對於p的任何一點，或區域，或容積，並且對t的任何一瞬間，或時間延亙都成立，以至於在整個t時間中，p的空間界線與某一集藉著ϕ特色而追蹤到的空間界線，有著相同的外延。或者，該建議可能的意思是：「在t時p地ϕ了」對於任何的p和t都成立，以至於p的空間界線，在整個t時間中，**或者**與某一集藉著ϕ特色而追蹤到的空間界線有著相同的外延，**或者**處於後者之中。（舉例來說，假設「ϕ」是「貓」而「ϕ了」引介了相對應的貓特色。假設有一隻貓在t時從頭到尾都沒動過。那麼，根據第一個解釋，「在t時p地ϕ了」只對於這樣的p成立：p是在t時被那一隻貓所占據的整個區域；根據第二個解釋，它還對於那個空間區域的任何部分都是成立的。）當然，這些可能性並未窮盡我們所可能給予的、某個特色在某時在某地的說法；但是，我們很難再去想到其他的解釋能夠去建議一個解決我們問題的可能手段。對於這兩個解釋來說，一般而言，前者似乎比較可能使我們的困難變得最小，不管它會對我們想要去發現所有我們平常能說的事的版本的能力上帶來什麼樣的限制。因為，它至少實際上允許我們從我們所引介的特色概念去借用其**區別性**標準給地點；並因而鼓勵我們去希望：只要我們所關切的是去區別那些在某個瞬間，或某段時間其位置的界線是不變動的殊相，那麼，我們將會發現自己在說到地點和特色時，並非比說到殊相本身還來得糟糕。這件事能夠透過一個例子的幫助而變得清楚。假設我們想要在無殊相的語言中表達一個命題，而該命題對應於【219】我們在正常時會藉著「現在在這個ψ中存在著剛好三個ϕ」而說出——這是一個既引介1某個殊相、又量限到殊相的陳述。在第一個建議的約定下，我們至少可以到達某個接近了想要的結果的地方：「有一個在這裡的地點是這樣的：那個地點現在ψ了，並且在那個地點中有三個地方現在ϕ了，而且如果有坐落於那個ψ地點中的任何地點ϕ了的話，這個ϕ地點一定是坐落於這三個地點當中的一個，並且這三個ϕ了的地點中沒有任何兩個坐落於任何現在ϕ了的地點當中。」

我剛才說，這些表述會將我們帶到某個接近我們想要的結果的地方。但它們畢竟不是非常接近。說「在某個地點有三個ϕ」比說「在某個地點中的三個地點ϕ了」要蘊涵更多的事；因為，ϕ特色的概念完全缺乏分類性共相ϕ所容納的東西，亦即，對展現ϕ的殊相的再識別標準。對於像那一個我們所選擇出的例子來說，其中並沒有任何關於在時間中展現ϕ的殊相的同一性問題被呈現出來，而我們可能會成功地暫時忽略這個事實。但當我們移動到諸如這個例子以外的一些例子的領域時，這樣的問題就會相當快就呈現出來了，而且它們還會帶來下面這樣的問題：利用我們所有的材料對它們所作出的解決將會比我現在想去從事的還要複雜地太多了。但是，雖然對這些問題的詳細解決將會花費一個人太多的才智，並獲致不太大的目的，但它們的一般特性卻是夠清楚的了。我們剛剛看到過，只要我們所關切的是去區別那些在某個瞬間，或某段時間其位置和界線不變動的殊相，那麼，我們可以這樣去簡化我們的問題：從對應於那些殊相是其例子的分類性共相的特色概念本身，去借用**區別性**的標準給位置。但是，我們卻沒有類似的資源可以讓我們去傳達在時間中的殊相的同一性觀念【220】。如果我們有的話，這只能因為是這整個被宣布的、以特色、時間和位置來談論、而不以日常的殊相來談論的計畫是一個騙局。如果該計畫並不是一個騙局，那麼，我們將會發現自己有必要以我們有的材料，去說清楚所有這些有關於時空連續性和不連續性的考慮，而這些都是隱含在日常分類性共相的表達式的意義當中，並且邏輯上與落於它們的殊相在時間中的同一性是相關的。這是一個我將留給下面這樣的一個人的計畫：他對於純粹練習其才智的胃口，比我的胃口還要大。

［3］雖然我將不會追求這個計畫，但我卻將短暫地現在討論一些與它有關的有趣之處。在我們試圖去達到該計畫中的語言的要求的過程中，我們應該會發現自己使用這樣的形式：我們可以從它們說出對於時間和地點的辨識性描述。我們將能夠引介1空間和時間的項，而這是我們只想保持在僅僅是指示性的特色定位語句層次時所不會作的事；因為指示詞只是作為指示器而已，儘管是不可避免的指示器，但它們只是被用來指出正確的空間—時間方向。**假設我們採取前一小節中所區別的第一個約定**，那麼，

這種對於某個地點的描述的例子之最簡單的可能形式將會是：「那一個在這裡現在ϕ了的地點」（The place here at which it ϕs now）。這樣的一個描述將會應用在某個大致上被指示性地指出的區域或容積，而其界線會與下面這些界線有著相同的外延：亦即，被某一個特殊的ϕ——在大致上被指示性地指出的時間中不變動其位置或界線的ϕ——所占據的界線。顯然，我們還能設計出更複雜的、對於地點的辨識性描述的形式；我們只提到它們占據的**現在**模式。我們將不會有任何的理由去否認邏輯上主詞表達式的地位給這樣辨識位置或時間的表達式。所以，這個語言將會是一個主述詞的語言。但我們可以承認這點卻無需任何對主述區分的「完整性」理論【221】的成見。因為，對於某個空間或時間項的識別，總是奠基在某個有關於某個特色或一些特色占據空間和時間的事實之上。被引介的空間和時間的項本身甚至可以被說成是殊相。但顯然它們將會是某類非常特殊的殊相。除了某些像日和夜這樣時間殊相的可能例外之外，它們將不會是分類性共相的例子。同一個地點能夠在不同的時間被非常不同地占據著；沒有一個特色能夠以某個曾經是其例子的地點來命名；某個地點在某個時間被某種方式占據這一個事實，將會是一個有關該地點的一個偶然事實；在同樣的意義下，蘇格拉底是個人這件事，並不是一個有關於他的偶然事實。

其他的理論上的可能性也許也值得考慮。我說過，在我們所想像的語言中，被描述詞所引介的確定被辨識的空間項將不會是分類性共相的例子。這個評論必須要加以限制。它們當然不會是對應於該語言特色共相的分類性共相的例子。但是，它們可不可能是那些可以被稱作「形狀—加—大小」的共相的例子呢？因此，一個確定被辨識的位置，或許會被採取作為一立方尺的一個標準例子。如果我們準備在理論上去承認這類共相中的一個，那麼，就沒有理由說我們不應該承認其他的，而且沒有理由說我們不應該同樣承認一個數學的點，或一個無廣袤的點的想法。難道我們不能夠將這一個世界一般性地想成是：有點像是當我們有其中一個部分的地圖在我們面前時，我們實際上思考那個部分的方式嗎？有了一個地圖在我們面前，我們有時候會將這一個世界的某部分想成是由一定數量、具有標準形狀和單位面積的延展的地方（這些是由地圖上的方塊所代表的），以及一些不確定數量的、無延展性的點（每一個點在原則上都可以藉著地圖的參考座標來加以辨識）所組成。所以，藉著這個理論上可能的架構，難道我們不能夠將這一個世界一般性地想成是：一個可被辨識的點以及可辨識的標準形狀和大小的區域及容積的系統，一般性的特色可以被歸屬給它們，而日常意義下的殊相則完全不出現在我們的架構中嗎？再加上【222】對於瞬間和單位時間對應引介的可能性之後，我們就有了一個哲學家並不總認為是完全不嚴肅的架構的想法了。一旦這個架構被建立起來，它將會大大簡化了前一小節中所考慮的改寫問題。

我之所以提到這樣一個架構的可能性，乃是為了完整性的理由。當然我們能夠（也實際上）在一個較大的、包含了日常殊相的架構中，去運作這樣一個空間和時間個體的架構。但是，如果我們要去思考它在沒有這個日常背景下的運作，那麼，我們至少得將之想成是預設了下面這一個架構：在其中，我們設計了對區域或容量的辨識性描述，它們的界線是由普遍性的特色來加以追索的。我們必須將之想成是僅僅是下面這樣一個架構的**延伸**和**精緻化**：在其中，地點和時間取代了日常殊相作為可被辨識的個體；而不是將之想成這樣一個架構的全部，或其中根本的部分。

現在，藉著朝向一個不同的可能性作調整，讓我們考慮一下一個有關於任何下面這樣一個架構的奇怪事實：在其中，地點和時間如此取代了日常可被辨識的殊相。假設有一塊花崗石持續地在它的位置上，而且它的界線也沒有改變。假設某個辨識性的、對該花崗岩特色所占據的對應位置的描述在我們所想像的語言中被設計出來。只要這一個情況仍然保持穩定，殊相的語言和地點的語言間的差別就仍然會是——這麼說吧——不運作的（inoperative）。地點和它的占據者之間並沒有差別。在這個情況下，地點的同一性標準和殊相的同一性標準並不產生分歧的結果。我們可以藉著這樣說去表達這一點：如果我們不必允許運動的現象和形狀及大小變化的現象，那麼，這兩個概念架構將會崩塌成同一個。如果我們的確必須去允許這些事情，那麼，殊相的語言將會是比較簡單的語言。

現在，假設有人建議我們採取地點—時間作為我們的個體，而非地點和時間。地點—時間在空間和時間上都是受到限制的。它們的界線同樣可以【223】以不同的方式來設定。它們的界線或許是它們連續地被某個特色占據的界線。因此，假設我們的花崗岩塊移動了或被劈掉了一小塊。那麼，它一直占據的個體位置會繼續存在著，儘管是被不同的方式占據著；該個體石塊會繼續存在著，儘管會擁有一個不同的地點的形狀；但該一直被占據的個體的地點—時間則會停止存在。如此限定的個體或許會比我們在這一章中所考慮過的其他個體更緊密地對應於日常的殊相——雖然這一個對應關係仍然不會是非常緊密。如同我先前暗示過的，它們或許可以被等同於哲學家有時所說的、日常殊相的「時空切片」。但再一次地，我們能夠將空間—時間想成是以不同的方式而受到限制，舉例來說，將它們想成是在某個標準的持續時間單位下標準形狀和大小的區域或容積——比方說，一立方米小時。這樣受到限制的個體將會（如果有的話）只是偶然地等同於日常殊相的時空切片。然而，如同標準的地點個體的例子，除非我們將這種標準地點—時間單位的架構想成是另一個架構在理論上的可能延伸和精緻化——亦即，其中的空間—個體受限於一般性特色的空間—時間分佈的架構——否則的話，我們根本不可能去思考這樣的一個架構。

本章所考慮的事項，並沒有產生任何去修正前一章結論的理由。有兩件事明顯地浮現出。如果除了一般性的特色本身之外，我們還在特色定位的語言中引介了確定可被辨識的項目或項，同時仍然避免對殊相的引介，那麼，引介這些項目的表達式將會展現我們前一章主題中的「完整性」。對於這樣一個項的識別乃是奠基在某個經驗性的事實上。有鑑於下面這個語言的可能性，這個評論似乎應該受到限制：在其中，空間的，或時間的，或空間—時間的個體，乃是可以被系統性地加以排序的形狀—大小單位，或時間持續性單位，或形狀—大小—持續性單位，這些似乎是無需訴諸經驗性預設而可能對它們作出辨識性指稱的項目。但再一次地，【224】除非我們將這種語言想成是另一個原來的評論成立的語言的延伸，否則的話，似乎我們根本不可能去想像這樣的一個語言。因此，一般而言，即使是在一個日常殊相不出現的語言當中，介於確定可被辨識的非一般性（non-general）項目的觀念這一方面，和引介這類項目的表達式之「完整性」的觀念這一方面之間的連結，仍然是被維持著。我們同時應該注意到，我們所關切的非一般性項目雖然當然不是日常的殊相，但它們或許可以被算作是某類的殊相。的確，在某些條件下——比我們所實際發現的還要遙遠的條件——介於它們和日常殊相間的區別仍然會是不運作的。

第二件浮現的事情顯然是下面這一件。給定我們實際的處境，並且給定我們希望去說那些大致具有我們實際上所說的事的力量的事情，那麼，對日常具體殊相的引介的附加價值是非常大的，而其在簡單性上的收穫則是壓倒性的。但這幾乎不會讓人感到驚訝。【225】

八
邏輯主詞與存在

[1] 到目前為止的討論，都聚焦在殊相以及它們作為邏輯主詞的典範地位，或根本的被指稱的事物的地位。但我們並非只有典範的例子；而我們也已經看過主述的區分是如何允許類比性的延伸。我們已經注意到[1]，該延伸的一個基礎乃是介於被非關係性聯繫的項目可能彼此收集的方式之間的類比。殊相的述詞收集殊相的方式相反於殊相收集它們的述詞的方式。當某個非殊相的收集原則以一個殊相的述詞收集某個殊相的方式收集了另一個非殊相時，那麼，我們或許可以說：相對於另一個非殊相而言，它運作地像是一個收集相似事物的原則。如果這兩個非殊相被辨識性地引介到一個命題中，並且被斷說是非關係性地聯繫在一塊，那麼，第一個非殊相是作為述詞出現的，而第二個則是作為主詞出現。因此，每當你有一些能夠被辨識性地引介到一個命題的事物，而且能夠被帶到收集相似事物的原則之下時，那麼，你就有了那個事物出現作為一個個體或一個邏輯主詞的可能性[2]。現在，

---

1 詳見第五章，頁【171】-【172】。

2 這些條件或許可以被真的描述為：某個事物出現作為一個個體的**可能性**之最起碼的類推條件。但我們應該注意到，這樣說並不等於是去說：任何一個某事物事實上在其中出現作為一個個體的命題，都會是一個將那個事物帶到一

我假設，沒有任何事物會滿足第一個條件——亦即，它能夠被辨識性地引介到一個命題中——卻不同時滿足第二個條件，亦即，它能夠被帶到某個【226】收集相似事物的一般性原則之下。所以，不論是什麼事物都可能出現作出一個邏輯主詞或一個個體。如果我們將「作為一個個體」定義為「能夠出現為一個個體」，那麼，不論是什麼事物都是一個個體。所以，除了殊相之外，我們有無止盡的個體範疇——諸如這些詞所指出的範疇：「特質」、「性質」、「特性」、「關係」、「集合」、「類」、「分類」、「物種」、「數目」、「命題」、「事實」、「類型」等等。而有些殊相範疇的名稱同時也是非殊相範疇的名稱，諸如「過程」、「事件」、「狀態」、「情況」等等。

在一個命題中，作為個體或邏輯主詞出現的一個標誌，乃是對某個單稱確定名詞表達式的使用，諸如一個專名、一個像「智慧」這樣的共相的名稱，或一個確定描述詞。但它不是一個一定不會錯的標誌。即使是在看起來像是在指稱殊相的例子中，它也不是一個一定不會錯的標誌。我們一定不要假設說，在被「該月球人不存在」或「該月球人存在」所表達的命題中，該月球人出現作為一個個體。我們似乎也不能假設說，在被「該月球人住在乳酪上」所表達的命題中，該月球人出現作為一個個體。因為，事實上並沒有這樣的個體出現。

然而，這兩種類型的例子所呈現的問題是十分不同的。在第一種類型的例子中，我們有一個對存在的明白肯定或否定，接連

個收集相似事物原則之下的命題。後一個說法將會是對我們或許希望或需要的指稱和謂述概念作出過多的限制——正如我們在本章的討論過程中將會看到的。

在一個似乎指稱某個殊相的表達式之後。在第二種類型的例子中，我們有一個日常的述詞表達式，接連在一個似乎指稱某個殊相的表達式之後。但**事實上**並沒有這樣的一個殊相。在第一種類型的例子中，我們不能融貫地去推測該名詞表達式是一個指稱表達式；因為，這樣作乃是去推測說，它攜帶了正好是該命題整體所斷說或否認的內容作為其預設。因此，在這個情況下，我們需要去發現一個不同的方式去推測該命題。我們所熟悉的、可用的方法有幾種。我們可以將之推測為不指稱任何事物（在這個例子中，除了月亮以外），並推測它說的只是：剛好有或不是剛好有一個月球人存在著；或者，將之推測為指稱某個概念【227】並對之肯定地或否定地說它被例化了；或甚至，我們可以追隨羅素而將之推測為指稱一個命題函數，而且說它「有時為真」或「絕不為真」[3]。

第二種類型的例子雖然也類似地是殊相似乎是（但實際上不是）被引介到一個命題中的例子，但它們卻不需要我們在**分析**或邏輯歸類上去區分這類型的語句，和形式上相似但卻對某個存在的殊相作出指稱的語句。我們所關切的語句形式絕對不誤導人。看起來似乎是指稱性的表達式的確是如此。它的角色是去引介一個殊相，而它在指稱上的失敗乃是一個事實上的失敗，乃是因為它所攜帶的預設事實上為假。由於這個預設為假，我們在某些情形下否認整個命題有真假值[4]。或者，再一次地，在其他的情形下，我們有另一種方式去看待這一件事，這種方式再一次地不涉

3　詳見《邏輯原子論的哲學》之第五部分以及其他地方。

4　對這些問題一個較廣泛的處理，詳見「論指稱」（《心靈》，1950）以及在《哲學評論》（1954）中的討論。

及對該命題採取一種不同的分析形式。我們可以將之簡單地看作是在一個不同的言談領域內操作，在神話、小說或想像、而非在事實領域內操作。在這些領域內，我們能夠在以不同方式提出並強加的限制下預設我們所說的事物是存在的，並且選擇去分配真假值給這些語句。

因此，第一種類型的例子（而非第二種類型的例子）是典型地、明白地斷說存在的命題的例子，它包含了一個似乎是指稱性的片語；而只要我們所關切的是殊相，那麼，對於一般在命題中標誌某事物出現作為一個個體的方式來說，這種例子提供了**有趣的**例外。對於這類命題所建議的注解又如何呢？第一個建議的注解並不會引起問題。文法上的表象很容易便讓位給量化詞；而此處邏輯上的建構在日常的談話中也有相近似的類比項。但我們可能傾向於對我所給的另一個注解的描述感到遲疑，對之我用概念或命題函數去扮演主詞項的角色，而不提到指稱或謂述。我們是否要去說：**有例子**或「**有時為真**」是收集類似概念，或收集類似【228】命題函數的原則呢？難道這不會涉及到將收集相似事物的原則的想法延伸到幾乎不可被容忍的地步嗎？這個問題能夠以兩種形式上不同的方式來加以回答。首先，我們可能試著去論證說，該延伸能夠被證成。舉例來說，我們或許會輕易地認為**有三個例子**是一個收集相似概念的原則；因而會準備去將該概念延伸到數目零。[5]或者，我們可以簡單地訴求說，**有**收集相似概念的原則存在；**有些**主述句將概念帶到這樣的原則之下；而從這些語句的主述詞分類延伸到具有類似文法形式的語句（其中，概念僅僅是被斷說或被否認具有例子）上時，並沒有不融貫或放棄原則之處。

5　請參照弗列格的《算數基礎》（*Foundations of Arithmetic*）一書。

因為，我們在此以及一直以來所關切的，並非是去對指稱和謂述給出一個嚴格條件的單一陳述。我們所關切的，乃是去對這些概念可能和實際上從它們核心的例子延伸應用到其他例子的方式，給出一個既融貫又有解釋力的說明。我們或許準備去承認說，這個特別的、對述詞的概念的延伸，已經使之遠離典範的例子到了容忍所能允許的界線。尤其是，我們或許會注意到，雖然當「被例示」這一個表達式被應用在概念上時，並不會具有那種在典型的例子中會讓它失去被列為述詞表達式資格的完整性，但它同樣不具有那種我們在典型例子的述詞表達式中所發現的不完整性。如果我們試著宣稱它具有這類的不完整性，我們應該很快就會發現自己陷在某個熟悉的弔詭領域中。因此，在支持對這一個概念的延伸時，我們不能夠乞靈於典型例子中述詞的任何一個典型標誌；而在某個方向上如此逼近地趨向於容忍的限度時，我們或許會對下面這些哲學家感到同情：當他們說存在命題是以實在界整體作為邏輯主詞的主述命題時，他們或許在另一個方向上跨過了這些極限。【229】

無論是在殊相的情況或在非殊相的情況，對於它們似乎引介的東西來說，確定單稱名詞表達式的出現都不是它們出現作為個體的一個不會錯的指引。在某些例子中（雖然不是在所有的例子中），我們可以舉例說明該論點對非殊相來說也是成立的，而且這些例子平行於那些我們用來說明該論點對殊相成立的例子。但是，我們也可以回憶某個不同類型的例子、一個在前一章中討論的例子[6]，而該例子在殊相的情況中不可能有平行的例子：亦即，「蘇格拉底被智慧所刻畫」或「智慧是蘇格拉底的一個特性」。此

6　詳見之前頁【174】-【176】。

處，我們有兩個確定的單稱名詞表達式，亦即，「蘇格拉底」和「智慧」；我們別無選擇，只能去將「蘇格拉底」算作是一個主詞表達式；但我們卻不**需要**去將「智慧」算作是一個主詞表達式；因為我們還有另一種對該語句的描述可用。儘管如此，去堅持說此處的智慧是作為一個邏輯主詞而出現，乃是大致去宣稱說：是智慧的是一回事，而被智慧所刻畫又是另一回事。它將會是去宣稱說有兩個收集殊相的原則，儘管事實上只有一個。

因此，在某個命題中出現作為一個個體，或作為邏輯主詞的文法指引並不是一個不會錯的指引。但是，它是一個好的指引。只要我們以我剛才指出的、容易被理解的限制繼續去作推論，它還是能夠被接受的。

[2] 然而，我們必須承認說，正是由於這個說明，這樣的推論容易受到來自注重經驗論的或唯名論的哲學家的抵抗。他們不願意承認非殊相是個體、是邏輯主詞。這件事為何一般而言應該是如此呢？這是一個我將在本章第[3]和第[4]小節中所要考慮的問題。有另外一個問題是我們可以先考慮的。那些經驗到我所提到的抵抗的人會傾向於去感覺說，如果他們能夠將一個非殊相在其中被指稱的語句改寫成另一個非殊相在其中（如果出現的話）只以某個文法上述詞的型態出現的語句，那麼，他們就證明了他們的論點。典型上，這個化約主義的計畫所瞄準的，【230】乃是去使用涉及了殊相量限的語句去取代涉及了指稱非殊相的語句。但是，該化約主義在這個方向上的壓力的強度和成功程度，並非對所有類型的非殊相來說都是固定的。在某些例子中，某個被提議的化約似乎非常自然，在解釋上也令人滿意；在其他的一些例子中則較不自然，也較不令人滿意；在另外一些例子中則顯得勉強、不自然、甚至荒謬；而在有些其他例子中，似乎沒有這

樣的化約會是遙遠地可能。因此，將「憤怒會損壞判斷」改寫成「一般而言，當人們在憤怒時，他們較不能達到他們不在憤怒時所能達到的健全判斷」似乎是自然而又令人滿意的。但是，舉例來說，提議說有關於字或語句的語句應該被改寫成有關於「線條」的語句，則除了在真正狂熱的唯名論者的心房中，否則的話，只會引人作嘔而已。簡單地說，某些類的非殊相似乎比其他類的非殊相更根深柢固地是個體。特質（舉例來說：勇敢）、關係（舉例來說：親子關係）、狀態（舉例來說：憤怒）、過程或活動（舉例來說：游泳），甚至物種（舉例來說：人類）似乎相對來說是較不根深柢固的。語句類型和字的類型則似乎是較為根深柢固的；而數目也是如此，以及其他各式各樣這類的事物：對它們來說，「類型」這個經常（雖然不是那麼堅固地）被限制在字和語句上的一般性頭銜可以很恰當地延伸在它們之上。我心裡所想的是諸如——舉例來說——樂曲和文學作品這樣的藝術作品，甚至在某個意義下包含繪畫和雕塑作品[7]；事物的製作——舉例來說，汽車的製造，如1957年份的凱迪拉克——便有許多特殊的例子，但它本身是非殊相；以及，更一般性地，其例子是根據某種設計所製作出來的、或（有些）與我們強烈傾向於去稱為專名的東西有所關聯的事物，舉例來說，諸如聯合王國[8]（Union Jack）的

7　提到繪畫和雕塑作品或許看起來荒謬。它們難道不是殊相嗎？但這是一個膚淺的看法。交易商所買賣的是殊相。但我們之所以將它們辨識為藝術作品，只是因為經驗到的、複製技術上的缺憾。如果不是因為這些缺憾，某個畫作的原作就只會有屬於某首詩的手稿的重要性。不同的人能夠在同一個時間的不同地方注視著完全相同的繪畫，就好像不同的人能夠在不同的時間但同一個地點傾聽完全相同的一首四重奏一樣。

8　譯者注：亦即英國。

旗幟。在我視為相當根深柢固地是個體的非殊相中【231】還包括一個非常不同的類，亦即命題。但我並不想要去，或宣稱去給出一個在任何方式上是有系統的，或完整的有關於根深柢固的非殊相的清單。

我想要提出的問題是：為什麼有些非殊相比其他非殊相來得更根深柢固地作為個體呢？首先，我們可以注意說，有兩種不同的（雖然不是互相排斥的）方式是一個非殊相可以是根深柢固的方式。它之所以是根深柢固的，或許是因為對它作出化約主義式的改寫在相對上是非常困難的；或者，它之所以是根深柢固的，是因為對它作出化約主義式改寫的熱情在相對上是非常小的。我們可以分別稱它們為邏輯上的和心理上的根深柢固。它們當然並非總是一起出現。我們可以藉著考慮在名詞子句之後加上「這件事」的有趣例子，來舉例說明這一個論點。有時候我們認為、而且可能說它們所引介的是事實；在其他的時候，我們則不以這個方式去承認。為了要尋找一個一般性的字眼給可以如此被引介的項目，尋找一個不會讓我們以「事實」這個字眼所承認的方式去承認事物的字眼，哲學家使用了「命題」這一個表達式。當然，事實和命題都一樣可以被其他的方式去引介，而非只在一個「這件事」子句中所指定的方式。我們沒有理由去假定說，事實比命題在邏輯上更根深柢固。但是，我們卻有各種的理由去假設說，事實比命題在心理上更根深柢固。一個人只要對這一個世紀的哲學著作有一點點的熟悉度，他就會移除掉任何對這個論點的懷疑。

有關於事實的例子只是一個相當特殊的例子，而我將不會在現在停留在它身上。當我們考慮對非殊相的化約主義的壓力的理由這種一般性的問題時，我們將再回到這個問題。現在，讓我們考慮一下其他在心理上較為根深柢固的非殊相的例子，亦即，那些我延伸了「類型」的稱號的例子。從前幾章理論的角度來看，如果我們所關注的項目不止滿足了對殊相類比的起碼條件，那會是令人滿意的。在諸如音樂作曲、汽車款式、旗幟類型等等這樣的例子中，該類比事實上是特別豐富的。的確，一個人可能會【232】說，對這些種類的非殊相的一個適當模型乃是一個**模範殊相**（model particular）的模型——某種的原型（prototype）或理想的例子，其本身是一個殊相，但卻作為其他例子在製造上的一個規則或標準。一般而言，非殊相的柏拉圖式模型——一個理想的形式，其例子都是大致精確或不完美的複製品——在這些情形下乃是一個適當的模型；雖然，如果我們將之通則化去涵蓋全部的非殊相的話，它就會變得荒謬地不恰當。此處，問題中的非殊相都是其例子是人工製品的非殊相。但是，我們所關注的概念並不是在相當廣義下屬於功能性的概念，就像那些屬於桌子和床這種人工製品的概念。相反地，為了去製造出一個例子，一個人必須多多少少符合大致精確的規格。去完整地描述一個屬於這類的非殊相，乃是去以高度的精確性和內部的詳細性去**詳細說明**一個殊相。

當然，並非所有根深柢固的非殊相都展現出這種與殊相之間的關係。數目就沒有。命題也沒有。但是，除了讓自己實際上是殊相的模型之外，還有其他的方式可以讓事物展現出它們與殊相的類比。殊相在空間─時間系統中擁有它們的位置，或者，如果它們在哪兒沒有自己的位置的話，它們也可以藉著指稱其他有這樣一個位置的殊相而被辨識。但是，同樣地，非殊相也可以彼此關聯著，並在它們之間排序；它們可以形成系統；而這樣一個系統的結構或許會獲得某種的自主性，以至於進一步的成員可以主要藉著它們在系統中的位置而被辨識。藉著我們描述它們時所使用的字彙，我們可以充分地證實說，這些非經驗性的關係通常被想像成是類比於空間的或時間的關係。除了作為一個徵狀之外，這個類比的細節相對來說是不重要的。重要的是這類關係系統的可能性。我們越利用這些可能性，我們所關注的非殊相就越變得在邏輯上根深柢固，我們將它們帶到存在界的個體領域的作法在邏輯上也就更穩固。

那些在哲學上最經常被稱為「類型」的非殊相項目，亦即，字、語句等等，在我所提的兩個方式上都是根深柢固的。字的類型能夠【233】一方面被想成是它自己的物理個例（殊相）的一個**模範**，而另一方面則被想成是意義的單位、某個語言系統中被規則宰制的成員。

［3］在稍早的一章中，我曾經論證說，殊相是邏輯主詞的典範，一個對某殊相作出或企圖作出指稱的表達式乃是邏輯主詞表達式的典範。如果事實真是如此，那麼，該事實本身似乎便足以解釋改寫表面上指稱非殊相的語句的化約主義式的唯名論熱情。對殊相在邏輯主詞中以及對基本殊相在殊相中卓絕地位的不充分反省或許會產生這樣一個想法：殊相、甚至是基本殊相才是真正的邏輯主詞。它或許會引導我們去認為，如果我們毫不保留地允許非殊相可以具有邏輯主詞的地位，我們就會因而給了它們一個它們實際上不擁有的特性，並且是用神話在哄騙自己。無疑地，有些哲學家是用神話在哄騙自己，它們給了非殊相一個它們實際上不擁有的特性；除了有唯名論的熱情之外，同樣也有柏拉圖主義的熱情。但哪一種的熱情都不是問題。如果我們充分了解在我們語言底層的類比，那麼，不論在哪一種方式上，我們都不會成為它們熱情的蠢蛋。

然而，這個辯證情境的進一步特色需要被解釋。在我剛才提到的這一類論證中，有一個媒介性的觀念是**存在**這一個觀念。

「我們是不是應該去默許非殊相去享有邏輯主詞地位？」與「我們是否應該承諾去承認它們的**存在**、去承認有這樣的元目？」被說成是相同的問題。一個人可能會懷疑說，這裡的關聯是什麼？而藉著盲目地遵循當代的邏輯，一個人可能會得到某個答覆。就當代邏輯而言，每當某個具有「Fx」這一個形式的事被斷說時，其相關的、具有明晰存在形式的陳述「(∃x)(Fx)」就可以被推論出來。主詞表達式【234】能夠被存在量化的變數所取代，而述詞表達式則不能。由於「(∃x)(Fx)」被讀成「存在某個事物是F」，因而我們可以推論說，一個能夠被某個邏輯主詞表達式所指稱的事物乃是一個我們能夠說它存在的那一類事物；反之亦然。

現在，這個回答或許看起來是非常奇怪地武斷，至少初步看起來是如此。它招致了兩個在某個程度上彼此交戰的問題：(1)為什麼能夠讓位給量化設計的總應該是主詞表達式，而絕不能是述詞表達式呢？(2)假定我們同意(1)能夠被滿意地回答，為什麼我們應該將所產生的量化語句以被推薦的方式去理解呢？亦即，為什麼我們應該將它推斷成是：替在某個主述句中被指稱的事物作出存在的宣稱，而不是替在這樣的語句中被謂述的事物作出存在的宣稱呢？這些問題或許能以下述方式加以補充。(1)我們被邀請去將某個存在陳述設想成是被某個命題範圍內的任意一個成員所蘊涵，而這些命題有著不同的主詞和一個固定的述詞，而且這個存在陳述本身包含著相同的述詞。但是，我們也可以輕易地形成下面這種命題範圍的觀念：其中的命題有著不同的述詞和一個固定的主詞。難道我們不能夠同樣形成下面這一個觀念嗎：某個命題是被**這個**範圍內的任意一個成員所蘊涵，而且該命題本身包含了相同的主詞？邏輯學家們圖像中的片面性的理由何在？(2)就算第一個問題能夠被滿意地回答，另一個問題還是會產生。我們將「(∃x)(Fx)」讀成「存在著某個事物是F」。但什麼事逼得我們這樣讀？為什麼我們不能藉著在文法上必要的修正而將它讀成「F'存在」，其中「F'」是一個指稱在原來命題中被謂述的性質的一個單稱名詞表達式呢？

讓我們藉著回憶主述陳述的典範而去著手處理第一個問題。在簡單的例子中，一個主述陳述是其中某個殊相和某個共相都被辨識性地引介的命題，前者作為主詞出現，後者作為述詞出現。如果我們考慮量化陳述和這種簡單例子間的關係，我們就很容易了解邏輯學家圖像中的片面性。讓「蘇格拉底」是我們的【235】主詞表達式，而「是智慧的」是我們的述詞表達式，遵照羅素對於存在量化陳述的處理模型，我們可以將我們的第一個問題陳述如下：為什麼在「蘇格拉底是智慧的」的基礎上，我們有

(1)「(……是智慧的) 有時為真」

但卻沒有

(2)「(蘇格拉底……) 有時為真」呢？

現在，我們簡單陳述中的主詞和述詞表達式同樣辨識了它們所引介的項，但是，如同在第六章中所顯示的，它們這樣作的條件是不同的。在引介它的項時，「是智慧的」這一個表達式並不攜帶任何經驗性的預設；不論我們是否知道或認為任何一個人明智與否，它都為我們辨識了它的項。因而(1)表徵了由該陳述整體所傳達的經驗性訊息的一個純正部分。「有一個人是智慧的」是一個可以從「蘇格拉底是智慧的」這一個陳述中推論出來的純正經

驗性陳述。但是，指稱性表達式——亦即「蘇格拉底」——執行**它的**角色的一個條件是：一個或一些被預設的經驗性事實應該要被它的使用者或聽話者所知道。其結果是，我們無法將(2)推測成允許「蘇格拉底」具有一個指稱表達式的角色。我們可以將(2)推測為在效果上是在陳述蘇格拉底存在，「蘇格拉底」某個指稱性的使用的預設被滿足了；但在這個情況下，我們卻不能同時認為「蘇格拉底」在(2)中有這樣的指稱。自另一方面來說，如果我們試著去將「蘇格拉底」推測為在(2)中已經有了這樣的用法，那麼，就不會有任何的陳述是我們可以認為是(2)所作出的陳述；它所試著去說的都已經被「蘇格拉底」的指稱性使用所預設了。因此，至少對我們正在考慮的主述陳述的範圍來說，事情一定是：在延伸的羅素式的形式中，括號內的空白部分總是只能被指稱性的表達式所填滿，絕不能被一個述詞表達式所填滿。在從羅素式的形式到明晰的存在（量化）形式的轉移中，這些空白被存在量化的變數所取代。

我們因而有了對我們第一個問題的答覆。【236】邏輯學家想法中的片面性是可以理解的。如果，追隨著羅素，我們用某個主述詞陳述之真的觀念去解釋存在陳述，而且，如果我們將其中某個共相被用來謂述某個殊相的陳述當作是主述詞陳述的模型，那麼，顯然，必須是指稱性的表達式——而非述詞表達式——才能夠被存在宣稱的設計所取代。這個設計不能夠既與能出現在該主述陳述模型類型中的指稱表達式結合在一塊而又能夠讓人理解。這個規則也不限於主述陳述的基本類型。一旦我們同意主述區分的範疇標準，**並且承認那個標準的所有類比延伸**，該規則就會在整個所產生的主述陳述的範圍內都成立。這個論點粗略地說是這樣的。一個不管是什麼類型的、已經被辨識的項擁有**某個**（未指定的）性質這件事，亦即，它落於**某個**（未指定的）收集相似事物的原則之下這件事，絕不是新聞；但下面這件事則總是新聞：某個未指定的事物擁有一個已經被辨識的性質，亦即，它落於某個已經被辨識的、收集事物的原則之下。前者永遠不能夠被認為是下面這樣的一個命題所斷說的部分：其中某個被辨識的事物和某個被辨識的收集相似事物的原則被斷說性地連結在一塊；但後者卻總是這樣的一個命題所斷說的一個部分[9]。

但是，這個對於第一個問題的答覆只會讓第二個問題變得更急迫而已。因為，為什麼我們應該認為「存在著某人是智慧的」（而非「智慧存在」）提供了之前的(1)，亦即

「(……是智慧的）有時為真」

一個較好的說明？或者，換一個不同方式說，為什麼當我說蘇格拉底是智慧的時候，我要被當作是在觀點上承認了有一個智慧的人這樣的事物，而非去承認有一個像智慧這樣的事物呢？不容否認地，當我們說【237】蘇格拉底是智慧的以後，我再也不能一致地繼續說：並沒有智慧的人，或不存在智慧的人；但我同樣不能一致地繼續去說：並沒有像智慧這樣的東西，或它並不存在。

因此，在那類出現為邏輯主詞的事物和那類其存在被宣稱的事物之間的關聯——或該關聯的排斥性——仍然沒有被說明清

9 因此，我們在此有了對第二部分第五章頁【156】-【157】中所考慮、但暫時擱置的學說的解釋和證成。但現在我們看到，該證成依賴於主述區分的根本特性以及其類比性的延伸。該學說不能用來解釋這一個區分的本質，但可以被這一個區分的本質所解釋。

楚。我們必須考慮我們能夠發現去堅持這個關聯的排斥性的進一步理由。此處，再一次地，我們必須轉向主述命題的根本形式，並且對照其指稱成員和其謂述成員引介它們的項的條件。我們發現一個有點奇怪的結果。只要我們限制我們的注意力在那些可以合理地被說成是從這樣一個命題**推論出**的、以存在宣稱被推論出的方式去推論出的東西時，那麼，我們似乎沒有理由去特別喜歡該謂述項的某個例子存在這一個經驗性宣稱，而不喜歡該謂述項存在這一個經驗性的宣稱。因為，這些不過是同一個宣稱的不同表述而已。但是，如果我們從「該陳述整體所蘊涵的是什麼？」這一個問題轉向到「其引介項的部分的使用所預設的是什麼？」這一個問題，情況就會不一樣了。引介了某個殊相的主詞表達式攜帶了某個確定經驗性事實的預設；引介了一個共相的述詞表達式則否。此處是一個有關於**被預設者**存在宣稱的不對稱性，而此不對稱性或許是偏好某個**被蘊涵的**存在宣稱的陳述模式、而不偏好另一個模式的基礎。但是，這個不對稱性如何能夠是這個偏好的一個**好的**基礎呢？該陳述中該部分的預設與該陳述整體所蘊涵的表達式的模式有什麼關係呢？現在，我們之所以認為它是一個好的基礎，或許只是因為我們已經決定去將該存在的概念和經驗性事實——那一個我們最終得處理的東西——撮合在一塊，因而決定將前者和那些其名稱必然地呈現或預設經驗性事實的項目——亦即殊相——撮合在一塊。我並沒有說這個決定是不自然的，我只是說我們必須注意它。一旦我們注意到這一點，它便解釋了存在和邏輯主詞間的聯合——因為，殊相難道不是邏輯主詞的典範嗎？——而且【238】同時解釋了去將非殊相從邏輯主詞的範圍內排除出去的驅力。然而，屈服在這些驅力之下的哲學家並不是在一個非常舒服的立場。他們沒說出的座右銘是洛克的「所有存在的事物都只是殊相」。由於這個理由的緣故，只要他所想的僅僅是主述命題的基本類型，他就會覺得他能夠斷說：那類被說成是存在的事物只不過是那類在主述命題中出現為邏輯主詞的事物而已。但一旦這個結合被作出，這個結合就會反抗他作出它的動機。因為，從來沒有任何排除所有非殊相主詞的驅力曾經逼近成功過。

［4］然而，還有另外一個比較不形上學的、看待邏輯學家們藉著量化詞去重建存在概念的方式，以及看待存在和邏輯主詞間關聯的方式。重點在於下面這一個要求：明白宣稱存在的設計在語句中所要占據的位置，和邏輯主詞表達式能夠一致地占據的位置是相同的。這個要求能夠被看作是某個值得去高度尊重的願望：希望去和一個**形式的**、並且是**不歧義的**存在概念一起工作。此處，再一次地，我們最好從**殊相**的例子開始。如同我們已經看過的[10]，在一個句子中，當某個看起來似乎可以用來對某個殊相（或對一些殊相）作出辨識性指稱的表達式後面跟著「存在」這一個詞時，我們不能融貫地將第一個表達式看作是以某種指稱殊相的方式作用著，亦即，將之當作是對某個殊相（或某些殊相）作出一個辨識性的指稱。企圖去這樣作將會讓該語句變得無法理解。我們必須將之當作是在斷說：該問題中的表達式以某個指稱殊相的方式使用時的存在預設。幸運地是，有許多可用的片語允許我們去逃離對所描述的形式之誤導性的建議；而這些是在邏輯中藉著存在量化的設計所重建的片語。那一個看起來似乎可以以某種指稱殊相的方式加以使用的表達式，被某個在意義上符應於它的述詞表達式所取代【239】，而「存在」這一個詞則僅僅作為量

10 頁【227】-【228】。

化工具的部分而出現。因此，我們允許殊相能夠被說是存在，卻不必因而接受將存在擬想為殊相的述詞的那一個不融貫的企圖。

現在，這個模擬使得「存在」這一個字只能出現作為某個表達式的一部分，而該表達式整體則可以被一個邏輯上的主詞表達式所替換。此處，通則化的可能性開始出現了。不可否認地，在剛剛提到的情況中，邏輯主詞表達式將會是某個殊相的名稱。但是，該語句的一般性結構卻可以不受到任何這樣的限制而加以刻畫。在這個結構中，我們擁有一個完全一般性的、形式的和不歧義的存在概念的成分。每一個主述陳述都蘊涵這樣的一個陳述：其中的主詞表達式被存在宣稱的工具所取代，亦即，被「存在著某個事物是這樣的……」所取代。反過來說，對於每一個後面這一類的真陳述來說，都至少有一個真的陳述能夠在原則上被架構出來，而其中某個辨識項的主詞表達式取代了存在宣稱的工具。這一個概念有很多的優點。它可以藉著邏輯主詞和述詞的觀念而相當形式化地加以闡釋。對於哪些範疇的事物可以被說成是存在這件事，它絕對沒有限制；因為，如同我在本章一開始所評論的，沒有一個我們能夠談論的事物不能夠作為一個邏輯主詞出現。基於相同的理由，這個概念相當不錯地符應於日常對「有某個（某些）事物是這樣的……」、「存在著一個（一些）如此這般的事物是這樣的……」等等這樣的表達式的使用。因為，這些表達式是我們對於任何一個和每一個類或範疇的項目都準備去使用，或實際上使用的表達式。但是，當然，在採取這個存在概念的時候，只要我們我們擁有這些動機，並且看出這些好處[11]，我們將不會有任何的傾向去加入化約主義者的驅力，並且去窄化邏輯

11　我並不是說它沒有其他的優點。形式邏輯學家將會發現許多其他的優點。

主詞的範圍。無疑地，這一個概念的根源，仍然要在其中邏輯主詞是一個殊相的那一類基本的主述命題的特性中去尋找【240】。但它的花朵是一個純粹形式的觀念，與我們願意承認的範疇或偏好無關，而且是在形式邏輯本身當中被骨架化。

一旦這個概念被建立起來，我們就能夠在對其不歧義性沒有任何成見的情況下，承認另一種表述每一個這類存在量化陳述的可能性，並且連帶地承認「存在」這一個詞另一種用法的可能性，該用法在它整個應用的範圍中同樣是不歧義的。那也就是說，我們能夠將每一個這樣的量化命題重新擬想為是一個下面這樣的主述命題：在其中，主詞是一個性質或概念，並且在其中，述詞宣稱或否認它被例化了。（這同樣適用於其中某個獨一無二的殊相被宣稱為存在或否認為存在的量化命題，如同適用於其他命題一樣；因為，這樣的一個命題能夠被推想為一個斷說或否認某個複雜的性質或概念被獨一無二地例化的命題。）像這樣的這些推測在日常的言談中也有它們的平行項，舉例來說，當某人說聖潔**存在**，甚至當他說**有諸如**聖潔**這樣的一個事物**，而他藉此所意味的乃是與我們說「存在或有聖潔的人」時所意味的是一樣的時候。由於這兩類型的推測都被發現了，同時由於「存在」這一個詞和「有」這一個字都可能出現在它們兩者之中，因而有混淆的可能性。但是，如果我們清楚地了解這些表達式的雙重用法的話，它們實際上並不會產生任何的困難，而且也沒有理由會在理論上困擾我們。一個人甚至可以一口氣同時用這些用法中的一個去肯定存在，並且以另一個用法去否認存在，卻不會讓事情變得非常晦澀：舉例來說，如果一個人或許是想談到聖潔而說出「**有一個情況**是我們當中最好的人也從來不曾達到過的，它是一個**並不真正存在**的情況」的時候。這些用法能夠合理地被區分為非謂述的用法和謂述的用法。當然，在量化的邏輯工具中被重新推測的乃是前者。該非謂述性的用法對於不管任何類型的事物來說都應用得上，該謂述的用法則只對於概念或性質才應用得上。但每一個用法在它的應用範圍內仍然是徹頭徹尾不歧義的。【241】

我在最後這兩小節中的目的，並非是去補充有關於存在這個主題的理論，也不想進入任何的細節；而是在某個特殊的、解釋性的目的之下，去重新安排一些已經熟知的想法。對於這一個主題的完整處理將會比我已經說過的還需要加上更多的限制，特別是對於謂述性地使用「存在」這一個想法的進一步延伸。

[5] 有些附帶性的事情是我將不會詳細去處理的，但我希望在總結前能夠提到它們。

(1) **同一性的陳述**。看起來，這個集合中的命題似乎會在我的原則下引起分類上的困難。在這樣的陳述中，我們有兩個確定辨識性的表達式：被其中一個所指稱的被斷說是等同於被另一個所指稱的。如果我們要將這樣的一個陳述當作是主述陳述，那麼，似乎每一個指稱的表達式都有權利被算作是一個主詞表達式。到目前為止，這一個情形平行於日常關係陳述的情形。但是，在一個日常關係性的陳述中，將引介共相的表達式與其中一個指稱表達式聯合在一塊所形成的片語，在正常情況下會有使它合格被列為一個述詞表達式的那一種不完整性；會至少會類比於這類的某個片語[12]。在這一點上，該平行被打破了。我們不能說：

12　並非所有在日常關係性陳述中的述詞都會有問題中的那一種不完整性。也許下面這是不可能的：「N」指稱一個人但卻沒有人生下N。所以「生下N」和「N」擁有同一種的完整性。但是，**生下**是一個純正的共相，它在一個相似性的原則上收集成對的項。因此，「生下N」在這個程度上類比於，比方說，「打N」。

一個具有「N等同於」或「等同於N」這個形式的片語擁有這種不完整性。不可能「N」既有一個指稱卻又沒有事物等同於N。所以，「等同於N」和「N」具有同一種的完整性。所以，該語句沒有一個部分合格去被列為一個述詞表達式。

當然，我們或許會說，同一性陳述是一種不同種類的陳述，不能被理解為主述陳述。但是，我們有時可能會發現，將「等同於N」歸類為一個述詞表達式——就如同文法的標準所邀請我們去作的——是一件方便的事。我們不難看出這樣作的一個證成【242】理由何在，那也就是說，我們不難去點出說，作出該轉移的步驟是很容易的。首先，我們可以注意到，如果「ϕ」是一個標準的述詞表達式，那麼，去將「唯一地ϕ」或「單獨地ϕ」去算作是一個述詞表達式是一個容易的延伸；因為，雖然我們因而放棄了收集相似事物的原則的想法，我們卻沒有因而放棄不完整性的想法；因為，或許沒有任何的事物唯一地ϕ。現在，我曾經多次強調說，引介殊相的表達式攜帶著一個對於經驗性事實的預設，該預設以命題的形式被該表達式的使用者所知道，並且足以去辨識問題中的殊相。有時候，介於該經驗性預設和該引介的表達式之間的關係或許會格外的親密。讓我們假設說，某個具有「那一個是ϕ的人」這一種形式的表達式，是當著一個之前只知道一個相關的個體化事實（亦即，剛好有一個人是ϕ）的聽話者的面前而被使用，而就說話者所知，該聽話者並沒有任何的立場去斷說任何有關於如此被辨識的殊相的其他命題。讓我們現在假設說，該聽話者被告知的是「N等同於那一個是ϕ的人」，其中「N」是聽話者所熟悉的某個殊相的名稱。那麼，這個命題對於聽話者的力量將會完全無異於「N獨一無二地ϕ」這一個無疑是主述陳述的力量。使得那些被選用的文字的形式、某個等同陳述的形式成為恰當的事情，簡單地只是說話者知道聽話者知道**某個人**獨一無二地ϕ而已。去堅持一個嚴格的區分，去將像這個這樣的一個同一性陳述排除在主述陳述之外，似乎是很不自然的。但是，一旦這個情形被承認了，要看出不將該分類延伸去涵蓋其他有關於殊相同一性陳述的情形的理由，就不是那麼容易了；因為，這個例子和其他例子之間的差別只是程度上的差別。一旦對有關殊相的同一性陳述承認了這一點，那麼，類比就能夠將我們帶去對有關非殊相的陳述作出同樣的承認，儘管殊相和非殊相間有著差別。我們應該注意，在如此地延伸一個分類時，我們絕不是在模糊或否認一個區分：我們仍然能夠區分有關於同一性的陳述和不是有關於同一性的陳述。【243】

(2) **複數的主詞表達式**。從頭到尾，我都以單稱主詞表達式去提出我的論證。這樣作的原因部分是為了要順從於目前最廣為人知的形式邏輯系統，這些系統對單稱以外的表達式並沒有提供任何的工具。然而，在那些合格作為主詞表達式的單稱名詞表達式，以及某些複數的名詞表達式之間有著有力的邏輯類比存在這件事，卻是一個我們熟知的事實。這些類比當然適合去證成我們將某些我們所關注的概念延伸到文法上複數語句的領域的作法；的確，在傳統上，這些複數語句是最緊密地與單稱語句連結在一塊。但這是一個我已經在別的地方處理過的問題[13]，因而我將不會在此去論證它。

(3) **指稱、謂述與命題**。有人可能會覺得，下面這個會是我在第五章中的處理的一個缺點：謂述的概念被完全地限制在命題之上、限制在或真或假的事物之上。無庸置疑地，指稱也發生在

13 詳見《邏輯理論導論》，第六章。

非命題類型的建構中，諸如命令和允諾，而這些當然既非真亦非假。難道我們不能說，在某個意義下，某個命令的整體**內容**或許會和某個命題的整體內容是一樣的嗎？這些重點至少暗示說：一個一般性的謂述概念——其中命題性的謂述只是一個子類——的空間是存在的。如果我們承認這個一般性的謂述概念，那麼，在我的說明中，我選擇以「出現一個僅僅是命題的動詞形式」作為一個述詞表達式的標準這個作法，似乎是一個弱點，或至少是一個褊狹的作法。這樣的一個說明可能會被認為是至少缺乏了充分的一般性，而且是冒著完全錯置問題的危險。這個反對將我們帶到許多非常有趣、但我將不會討論的問題的起點。然而，作為一個反對來說，它是很容易被回答的。讓我們承認這個較一般性的謂述概念的觀念。舉例來說，讓我們承認說，一個命令和一個命題可以有著相同的內容，而當它們的確有著相同的內容時，在這個一般性的意義下，相同的指稱和謂述成員出現在兩者當中。我們應該給此處這一個指稱和謂述的結果【244】、所產生的這一個統一的事物什麼名稱呢？讓我們稱它為一個思想（thought）。我們或許不能說思想有某個真假值，因為，只有命題才有真假值，而思想則或許是一個命題、一個命令，和一個允諾所共同的事物。但是，就好像一個命題是出於本質而為真或假一樣，一個命令也是出於其本質而被遵從或不遵從，而一個允諾則是出於其本質而被信守或不信守。所以，或許我們可以說，思想有一個實現值：如果它被具體呈現的那一個命題，或命令，或允諾是真的，或被遵從，或被信守，則該思想有一個正的實現值，而如果該命題、命令，或允諾為假、未被遵從，或未被信守，則該思想有一個負的實現值。現在，我們得先評論說，我當作是一個述詞表達式標記的命題指示，由於它們指示了該思想的項之間的**命題性**連結，因而必然也是某個更一般性事物的指示。它們指示說，我們被某種表達的模式呈現了一個統一的事物；因而它們指示了我們被呈現以一個統一的事物、某個思想，而非僅僅是一個清單。由於它標記了某種特定的接合模式，該命題標記因而也以某個特定的模式標記了一般性的接合。其次，我們必須要問，我們到底要如何去理解這一個我們暫時承認的、在一般性的意義下介於指稱和謂述之間的區別呢？如果該區分只以第五章中的範疇標準來理解，而該標準又是以第六章中的完整性與不完整性的對立來加以解釋和支撐，那麼，該謂述概念的一般性對我們的說明來說並不會造成重要的差別。它不過使得第五章中的第一部分變得有點多餘罷了，除非我們將之當作是介紹該主題的一個可能方式。自另一方面來說，如果還有任何進一步的、介於指稱和通則化的謂述之間的標記或標準的話，那麼，我們就必須探詢這個進一步的標準為何；而除了在該接合標記的位置的差別之外，亦即，那一個展現我們被呈現的乃是一個統一的思想、而非清單的標記之外，我們很難看出它還能夠是什麼其他的事物。但是，如果這就是答案，那麼，【245】由於並沒有單一的、普遍的、對一般性思想的結合標記[14]，因而不該有人反對我們在進行該討論時，以哲學上來說最重

14　在一大堆呈現了某個思想的語句、子句，或片語中，不管是什麼東西指示出我們被呈現了一個思想而非一個清單，它至少同樣給了我們對該思想呈現（祈使的、命題的）模式的指示。然而，事情並非總是如此，而我們或許能夠想像某個事情完全不是如此的語言。哲學家有時使用後面接著一個分詞片語的表達式（舉例來說，「約翰之準備要去結婚」），以企圖給出這個可能性的形式。其他的設計也有可能：舉例來說，**事實上**是一個命題子句的一般性形式（舉例來說，「約翰要去結婚這件事」），可能被簡單地認為是呈現了一個思想的一般形式，前面應該接著一個操作詞以指示它被呈現的模式。

要和普遍的命題模式中的接合標記來作討論。這個謂述的模式或許是一般性謂述的代表，也是其中最重要的例子。如果這是狹隘化，那麼，我並不介意如此狹隘。

結論

現在，讓我們摘要地將所有的事情放在一塊。在本書一開始我所關注的，是去說明物質性物體在殊相中的核心地位。從識別的角度來看，它們作為基本的殊相而出現。稍後我對基本殊相增加了個人這個範疇，當作是在一個不同的、但相關的方式上是基本的。允許這個範疇作為初基的和非導出性的範疇，似乎是我們作為非獨我世界成員的一個必要條件。因此，給定我們對事物的架構包括了某個共同的、殊相的空間—時間世界的架構，那麼，事情似乎是：我們必須給予物質性的物體和個人一個核心的地位。這些必須是主要的殊相。在本書的後一部分中，我所關注的是試圖去解釋這一個較為一般性的說法：殊相在最廣泛的邏輯意義下在這個世界的個體中占據了一個核心的位置。我發現，殊相之所以在邏輯主詞中占有一個核心的地位，那是因為殊相是一個邏輯主詞的典範。將這兩個結果放在一塊，我們或許得到了一個物質性物體和個人在個體中——亦即，在一般性的事物中——的核心地位的理性說明【246】。我也注意到，並且部分地解釋了介於在邏輯意義下的個體的觀念和存在的觀念（或什麼事物存在）之間的關聯；所以，我或許甚至可以被說成是發現了個人和物質性物體是主要存在者的想法中的一些理由。這些我試著去給予一個理性說明的事情，似乎毫無疑問都是在某個意義下的信念，而且是許多人在一個初步反省的層次下會固執地堅持的信念，也是某些哲學家在某個較精緻的反省層次下會接受的信念；雖然是許多其他的哲學家在某個或許是更精緻的層次下所拒絕的，或似乎去拒絕的信念。我們很難看出如何去論證這樣的信念，除了展現它們與我們所操作的概念架構間的一致性之外，展現它們是如何反映了那個架構的結構之外。所以，如果形上學是為我們在本能上所相信的事情去發現好的、壞的，或中立的理由，那麼，這裡所說的就是形上學。【247】

附錄A

史陶生爵士生平簡介及著作目錄

王文方

一、生平簡介：

彼得・弗列得瑞克・史陶生爵士（Sir Peter Fredrick Strawson）於1919年11月23日誕生於英國倫敦西方之依林（Ealing）。父親西瑞爾・史陶生（Cyril Strawson）為一所私立學校校長，母親為一名教師。史陶生自幼由其雙親於倫敦北方的芬取雷鄉（Finchley County）撫養長大，並於當地就學。

稍長，史陶生進入芬取雷的基督學院（Christ's College, Finchley）就讀，隨後進入牛津大學的聖約翰學院（St. John's College, Oxford University）攻讀碩士，並於1940年取得碩士學位。此期間，史陶生曾加入共產黨。但當俄德同盟條約簽訂時（1939），他便將黨證撕毀，並將碎片拋入泰晤士河中。

第二次世界大戰爆發後，史陶生進入英國皇家軍隊服役。1940-1942年，他服務於英國皇家砲兵，擔任某雷達基地的指揮官。1942-1946年，他服務於英國皇家電子及機械工程部隊，晉升至上尉退役。

戰後之1947年，史陶生首先於北魏爾斯（North Wales）之班古大學學院（University College Bangor）短期擔任哲學助理講師

（assistant lecturer）職務，但不久後，由於贏得牛津的「約翰・洛克獎」（John Locke Prize），他因而於1948年被任命為牛津大學哲學講師，直至1968年為止。此期間，他於1950年在《心靈》期刊發表了「論指稱」（On Referring）一文，批評了羅素的確定描述詞理論，從此聲名大噪，在哲學界廣為人知。1968年，他接續吉爾伯特・萊爾（Gilber Ryle）而獲得牛津大學瑪格得藍學院形上學之韋恩福里特教授（Waynflete Professor of Metaphysical Philosophy at Magdalen College, Oxford University）之殊榮，直至1987年正式退休為止。

除了正式職務之外，史陶生還擁有多所學府訪問教授（visiting professorship）的頭銜；這些主要包括：杜克大學、北卡羅萊納大學、普林斯頓大學、哥倫比亞大學以及法蘭西學院。

由於他在哲學界的傑出表現，史陶生於1960年獲選為英國皇家學院（British Academy）院士。1971年，他更獲選為美國藝術與科學學院（American Academy of Arts and Sciences）的國外榮譽院士。1969-1970年，他擔任英國亞理斯多德協會（Aristotelian Society）會長。而為了表彰他對哲學所作出的貢獻，英國王室於1977年封他為爵士。

史陶生於1987年正式退休後，仍居留在英國的牛津大學內任教、思考與寫作。2006年2月13日，他於病後不久逝世於倫敦的一所醫院，享年八十六歲。

史陶生於1945年與妻子葛蕾絲・霍爾・馬丁（Grace Hall Martin）結婚，婚後育有二子二女，其子蓋倫・史陶生（Galen Strawson）現亦為英國著名哲學家。

除了閱讀寫作之外，史陶生的業餘興趣是寫詩和建築，他能背誦許多的詩句，自己也寫過其中的一些。平時他酷愛散步，但他還有一項特殊的癖好：每年他都會在他的果園內，將錫製的士兵排成隊形，將鐵釘從迷你的加農砲中發射出去，並根據複雜的規則而大玩戰爭的遊戲。史陶生酷愛的這個年度戰爭遊戲持續了相當多年。

二、著作目錄：

(一) 書籍：

《邏輯理論導論》（*Introduction to Logical Theory*. London: Methuen, 1952）

《個體論》（*Individuals: An Essay in Descriptive Metaphysics*. London: Methuen, 1959）

《感官的局限：一本論康德純粹理性批判的論文》（*The Bounds of Sense: An Essay on Kant's Critique of Pure Reason*. London: Methuen, 1966）

《邏輯語言學論文集》（*Logico-Linguistic Papers*. London: Methuen, 1971）

《自由、憎恨與其他論文》（*Freedom and Resentment and other Essays*. London: Methuen, 1974）

《邏輯與文法中的主詞與述詞》（*Subject and Predicate in Logic and Grammar*. London: Methuen, 1974）

《懷疑論與自然主義》（*Skepticism and Naturalism: Some Varieties*. New York: Columbia University Press, 1985）

《分析與形上學：哲學導論》（*Analysis and Metaphysics: An Introduction to Philosophy*. Oxford: Oxford University Press, 1992）

《元目與同一性》（*Entity and Identity*. Oxford: Oxford University Press, 1997）

（二）**論文：**

〈必然命題與蘊涵陳述〉（“Necessary Propositions and Entailment-Statements,” *Mind*, 1948）

〈真理〉（“Truth,” *Analysis*, 1949）

〈倫理的直覺主義〉（“Ethical Intuitionism,” *Journal of Philosophy*, 1949）

〈真理，第二部分〉（“Truth, part II,” *Proceedings of the Aristotelian Society* suppl. Vol. xxiv, 1950）

〈論指稱〉（“On Referring,” *Mind*, 1950）

〈特殊的與一般的〉（“Particular and General,” *Proceedings of Aristotelian Society*, 1953）

〈維根斯坦之《哲學研究》〉（“Wittgenstein’s *Philosophical Investigations*,” *Mind*, Vol. 63, 1954）

〈對塞勒斯先生「預設」一文的答覆〉（“A Reply to Mr. Sellars’ ‘Presupposing’,” *Philosophical Review*, 1954）

〈對「一個人如何可能希望成為拿破崙」的報告〉（“Report on ‘How Can One Wish to Have Been Napoleon?’,” *Analysis*, 1954）

〈一個邏輯學家的景觀〉（“A Logicain’s Landscape,” *Journal of Philosophy*, 1955）

〈建構與分析〉（“Construction and Analysis” in A.J. Ayer et al., *The Revolution in Philosophy*. London: Macmillan, 1956）

〈對一個教條的辯護〉與葛萊思合著（“In Defence of a Dogma” with H.P. Grice, *Philosophical Review*, 1956）

〈單稱項、本體論與同一性〉（“Singular Terms, Ontology and Identity,” *Mind*, 1956）

〈艾爾教授的「知識之問題」〉（“Professor Ayer’s ‘The Problem of

Knowledge'," *Journal of Philosophy*, 1957）

〈命題、概念與邏輯真理〉（"Propositions, Concepts and Logical Truths," *Philosophical Quarterly*, 1957）

〈邏輯主詞與物理物體〉（"Logical Subjects and Physical Objects," *Philosophy and Phenomenological Research*, 1957）

〈專名，第一部分〉（"Proper Names, Part I," *Proceedings of Aristotelian Society*, 1957）

〈論歸納法的證成〉（"On Justifying Induction," *Philosophical Studies*, 1958）

〈後語言學的融解〉（"The Post-Linguistic Thaw," *Times Literary Supplement*, 1960）

〈自由與憎恨〉（"Freedom and Resentment," *Proceedings of the British Academy*, Vol. 48, 1960）

〈單稱詞與謂述〉（"Singular Terms and Predication," *Journal of Philosophy*, 1961）

〈社會道德與個人理想〉（"Social Morality and Individual Ideal," *Journal of Philosophy*, 1961）

〈知覺與識別，第二部分〉（"Perception and Identification, Part II," *Proceedings of Aristotelian Society*, 1961）

〈卡納普對建構的系統之觀點vs.分析哲學中的自然語言〉（"Carnap's Views on Constructed Systems v. Natural Languages in Analytical Philosophy," in *The Philosophy of Rudolf Carnap* ed. P.A. Schlipp, La Salle Ill.: Open Court, 1963）

〈言行中的意圖與約定〉（"Intention and convention in Speech Acts," *Philosophical Review*, 1964）

〈辨識性指稱與真假值〉（"Identifying reference and Truth-Values,"

Theoria, 1964）

〈有關真理的一個問題：對瓦納克先生的答覆〉（" A Problem about Truth: A Reply to Mr. Warnock," in *Truth*, ed. G. Pitcher, Englewood Cliffs, N.J.: Prentice Hall, 1964）

〈真理：對奧斯丁觀點的再考慮〉（"Truth: A Reconsideration of Austin's Views," *Philosophical Quarterly*, 1965）

〈自我、心靈與身體〉（"Self, Mind and Body," *Common Factor*, Vol. 4, 1966）

〈存在從來就不是一個述詞嗎〉（"Is Existence Never A Predicate," *Critica*, Vol. 1, 1967）

〈悖論、設定與命題〉（"Paradoxes, Posits and Propositions," *Philosophical Review*, 1967）

〈班納論康德的分析性〉（"Bennett on Kant's Analytic," *Philosophical Review*, 1968）

〈單稱項與謂述〉（"Singular Terms and Predication," *Synthese*, 1968）

〈文法與哲學〉（"Grammar and Philosophy," *Proceedings of Aristotelian Society*, 1969）

〈意義與真理〉（"Meaning and Truth," *Proceedings of the British Academy*, Oxford: Oxford University Press, 1969）

〈想像與知覺〉（"Imagination and Perception," in *Experience and Theory*, ed. L. Foster and J.W. Swanson, Amherst: University of Massachusetts Press, 1970）

〈範疇〉（"Categories," in *Ryle: A Collection of Critical Essays*, ed. O.P. Wood and G. Pitcher, New York: Doubleday, 1970）

〈主詞和述詞的不對稱性〉（"The Asymmetry of Subjects and Predicates," in *Language, Belief and Metaphysics*, ed. H.E. Kiefer and M.K. Munitz, New York: State of University of New York Press, 1970）

〈自我指稱、矛盾和內容寄生性的述詞〉（"Self-Reference, Contradiction and Content-Parasitic Predicates," *Indian review of Philosophy*, 1972）

〈非對稱性關係的「方向」〉（"The 'Direction' of Non-Symmetrical Relation," *Critica*, 1972）

〈分析哲學的不同概念〉（"Different Conceptions of Analytical Philosophy," *Tijdschrift voor Filosofie*, 1973）

〈奧斯丁與「言行意義」〉（"Austin and 'Locutionary Meaning'," in *Essays on J.L. Austin*, ed. I Berlin, Oxford: Clarendon Press, 1973）

〈論對自己的語言結構的理解〉（"On Understanding the Structure of One's Language," in *Freedom and Resentment and Other Essays*, 1974）

〈量化詞的位置〉（"Positions for Quantifiers," in *Semantics and Philosophy*, ed. M.K. Munitz and P.K. Unger, New York: New York University Press, 1974）

〈知識有基礎嗎？〉（"Does Knowledge Have Foundations?" *Conocimiento y Creencia*, 1974）

〈語意學、邏輯與本體論〉（"Semantics, Logic and Ontology," *Neue Hafte fur Philosophie*, 1975）

〈知識與真理〉（"Knowledge and Truth," *Indian Philosophical Quarterly*, Vol. 3, No. 3, 1976）

〈元目與等同〉（"Entity and Identity," in *Contemporary British Philosophy Fourth Series*, ed. H.D. Lewis, London: Allen and

Unwin, 1976）

〈史克魯頓與萊特論反實在論〉（"Scruton and Wright on Anti-Realism," *Proceedings of Aristotelian Society*, 1977）

〈知覺及其對象〉（"Perception and its Objects," in *Perception and Identity: Essays Presented to A.J. Ayer*, ed. G.F. Macdonald, London: Macmillan, 1979）

〈共相〉（"Universals," *Midwest Studies in Philosophy*, 1979）

〈信念、指稱與量限〉（"Belief, Reference and Quantification," *Monist*, 1980）

〈史陶生的回覆〉（"P.F. Strawson Replies," in *Philosophical Subjects Presented to P.F. Strawson*, ed. Zak Van Straaten, Oxford: Clarendon Press, 1980）

〈評論與回覆〉（"Comments and Replies," *Philosophia*, 1981）

〈邏輯形式與邏輯常元〉（"Logical Form and Logical Constants," in *Logical Form, Predication and Ontology*, ed. P.K. Sen, India: Macmillan, 1982）

〈自由與必然性〉（"Liberty and Necessity," in *Spinoza, His Thought & Work*, ed. Nathan Rotenstreich and Norma Schneider, Jerusalem: The Israel Academy of Sciences and Humanities, 1983）

〈因果與解釋〉（"Causation and Explanation," in *Essays on Davidson*, ed. Bruce Vermazen and J. Hintikka, Oxford: Oxford University Press, 1985）

〈直接單稱指稱：意圖的指稱與實際的指稱〉（"Direct Singular Reference: Intended Reference and Actual Reference," in *Wo steht die Analytische Philosophie Heute?*, 1986）

〈指稱及其根源〉（"Reference and its Roots," in *The Philosophy of W.V. Quine*. ed L.E. Hahn and P.A. Schlipp, La Salle Ill.: Open Court, 1986）

〈康德的謬誤推論：自我意識與「外在的觀察者」〉（"Kant's Paralogisms: Self Consciousness and the 'Outside Obsrver'," in *Theorie de Subjektivitat*, ed. K. Cramer, F. Fulda, R.-P. Hortsmann, U. Poshast, Frankfurt am Main: Suhrkamp, 1987）

〈概念與性質「或」謂述與接合〉（"Concepts and Properties 'Or' Predication and Couplation," *Philosophical Quarterly*, 1987）

〈康德的新形上學基礎〉（"Kant's New Foundations of Metaphysics," in *Metaphysik nach Kant*, ed. Dieter Henrich and R.-P. Horstmann, Stuttgart: Klett Cotta, 1988）

〈可感性、理解與綜合性教條：對杭瑞取與蓋爾的評論〉（"Sensibility, Understanding and the Doctrine of Synthesis: Comments on D. Henrich and P. Guyer," in *Kant's Transcendental Deductions*, ed. E. Forster, Stanford: Stanford University Press, 1989）

〈哲學的兩種概念〉（"Two Conceptions of Philosophy," in *Perspectives on Quine*, ed. Robert Barrett and Roger Gibson, Oxford: Blackwell, 1990）

〈經驗論的不融貫性〉（"The Incoherence of Empiricism," 1992）

〈對彼得·恩格《等同、意識與價值》一書某些方面的評論〉（"Comments on Some Aspects of Peter Unger's Identity, Consciousness and Value," *Philosophy and Phenomenological Research*, Vol. 42, 1992）

〈康德的回響〉（"Echoes of Kant," *Times Literary Supplement*, 1992,

The State of Philosophy）

〈回覆〉（“Replies,” in *Ensayos sobre Strawson*, ed. Carlos E. Carosi, Montevideo: Universidad de la Republica, 1992）

〈從字詞中得來的知識〉（“Knowing From Words,” in *Knowing From Words*, ed. B.K. Matilal and A. Chakrabati, Dordrecht: Kluwer Academic Publishers, 1992）

〈我的哲學〉及〈回覆〉（“My Philosophy” and “Replies” to Critics in *The Philosophy of P.F. Strawson*, ed. P.K. Sen and R.K. Verma, New Delhi: Indian Council of Philosophical Research, 1994）

〈個體〉（“Individuals,” in *Philosophical Problems Today*, Vol. 1, ed. G. Floistad, Dordrecht: Kluwer Academic Publishers, 1994）

〈實在論與先驗性的問題〉（“The Problem of Realism and the A Priori,” in *Kant and Contemporary Epistemology*, ed. Paolo Parrini, Dordrecht: Kluwer Academic Publishers, 1994）

〈導論〉、〈康德論實體〉，以及〈意義與脈絡〉（“Introduction,” “Kant on Substance,” and “Meaning and Context,” in *Entity and Identity*, Oxford: Oxford University Press, 1997）

附錄B

與《個體論》有關之重要研究文獻提要

王文方

一、前言：

《個體論》一書討論了不少形上學問題，也涉及了不少哲學家。前者包括：描述性的形上學與修正性的形上學之間的差異及其各自的證成、允許殊相存在的概念架構的先決或必要條件、指示性語詞的重要性、空間—時間概念的重要性、對跨時間同一性的懷疑論、物質性物體與個人殊相的基本地位、個人概念的初基性、非獨我意識存在的條件、靈魂實體概念的可信度、自我概念的正確理解、對其他自我存在的懷疑論、共相與殊相的區分、主詞與述詞的區分、前述這兩種區分的關聯，以及承認共相存在的必要性等等，後者則至少包括亞理斯多德、迪卡兒、洛克、萊布尼茲、休姆、康德、弗列格、維根斯坦、雷姆濟、蒯因，以及紀曲等等。因而，寬鬆地說起來，所有與這些論題及人物有關的文獻都應該算作是與《個體論》有關的文獻。但這樣的取捨標準會使得本附錄的長度遠遠超過《個體論》正文譯本的長度，因而並不可取。在以下的說明中，我將採取另一個較為嚴格的策略；我將只提及那些與史陶生的《個體論》「直接」有關的中英文書籍、網頁及期刊論文。至於如何才算是直接有關，則由我自由心證來決定。這樣的作法絕對有掛一漏萬的顧慮，但這是不得已的權宜措施。

二、台灣出版的相關重要文獻：

台灣過去關於分析形上學的書籍及期刊論文並不多。根據我粗略的估計[1]，從1949年迄今六十多年，在台灣出版或發表的與分析哲學的形上學有關的書籍約有20本，期刊論文約有100篇，博碩士論文約有15本，翻譯書籍約有20本，共計約有155筆資料。但其中絕大部分都和《個體論》沒有「直接」的關係。唯一的例外是謝仲明教授在《東海學報》發表的三篇英文論文及一篇在《東海哲學研究》發表的中文論文。第一篇英文論文「史陶生論主詞和謂詞」（Strawson on Subject and Predicate）發表於《東海學報》26卷1期（1985年6月），該論文首先討論了與主述詞區分緊密相關的其他幾種二重性區分，並摘要說明了史陶生對於邏輯與語言中的主述詞概念及其區分的研究大要。表面上，這篇論文是一篇說明性的論文，但其重點則是在反對雷姆濟對主述詞區分所作出的批評。謝教授的第二篇英文論文「個體的存有論：對史陶生形上學的一個批判性研究」（The Ontology of Particulars: A Critical Study in Strawson's Metaphysics）發表於該學報27卷1期（1986年6月），該篇論文主要是一篇說明性的論文，仔細說明了史陶生的殊相理論。謝教授的第三篇英文論文「共相的存有論：對史陶生形上學的一個批判性研究」（The Status of Universals: A Critical Study in Strawson's Metaphysics）發表於該學報28卷1期

1　這個估計是依據我的國科會報告「五十年來與分析形上學有關之著作」所作，該報告於2010年完成，但迄今尚未出版。

（1987年6月），該篇論文也是一篇說明性的論文，仔細說明了史陶生的共相理論。謝教授的中文論文「現象與物自身：從康德到史陶生」則發表於《東海哲學研究》第2期（1995年6月），根據他自己的說法，該篇論文的旨趣「有三方面。其一在引介一位當代的分析哲學家——史陶生，以凸顯他被忽略了的一面；其二在還康德一個公道，因為史陶生對康德物自身的解釋和批評，有很多是不中肯或不能成立的；其三是顯示康德哲學與分析哲學之結合，作為新康德哲學的一條道路，也作為後分析哲學的一條道路。」在我看來，謝教授的這四篇論文是對史陶生的《個體論》極佳的導讀與評論文獻，也是《個體論》研究中最具價值的中文參考論文。（此外，謝教授還有一篇英文的專書論文收錄於韓（L.E. Hahn）所主編的《P.F. 史陶生的哲學》一書當中，詳見以下第三節中的說明。）

（另外值得一提的是，中國大陸在2004年時曾由江怡教授將《個體論》一書翻譯成中文，並由中國人民大學出版社出版。江怡教授是中國知名的哲學研究者，也是我的好朋友，現任北京師範大學哲學與社會學院院長，長期從事分析哲學的研究，並曾經獲得中國教育部長江學者的殊榮。但由於大陸對於重要哲學語彙的譯法與台灣有不少的出入，而江怡教授翻譯的《個體論》也沒有本譯本所附的附錄和相關譯注，再加上簡體字體與台灣讀者之間的隔閡，因而我並不特別向台灣讀者推薦中國大陸的這本譯本。不過，有興趣的讀者仍不妨拿這兩種譯本來對照閱讀。）

三、國外出版的相關重要文獻：

國外出版的與《個體論》直接相關的參考文獻有很多，以下我分成四個部分，依照出版時間順序，簡單介紹一些對《個體論》來說重要的參考書籍、網路資料、期刊專刊與期刊論文。

(一) 書籍：

據我所知，史特坦主編的《哲學主題：獻給史陶生的論文集》一書（Z · V · 史特坦主編，牛津：克萊倫登出版社，1980；Van Straaten, Z.,（Ed.）1980, *Philosophical Subjects; Essays Presented to P.F. Strawson*, Oxford: Clarendon Press, 1980.）是第一本針對史陶生的哲學觀點而出版的論文集，該論文集出版的目的之一也是在慶祝史陶生的六十歲生日。這一本論文及一共由12篇論文組成，這些論文的作者都是名著一時的英美哲學家；他們包括艾爾（A.J. Ayer）、班納（J. Bennett）、馬基（J.L. Mackie）、伊凡斯（G. Evans）、麥克道爾（J. McDowell）、蒯因（W.v.O. Quine）、紀曲（P.T. Geach）、瑟爾（J. Searle）等等。在這12篇論文之後則是一篇由史陶生所撰寫的回答。基於寫作者的陣容及其歷史上的首映地位，這本書原應該備受推崇。但這本論文集卻在兩方面受到書評家們的批評：首先，多數的論文內容雖然夠深入卻不夠淺出，多半未作介紹性的講解即進入專門主題的討論；其次，並不是所有的論文都和史陶生的哲學相關，其中兩篇論文完全沒提到史陶生的名字，而另外兩篇論文則根本可以不必提到史陶生。儘管如此，對《個體論》有興趣的讀者仍然不妨閱讀其中由馬基所撰寫的「超驗」、由伊凡斯所撰寫的「沒有心靈的事物——對史陶生《個體論》第二章的評論」、蒯因所撰寫的「變數及其在指稱中的地位」，以及由紀曲所撰寫的「史陶生論主詞與述詞」這幾篇論文。

《萊布尼茲與史陶生：一本描述性形上學的新論文》一書（布郎著，慕尼黑：Philosophia Verlag出版社，1990；*Leibniz and*

Strawson: A New Essay in Descriptive Metaphysics, Clifford Brown, Munich: Philosophia Verlag, 1990）是針對《個體論》第一部分第四章「單子」的專門討論，該書的主旨在於論證：史陶生對於萊布尼茲單子論的批評乃是建立在對單子論的誤解之上。該書除了導論之外共分為七章。在導論中，布郎將史陶生對萊布尼茲單子論的解釋整理為七個要點，並在該書的第一至第六章中逐一加以反駁。在該書的前六章中，布郎也說明了他對於「歷史上真正的萊布尼茲單子論為何」的看法。該書的第七章是全書的總結。對單子論有興趣的讀者應該特別閱讀這本書，但他／她應該自己判斷：在布郎和史陶生對單子論的解讀中，哪一個才是正確的歷史性解讀？又，如果布郎的解讀是正確的，他的解讀是否真能回答史陶生在《個體論》中對單子論所作的種種批評？

《P.F. 史陶生的哲學》一書（珊及沃馬主編，新德里：印度哲學研究會出版，1995；Sen, P.K., & Verma R.R.,（eds.）, *The Philosophy of P.F. Strawson*, New Dehli: Indian Council of Philosophical Research, 1995）是一本專門討論史陶生哲學思想的論文集。該書以史陶生自撰的「我的哲學」起始，接著是16篇由印度和英美學者對史陶生哲學的討論與評論，這些學者包括著名的英國哲學家譚美（M. Dummett）和美國哲學家普特南（H. Putnam）與郎特力（M. Luntley），而其中與《個體論》有關的討論則包括16篇論文中的前9篇。該書的結尾是史陶生對前16篇論文的回應以及史陶生的作品清單。無論是研究《個體論》本身或研究史陶生一般性的哲學看法，本書都是一本相當具有參考價值的讀物。

另一本具有相同名稱的《P.F. 史陶生的哲學》（韓主編，卡本戴爾，依利諾：公共廣場出版社，1998；Lewis Edwin Hahn, ed.,

The Philosophy of P.F. Strawson, Carbondale, Illinois: Open Court, 1998）則是由南伊利諾大學主編的「現存哲學家圖書館」序列中的第二十六本。該序列始於1933年，編輯的目的在讓當代哲學研究者與現存重要哲學家之間保持對話的機會，以釐清後者的哲學思想。韓主編的《P.F. 史陶生的哲學》一共有四個部分。第一部分是史陶生自撰的一個簡短心智自傳。第二部分是書的主體，包括由20篇來自世界各地的哲學研究者對史陶生哲學諸面向的描述與評論。在每一篇論文之後，都附上了史陶生對該論文的答覆。這些論文討論的主題包括哲學的本質、懷疑論、意向與言行（speech acts）、形式邏輯vs.語意論／語用邏輯、指稱與謂述、決定論與責任、自我同一性、知覺、知識論、歸納法和真理等等。撰寫的學者包括普特南、麥克道爾（J. McDowell）、索沙（E. Sosa）、布雷克迸（S. Blackburn），以及台灣的謝仲明教授。20篇論文中直接與《個體論》有關的至少有麥克道爾的「指稱自己」（Referrring to Oneself）、普特南的「史陶生與懷疑論」（Strawson and Skepticism），以及謝教授的「史陶生的主謂項形上學理論」（Strawson's Metaphysical Theory of Subject and Predicate）。該書的第三部分是史陶生自己的著作清單和研究史陶生哲學的參考書目，最後一部分則是史陶生的學術經歷和所獲得的學術榮譽。無論是從研究《個體論》或從研究史陶生哲學的角度來看，這本書都是一本不可或缺的參考書籍。

《史陶生與康德》一書（葛拉克主編，牛津：牛津大學出版社，2003；Hans-Johann Glock（ed.）, *Strawson and Kant*, Oxford: Oxford University Press, 2003）是一本收錄了1999年在英國舉辦的「康德學會會議」會議論文而成書的論文集。該次會議的主要目的在於表彰史陶生對康德研究所作出的重要貢獻。這本論文集一共收錄了16篇學術論文，但有些論文並不直接或間接與史陶生的哲學或《個體論》有關。史陶生在這本論文集中也自撰了一篇短文，說明他在「現存哲學家圖書館」序列出版之後的簡短心智歷史。研究《個體論》的讀者還應該注意其中一篇由葛郎德門及米賽宏（T. Grundmann and C. Misselhorn）所合寫的、討論超驗論證與實在論或描述性形上學與實在論之間關係的論文，以及兩篇由葛拉克和海克（H-J. Glock and P.M.S. Hacker）所分別撰寫的、討論史陶生在分析哲學和康德研究上的歷史定位的論文。對於研究康德哲學以及研究史陶生如何詮釋康德哲學的學者來說，這本論文集是一本特別有參考價值的論文集。

另外一本由布郎所撰寫的《彼得．史陶生》（布郎著，艾薩卡：麥克吉爾—皇后大學出版社，2006；Clifford Brown, *Peter Strawson*, Ithaca: McGill-Queen's University Press, 2006）是「今日哲學家」（Philosophers Now）序列中的一本，該序列旨在以簡潔、清楚又深入的方式去簡介現存重要哲學家的哲學思想。除了一篇作者所撰寫的簡介之外，這本書的主體是由五章所構成，每一章分別討論作者認為是史陶生哲學中最重要的一個成分；而其中的第二章便討論史陶生的《個體論》一書。在該章中，布郎簡要但精練地摘述了《個體論》的重要看法與史陶生對它們所提出的論證，也探討了其他哲學家對該書論證與觀點的一些回應。除了討論《個體論》之外，該書還討論了史陶生的「論指稱」、《邏輯理論導論》、《感官的局限：一本論康德純粹理性批判的論文》、《懷疑論與自然主義》以及《分析與形上學》等作品。無論是從研究《個體論》或從研究史陶生哲學的角度來看，這本書也都是一本不可或缺的參考書籍。

(二) 網路資料：

網路上與史陶生《個體論》有關的重要網頁有兩個，第一個是由著名哲學家瑟爾（J. Searle）與2006年替蓋爾（Gale）公司所出版的電子版《哲學百科全書》（*Encyclopedia of Philosophy*）中的詞條「彼得．弗列得瑞克．史陶生（1919）」。該詞條必須付費才能使用；相關購買行情請參考網站：

http://www.amazon.com/STRAWSON-PETER-FREDERICK-Encyclopedia-Philosophy/dp/B001SCJYTC/ref=sr_1_6?s=books&ie=UTF8&qid=1318920777&sr=1-6

另一個與史陶生《個體論》有關的網頁是由史丹佛大學CSLI中心所架設的免付費網站《史丹佛哲學百科全書》（*Stanford Encyclopedia of Philosophy*）中的「彼得．弗列得瑞克．史陶生」詞條。該詞條於2009年9月16日由史諾頓（Paul Snowdon）所寫成，詞條第五部分所說明的就是史陶生的《個體論》。

(三) 期刊專刊：

據我所知，以討論史陶生哲學為主題的期刊專刊一共有兩本，一本是由《哲學》期刊（*Philosophia*）於1981年所出版的專刊（第10卷），另一本則是亞理斯多德協會於2006年時為了輓弔史陶生的逝世而出版的《亞理斯多德協會會譯論文集新序列第56卷2006》。這兩本論文集在台灣的大圖書館內都不難找到。

(四) 期刊論文：

直接討論史陶生《個體論》中看法的期刊論文有很多，以下我只挑選其中的一部分，有些作簡單的說明，有些則只詳列其出版資料。

Williams, B. A.O., 1961, "Mr. Strawson on Individuals" in *Philosophy* 36: 309-332。這篇論文應該是第一篇有關於《個體論》的書評；該書評重印於*Problems of the Self*, Williams B., Cambridge: Cambridge University Press, 1973.

Durrant M., 1966, "Mr. Strawson on the Notion of 'Predicate'," *Philosophy* 41: 79-84.

Berriman, W.A., 1967, "Strawson's Individuals as Descriptive Metaphysics," *Australasian Journal of Philosophy* 45(3): 276-292.

Stroud, B., 1968, "Transcendental Arguments" in *the Journal of Philosophy*, reprinted in Stroud, B., *Understanding Human Knowledge*, Oxford: Oxford University Press, 2000。這是一篇討論《個體論》的重要論文。其中，Stoud批評史陶生的超驗論證和描述性形上學能夠避免懷疑論的攻擊。

Bennett, J., 1968, "Strawson on Kant," *Philosophical Review* 77(3): 340-349.這是一篇論史陶生對康德詮釋的重要作品。

Harrison, R., 1970, "Strawson on Outer Objects," *Philosophical Quarterly* 20: 213-221.

Burstein, N., 1971, "Strawson on the Concept of a Person," *Mind* 80: 449-452.

Hocutt, M.O., 1974, "Armstrong and Strawson on 'Disembodied Existence'," *Philosophy and Phenomenological Research* 35: 46-59.

Moravcsik, J.M.E., 1976, "Strawson on Predication," *Journal of Philosophy* 73: 329-348.

Sayward C., 1978, "Strawson on Categories," *Journal of Critical Analysis* 7(3): 83-87。這篇文章旨在批評史陶生對「項」的解釋。

Wright, C., 1979, “Strawson on Anti-Realism,” *Synthese* 40(2): 283-299.

Miller, B., 1981, “Strawson on Existence as a Predicate,” *Philosophical Papers* 10(2) : 93-99.

Chandra, S., 1981, “Wittgenstein and Strawson on the Ascription of Experiences,” *Philosophy and Phenomenological Research* 41(3): 280-298.

Fleming P., 2004, “Kant and Strawson on the Objectivity Thesis,” *Idealistic Studies* 34(2).

O’Callaghan, C., 2010, “Perceiving the Locations of Sounds,” *Review of Philosophy and Psychology* 1(1)。這篇論文支持史陶生在《個體論》中對聲音所作出的說明。

索引

（從原書頁碼）

五劃

六劃

七劃

八劃

九劃

十劃

十一劃

十二劃

十三劃

十四劃

十五劃

十六劃

十七劃

十八劃

十九劃

二十劃以上

現代名著譯叢

個體論：一本描述性形上學的論文

2016年4月初版 定價：新臺幣450元

著者 Peter Fredrick Strawson
譯注者 王文方
總編輯 胡金倫
總經理 羅國俊
發行人 林載爵

出版者 聯經出版事業股份有限公司
地址 台北市基隆路一段180號4樓
編輯部地址 台北市基隆路一段180號4樓
叢書主編電話 (02)87876242轉212
台北聯經書房 台北市新生南路三段94號
電話 (02)23620308
台中分公司 台中市北區崇德路一段198號
暨門市電話 (04)22312023
台中電子信箱 e-mail：linking2@ms42.hinet.net
郵政劃撥帳戶第0100559-3號
郵撥電話 (02)23620308
印刷者 世和印製企業有限公司
總經銷 聯合發行股份有限公司
發行所 新北市新店區寶橋路235巷6弄6號2樓
電話 (02)29178022

叢書主編 沙淑芬
封面設計 蔡婕岑
校對 吳淑芳

行政院新聞局出版事業登記證局版臺業字第0130號

本書如有缺頁，破損，倒裝請寄回台北聯經書房更換。 ISBN 978-957-08-4602-7 (平裝)
聯經網址：www.linkingbooks.com.tw
電子信箱：linking@udngroup.com

國家圖書館出版品預行編目資料

個體論：一本描述性形上學的論文/
Peter Fredrick Strawson著．初版．臺北市．聯經．
2016年4月（民105年）．368面．14.8×21公分
（現代名著譯叢）
譯自：Individuals: an essay in descriptive metaphysics
ISBN　978-957-08-4602-7（平裝）

1.形上學

160　　　　104014068